知识产权惩罚性赔偿制度研究

孙 那 著

图书在版编目(CIP)数据

知识产权惩罚性赔偿制度研究 / 孙那著. —— 北京：北京大学出版社, 2024.10. —— ISBN 978-7-301-35744-6

Ⅰ.D923.404

中国国家版本馆 CIP 数据核字第 2024UK3620 号

书　　名	知识产权惩罚性赔偿制度研究
	ZHISHICHANQUAN CHENGFAXINGPEICHANG ZHIDU YANJIU
著作责任者	孙　那　著
责任编辑	钱　玥
标准书号	ISBN 978-7-301-35744-6
出版发行	北京大学出版社
地　　址	北京市海淀区成府路 205 号　100871
网　　址	http://www.pup.cn
	新浪微博：@ 北京大学出版社　@ 北大出版社法律图书
电子邮箱	编辑部 law@pup.cn　总编室 zpup@pup.cn
电　　话	邮购部 010-62752015　发行部 010-62750672
	编辑部 010-62752027
印 刷 者	河北博文科技印务有限公司
经 销 者	新华书店
	650 毫米 × 980 毫米　16 开本　16.25 印张　228 千字
	2024 年 10 月第 1 版　2024 年 10 月第 1 次印刷
定　　价	66.00 元

未经许可，不得以任何方式复制或抄袭本书之部分或全部内容。
版权所有，侵权必究
举报电话：010-62752024　电子邮箱：fd@pup.cn
图书如有印装质量问题，请与出版部联系，电话：010-62756370

目 录

第一章　知识产权惩罚性赔偿概述 ················ 001
 1.1　知识产权惩罚性赔偿的定义 ················ 001
 1.2　我国引入知识产权惩罚性赔偿制度的正当性 ········ 003
 1.3　知识产权惩罚性赔偿的制度功能 ·············· 013

第二章　我国知识产权惩罚性赔偿的立法制度分析 ········ 021
 2.1　《民法典》中知识产权惩罚性赔偿制度的解读 ······· 021
 2.2　现有知识产权领域惩罚性赔偿法律规定的
   规范性分析 ························· 023
 2.3　知识产权惩罚性赔偿适用的主观构成要件 ········· 024
 2.4　知识产权惩罚性赔偿适用的客观构成要件 ········· 029

第三章　我国知识产权惩罚性赔偿适用的司法实证分析 ····· 034
 3.1　我国知识产权惩罚性赔偿适用的司法现状 ········· 034
 3.2　我国知识产权惩罚性赔偿适用的主要问题 ········· 059

第四章　知识产权惩罚性赔偿的域外考察 ············ 066
 4.1　传统大陆法系知识产权侵权案件填平原则的适用 ····· 066
 4.2　普通法系的惩罚性赔偿制度的兴起与发展 ········· 082
 4.3　大陆法系对惩罚性赔偿关注不断提升 ··········· 094
 4.4　英美法系对惩罚性赔偿的限缩适用 ············ 097
 4.5　小结 ···························· 104
 4.6　我国知识产权法对大陆法系填平原则的继受
   与惩罚性赔偿制度的吸收 ·················· 105

第五章 知识产权惩罚性赔偿与其他类型的赔偿制度比较 ………… 109
5.1 知识产权惩罚性赔偿与法定赔偿的关系 …………… 109
5.2 知识产权惩罚性赔偿与酌定赔偿的关系 …………… 128
5.3 知识产权惩罚性赔偿与精神损害赔偿 ……………… 135
5.4 知识产权惩罚性赔偿与行政处罚的关系 …………… 144
5.5 知识产权惩罚性赔偿与刑事罚金 …………………… 150

第六章 知识产权惩罚性赔偿计算规则的完善 ………………… 159
6.1 确立知识产权惩罚性赔偿金的一般原则 …………… 159
6.2 知识产权惩罚性赔偿金的参考因素 ………………… 160
6.3 知识产权侵权案件损害赔偿的计算方法 …………… 163
6.4 知识产权惩罚性赔偿金的计算模式 ………………… 176

第七章 特殊领域惩罚性赔偿的适用规则 ……………………… 178
7.1 互联网环境下惩罚性赔偿适用的特殊制度 ………… 178
7.2 植物新品种领域惩罚性赔偿制度适用 ……………… 196
7.3 商业秘密惩罚性赔偿的适用规则分析 ……………… 206

第八章 知识产权惩罚性赔偿判决的域外承认与执行 ………… 219
8.1 知识产权惩罚性赔偿案件承认与执行的历史发展 … 219
8.2 我国对域外裁决承认与执行的司法实践现状 ……… 227
8.3 承认与执行外国知识产权惩罚性赔偿裁决的相关问题 … 229
8.4 知识产权惩罚性赔偿的承认与执行的中国路径 …… 233

结 论 ……………………………………………………………… 237

参考文献 …………………………………………………………… 240

后 记 ……………………………………………………………… 257

第一章 知识产权惩罚性赔偿概述

1.1 知识产权惩罚性赔偿的定义

《元照英美法词典》将惩罚性赔偿(punitive damages)界定为一种与补偿性损害赔偿金(compensatory damages)相对的损害赔偿金,是指当被告以恶意、故意、欺诈或放任之方式实施行为而致原告受损时,原告可以获得的除实际损害赔偿金(actual damages)以外的损害赔偿金,其目的在于对被告施以惩罚,以阻止其重复实施恶意行为,并给他人提供警戒和保护公共和平。① 英美法体系中,惩罚性赔偿有示范性赔偿(exemplary damages)、惩罚性赔偿(punitive damages)、倍数性赔偿(multiple damages)、加重性赔偿(aggravated damages)、报复性赔偿(vindictive damages)以及"smart money"等替代性用语,英国学者常用示范性赔偿(exemplary damages),而美国学者常用惩罚性赔偿(punitive damages)。《牛津法律大辞典》把 punitive damages 称为"惩罚性损害赔偿金",解释为"系一个术语,有时用来指判定的损害赔偿金,它不仅是对原告人的补偿,而且也是对故意加害人的惩罚"。② 《布莱克法律词典》对惩罚性赔偿的定义是"在被告的行为具有恶意、欺诈或轻率的意图时,给予原告的补偿性赔偿以外的赔偿,该损害赔偿的目的在于给予侵权人以处罚从而防止他人再犯"。③

---

① 薛波. 元照英美法词典[M]. 北京:法律出版社,2003:1120.
② [英]沃克. 牛津法律大辞典[M]. 李双元等译. 北京:法律出版社,2003:1158.
③ Bryan A. Garner, Black's Law Dictionary (Ninth Edition)[M]. Thomson Reuter, 2009:448.

美国的《第二次侵权行为法重述》第 908 条中规定,惩罚性赔偿是指在补偿性或名义上的赔偿之外,为惩罚该赔偿交付方的恶劣行为并阻遏他与相似者在将来实施类似行为而给予的赔偿。其具体的定义是:"(1)惩罚性赔偿是为了惩罚不法行为而设立的补偿性或象征性赔偿责任之外的赔偿形式。(2)惩罚性赔偿的目的在于惩罚行为人极端恶劣的行为,这些行为往往动机恶劣或有罔顾漠视他人权利的主观心理状态。在确定惩罚性赔偿的金额时,陪审团应当从实际出发,适当考虑行为的性质、行为所导致受害者所受伤害的程度、被告的财产状况等。"[1]美国理论界认为惩罚性赔偿制度存在的意义在于剥夺行为人的一部分财富,作为对其不法行为的制裁,从而给受害者以精神上的慰藉。削弱行为人的经济基础,目的在于弱化其再次实施此种行为的可能性,并威慑他人禁止实施类似行为。同时,惩罚性赔偿可以提高受害者维权的积极性,鼓励他们同违法行为作斗争。[2] 我国的多数学者认为惩罚性赔偿是区别于补偿性赔偿的概念,指对于主观过错严重的侵权行为,法庭判定的数额超过实际损害数额的赔偿。[3] 本文所指的知识产权惩罚性损害赔偿是损害赔偿金的一种,与补偿性损害赔偿金(compensatory damages)相对,是指在知识产权侵权案件中,当被告以恶意、故意、欺诈或放任之方式实施行为而致原告受损时,原告可以获得的除实际损害赔偿金以外的损害赔偿金。

惩罚性赔偿区别于补偿性赔偿最鲜明的特征在于其惩罚性,具体体现在加倍惩戒加害人因故意、恶意等造成的对受害人的损害。知识产权侵权案件往往具有侵权损失难计算、侵权损害难弥补等特殊性,将惩罚性赔偿引入其中可以有效弥补传统补偿性赔偿的不足。另外,从侵权人的角度出发,如果其被追究侵权责任的可能性低于百分之百,那

---

[1] Restatement of the Law, Second, Torts, § 908(1977).
[2] Dan Markel. How Should Punitive Damages Work? [J], University of Pennsylvania Law Review, 2008, 157:1386-1488.
[3] 吴汉东. 知识产权惩罚性赔偿的私法基础与司法适用[J]. 法学评论, 2021, 39(3): 21-33.

么仅仅依靠补偿性赔偿不能对其形成足够的威慑。为此,对恶意侵权人施加额外的惩罚性赔偿,可以将因知识产权侵权而引发的外部成本内化,从而预防潜在的违法行为①,有效弥补传统补偿性赔偿的不足。

1.2 我国引入知识产权惩罚性赔偿制度的正当性

1.2.1 知识产权惩罚性赔偿的法哲学基础

惩罚性赔偿是侵权法中责任承担方式的一种,其理论来源于矫正正义。很多学者对正义理论都有自己的阐述,其中亚里士多德的正义论是较为系统和被世人所广泛接纳的。他认为正义可以划分为普遍意义上的和特殊意义上的正义。② 前者就是善,以公共利益为依托,而后者则为个别的正义,包括分配正义和矫正正义。分配正义强调的是社会根据人的才能和政治职务等进行财富的分配,其目标是保证每个人得到他所需要的东西。分配正义要求遵循比例上的平等,即整体与整体之比和部分同相应部分之比相等。同等当事人的价值越高,其在被分配物中能够获得的份额就越多。③ 亚里士多德对矫正正义的论述是:"如果一方侵害了他人,则另一方被他人侵害;如果一方致人损害,则另一方遭受损害。法律只关注的是伤害这一显著特征,对当事人平等对待。法官试图通过惩罚的手段,从加害人处剥夺其所得,恢复当事人之间的平等状态。在此情况下,评估受害人所遭受的损害时,一方被称为所失,另一方被称为所得。因此,正义就存在于前后的数量平等上。"④作为亚里士多德正义论的追随者,阿奎那也同样认为,人们必须

---

① 徐聪颖. 我国著作权法引入惩罚性赔偿制度研究[J]. 科技与法律,2015,(3):442-455.
② 王洋. 矫正正义:侵权责任的法哲学基础探析[D]. 暨南大学硕士学位论文,2013:20.
③ 〔古希腊〕亚里士多德. 尼各马可伦理学[M]. 王旭凤,陈晓旭译. 北京:中国社会科学出版社,2007:187-191.
④ 〔古希腊〕亚里士多德. 尼各马可伦理学[M]. 王旭凤,陈晓旭译. 北京:中国社会科学出版社,2007:191-193.

用算数的方法使得事物与事物之间相等,以使得某人因他人的损害行为而遭受的损失能够得到补偿,并且使得一人因损害他人而获得的不当利益得到矫正。① 矫正正义理论通过在当事人之间实现填补损害的赔偿来追求正义和社会福利的双重目标。

在20世纪的美国,随着侵权行为制度的构建及经济分析法学派的兴起,许多学者对矫正正义的理论提出了质疑。② 经济分析方法的优势在于为法学的研究方法提供了创新思路,其将经济效益作为建立法律规范实效的衡量标准,并将侵权法作为贯彻福利最大化的工具之一。从经济分析理论的视角看,是否对损害作出充分的赔偿取决于对经济效率的衡量,理想状态下的侵权法可实现以最小社会成本在最大限度上预防损害事故的发生。③ 但其缺点主要有二:一是过于追求效率,忽略了人的主体价值,无法为侵权法提供充足的道德支撑;④ 二是经济分析方法将效率视为侵权法所要实现的唯一目标,从而在司法判决和法学研究中忽视了平等、自由等价值目标,因此该理论并未在美国各州被广泛采纳。美国大部分州审理侵权案件时,法官在给陪审团指令时往往更多采用的是理性人标准,即一个理性的、谨慎的人在此种情形下将如何行为的标准⑤。一方面,法官肯定了侵权诉讼所调整的利害关系在本质上是一种基于人类道德而作出的价值判断;另一方面,对于汉德公式的经济分析需要运用经济学的分析方法,具有一定的专业壁垒。

---

① 〔美〕博登海默. 法理学:法律哲学与法律方法[M]. 邓正来译. 北京:中国政法大学出版社,2004:34.
② 最早对侵权法进行经济分析的是霍姆斯,之后科斯将经济学的原理运用到侵权法领域,提出了科斯定理和社会成本内化的概念。圭多·卡拉布雷西根据经济分析理论认为,经济效率是权利设置中超过分配目的和其他一些公正理由的首要考量因素。波斯纳则将经济分析的方法渗透到侵权法的各个研究方面,认为若采用汉德公式,就可以清晰地用数据来确定和阐释理性人的标准。
③ 孙大伟. 探寻一种更具解释力的侵权法理论:对矫正正义与经济分析理论的解析[J]. 当代法学,2011, 25(2):77-83.
④ Ronald D. Workin. Law's Empire[M]. Cambridge & Mass, Belknap Press, 1986:5.
⑤ 孙大伟. 探寻一种更具解释力的侵权法理论:对矫正正义与经济分析理论的解析[J]. 当代法学,2011, 25(2):77-83.

之后的一些学者开始重新关注道德在侵权法中的作用,例如马丁·斯通从侵权行为的实践角度来阐释矫正正义。他认为,实施侵害与遭受损害都可能导致矫正正义失衡。矫正正义的关注焦点不在于调整当事人之间的法律关系,而在于私主体之间的道德平等性,这种道德平等的观念为侵权诉讼中的赔偿提供了框架和依据。①

传统大陆法系国家的理论和实践坚持以矫正正义为损害填补的理论基础,认为侵权法的功能是填补受害人所遭受的损害,使得受害人的利益恢复到损害发生之前的状态,以此实现矫正正义。② 而惩罚性赔偿制度的出现是对传统侵权法价值基础的挑战。因此,有学者认为矫正正义理论已经不能用来解释惩罚性赔偿的威慑和预防功能,无法作为惩罚性赔偿制度的理论基础。③ 也有学者认为,随着社会的发展,传统的矫正正义理论存在的社会基础发生了巨大改变,因此其内容也应该随之有所调整,应该由注重形式主义的个案关注转为对社会风险预防的关注等,但是其内容无法涵盖惩罚性赔偿的功能。④

作为传统的侵权法理论的基础,矫正正义理论在解释侵权法基础方面具有不可替代的优势,正如亚里士多德阐述的那样,"一个人要依其理性和意愿行为,意愿的达成与否是判定所得所失的标准,是衡量对错的尺度"。因此,一个被矫正的行为必须是在道德上具有过错的行为,而过错的判定是以意志自由为基础的。⑤ 如果一个人无意志自由或无选择善恶的能力,就不能为无法选择的行为承担后果。因此,侵权法上的赔偿是矫正正义的实际运用,也可以解释为何在适用惩罚性赔偿时要对侵权人的主观方面即过错程度进行全面考量。同时,惩罚性

---

① 〔美〕波斯特马. 哲学与侵权行为法[M]. 陈敏,云建芳译. 北京:北京大学出版社,2005:159.

② 杜超. 惩罚性赔偿的法理分析[D]. 南京师范大学硕士学位论文,2014:7.

③ 孙良国. 权利的价值:私法中获益赔偿的理论基础[J]. 西南民族大学学报(人文社科版),2010, 31(12):96-99.

④ 吴元国. 矫正正义观现代转向的法理学思考:以食品大规模侵权行为为背景[J]. 学术交流,2013(1):76-79.

⑤ 周永坤. 论严格责任原则的合理性基础[J]. 安徽行政学院学报,2012, 3(2):89-94.

赔偿功能中的补偿功能，即对于那些被侵权人因侵权行为的发生所遭受的无法证明的损失进行补偿，也是以矫正正义理论为依据的。但是我们不能否认传统的矫正正义理论在解释惩罚性赔偿的遏制和预防功能方面的欠缺，我们可以以功利主义理论为补充，对惩罚性赔偿进行更为全面的理论探寻。

从功利主义理论的角度来分析知识产权惩罚性赔偿的法哲学基础，则惩罚性赔偿的遏制和预防等功能可以从边沁的功利主义理论中寻找依据。在边沁看来，一切法律所具有或通常应有的一般目的，是增长社会幸福的总和。因而首先要尽可能排除每一种趋于减损幸福的东西，亦即排除损害。① 然而没有哪一种惩罚不是损害，没有哪一种惩罚的本身不是恶。根据功利主义的原理，如果惩罚应当被允许，那只是因为它有可能排除某种更大的恶。② 在边沁的功利主义理论下，功利③概念虽然包含了经济利益，却不仅限于经济利益的衡量。经济性价值和非经济性价值均被视为侵权案件的衡量标准。在分析侵权人是否应该赔偿受害人时，一种方法是把社会看作一个整体，看是否可以从某个规范救济的特别规则中获得未来利益。对于大多数工具主义者来说，借助侵权法要推进的社会核心目标是通过阻止浪费性的伤害和事故的发生，使得社会总体的财富最大化。惩罚性赔偿是一种方法。④ 边沁以效果作为评价人的行为的唯一目标，指出一个人的行为是善还是恶，是依据它的结果来确定的。之所以是善，是因为它能引起愉快或排除痛苦；之所以是恶，是因为它能够引起人的痛苦。惩罚的功利主义既建立在经验论的基础上，又反映了目的论的要求。人能够趋

---

① 〔英〕边沁. 道德与立法原理导论[M]. 时殷弘译. 北京：商务印书馆，2000：217.
② 丰霏. 法律治理中的激励模式[J]. 法制与社会发展，2012，18(2)：151-160.
③ 所谓功利意指一种外物使当事者求福避祸的那种特性，基于这种特性，该外物就趋向于产生福泽、快乐、善或幸福。假如这里的当事者是泛指整个社会，那么幸福就是社会的幸福，如果特指一个人，那么幸福就是个人的幸福。周光权. 刑法学的向度[M]. 北京：中国政法大学出版社，2004：303.
④ 〔美〕波斯纳. 法律的经济分析[M]. 蒋兆康译. 北京：法律出版社，2012：204.

利避害,作为功利主义立论基础的这种理论预设就是建立在经验观察的基础上的,对惩罚效果的分析也离不开对经验事实的考察。用法律进行威吓使得惩罚更加节制、隐秘和影响久远。①

此外,尼采指出惩罚并不是单一的概念,而是多种意义的组合。他列举了惩罚的诸多目的来说明惩罚意义的不确定性和偶然性等特征。其一是为了消除破坏的危害性,进而防止进一步的破坏而实施的惩罚。其二是通过向受害者补偿其实际损失而实施的惩罚。通过惩罚的方式来处罚破坏平衡的一方,使失衡的现象不再继续存在和发展。利用惩罚的方式来使那些惩罚的决策人和执行者产生恐惧感。不论是对受惩罚者,还是对目击者而言,通过惩罚建立记忆。② 因此,通过法律的惩罚起到刑法上的一般预防的目的,不仅仅对侵权人来说有惩戒意义和预防其再次实施侵权行为的目的,对于社会普通大众来说也有预防其实施类似侵权行为的警示意义。③

从惩罚性赔偿法哲学的运作机理角度来分析,一套惩罚制度是一整套体系化的惩罚知识的具体体现。惩罚过程实际就是知识的形式化层次递减并实现回归和不断循环的过程。④ 从惩罚的物理学到惩罚的经济学再到惩罚的政治学,惩罚的知识越来越超出形式化的"阈限",变得越来越具体化。⑤ 惩罚的权力深深地嵌入到社会的有机整体之中,与其他机制结合在一起,惩罚的权力是社会整体防卫力量中的一部分。惩罚权力的运作,有时并不需要法律,而是依赖于惩罚的技巧和特殊的知识。惩罚的权力操纵者运用司法技巧时,指引他们所为的知识是特殊类型的知识,是对特殊的人和事情、对能够达到也应当达到的

---

① [英]边沁. 道德与立法原理导论[M]. 时殷弘译. 北京:商务印书馆,2000:244.
② [德]尼采. 论道德的谱系[M]. 周红译. 北京:生活·读书·新知三联书店,1992:59.
③ [德]包尔生. 伦理学的体系[M]. 何怀宏,廖申白译. 北京:中国社会科学出版社,1988:525.
④ [德]拉伦茨. 法学方法论[M]. 陈爱娥译. 北京:商务印书馆,2003:177.
⑤ 强世功. 法制的观念与国家治理的转型:中国的刑事实践(1976—1982年)[J]. 战略与管理,2000(4):56-62.

目标的知识,以及为达到这些目标所必需的处理事项的知识,正是这些知识构成了司法人员的智慧,使得他们在处理令普通人棘手的人和事时得心应手。①

综上所述,惩罚性赔偿应当以传统的侵权法中的矫正正义理论为理论基础,辅以功利主义的考量,有学者也将其称为矫正正义和功利主义互补论。② 惩罚性赔偿的功能,一方面在于补偿受害者因侵权行为受到的损害,包括那些被侵权人无法衡量的损害,同时对加害人的不法行为加以惩处,以恢复到侵权发生之前的公平状态。另一方面,惩罚性赔偿的功能还在于通过惩罚的方法,达到预防和遏制的目的。按照功利主义理论,人类的行为总是理性的,人都是理性的"合理人",也就是会趋利避害。行为人的任何行为,都会权衡利弊得失。因此,惩罚实际上就是对理性人的威慑,告诫他不要从事不法行为。③ 惩罚性赔偿的目的首先是填补受害人的实际损害,通过矫正恢复侵权行为之前的平等状态;惩罚性赔偿遏制与预防的功能,则是基于当事人功利主义的考虑趋利避害而实现的。

1.2.2 知识产权惩罚性赔偿的法经济学基础

首先,从机会成本理论的角度分析知识产权惩罚性赔偿的法经济学基础。机会成本是关于取舍权衡的成本,即选取某一行为或模式而不得不放弃另一行为或模式的成本或潜在收益。按照现代经济学的"理性人"假设,人都是自身利益的最佳判断者,都会选择对自己最为有利的行为模式,因此机会成本也是理性人的选择内容。以机会成本理论对侵权人的侵权行为进行分析,可以计算出侵权人进行侵权行为时的选择成

---

① 周光权. 刑法学的向度[M]. 北京:中国政法大学出版社,2004:340.
② 矫正正义和功利主义互补论的内涵是:在侵权责任的正当性论证中,应当以矫正正义为框架,以功利考量为补充,两者相互依赖,相互给对方施加一种适当的限制效果,相互为了满足对方而改变了自己最初的典型状态,最终形成一种互补的和谐状态。
③ 欧洲侵权法小组. 欧洲侵权法原则:文本与评注[M]. 于敏,谢鸿飞译,北京:法律出版社,2009:108.

本,从而明确赔偿损失数额对于侵权行为人或者潜在的侵权行为人的预防效果。对于知识产权案件而言,侵权行为人的侵权行为的隐蔽性越强,其被追究责任的概率也就越小,因此其越有可能存在侥幸逃脱的心理,从而逃避法律制裁。传统的侵权责任法从填平原则出发,但是由于知识产权侵权案件的特殊性,单纯的填平原则已经不能有效地预防知识产权侵权行为的发生,如果长期不能有效打击知识产权侵权行为,还可能产生出反向激励侵权的效果。因此,惩罚性赔偿制度的引入使得侵权行为人会通过衡量侵权行为的机会成本,给侵权行为人或潜在的侵权行为人提供一个可以预估的侵权损害的赔偿价格进而让其选择,达到遏制和预防侵权行为发生的正向激励作用。

其次,从威慑理论的角度分析知识产权惩罚性赔偿的法经济学基础。从经济学角度来看,惩罚性赔偿金可以适用于那些被告事先知道其侵权行为有可能不会被发觉的案件。责令侵权人赔付的全部损害赔偿金应当等同于损害乘以侵权行为人将被发现应当承担责任的可能性的倒数。① 逃脱责任的可能性越高,其应支付的惩罚性赔偿金数额就越高,这样可以有效地威慑侵权人的侵权行为。美国学者对于惩罚性赔偿金的案件进行了经济学模型的统计分析,得出了如下的经济模型数据(见表1)。

表1　逃脱责任可能性与惩罚性赔偿金倍数关系表②

逃脱责任的可能性/%	惩罚性赔偿金的倍数③
0	0.00
10	0.11
20	0.25

---

① A. Mitchell Polinsky & Steven Shavell. Punitive Damages:An Economic Analysis[J]. Harvard Law Review, 1998, 111:869-962.

② Cass R. Sunstein & Reid Hastie & John W. Payne et al. Punitive Damages: How Juries Decide[M]. University of Chicago Press, 2002:165.

③ 此处的惩罚性赔偿金的倍数是指在补偿性赔偿金的基础上应该对应相乘的倍数。

(续表)

逃脱责任的可能性/%	惩罚性赔偿金的倍数
30	0.43
40	0.67
50	1.00
60	1.50
70	2.33
80	4.00
90	9.00
99	9.90

这种经济模型的前提是对于被侵权人的态度不作任何的考量。如果法律体系不能百分之百地确认出无效率的行为人的话,就必须授予惩罚性赔偿金,以此来确保未来的行为人不会试图利用法律体系效力的不完善铤而走险,从而达到威慑的目的。[1]

最后,从成本-收益理论的角度分析知识产权惩罚性赔偿的法经济学基础。根据该理论,我们需要克服知识产权外部性的问题。要解决该问题,第一要做到产权明晰,第二要以效益最优为基本原则。在现有的制度框架下,知识产品的公共产品属性决定了其产权收益外溢不可避免。这必然导致知识产品的资源配置受损,社会难以实现帕累托最优。知识产权权利人的前期成本主要表现为为研发知识产权产品而投入的成本和产品的交易成本,并且当权利人的边际收益等于边际成本时得到产品的最大收益。在运行良好的知识产权制度下,知识产权的研发者会依据市场的实际需求来确定其产品的市场价格,然而侵权者的存在使得产品的销售数量和实际获利减少,从而降低了权利人的预期收益。

---

[1] C. M. Shakey. Punitive Damages as Societal Damages[J]. Yale Law Journal, 2003, 113:347-453.

以著作权侵权为例,对于创作者来说,其创作需要创作成本,而盗版人的成本为生产盗版产品的生产成本。在盗版人增加盗版作品的产量时,可以降低单位盗版作品的生产成本,却不需要向著作权人支付费用。从价格上来说,盗版者的侵权成本远远低于著作权人的创作成本,盗版者通过这样的方式而不断抢占市场。为了抵销其生产成本,盗版者通过不断提高盗版产量的方式不断缩小其边际成本。从整个社会的范围看,盗版人通过盗版侵权使得作者的创作成本无法收回,而且会损害其创作的积极性。盗版人生产销售的作品,其成本无外乎是向著作权人支付费用或承担一定的侵权责任。盗版人所获得的利益是以盗版作品的价格乘以其数量得到的总额减去盗版的版权费用或者罚金。因此,不论是盗版人还是著作权人,面对的都是他们行为的边际成本。当其产生外部性效应的权利价格不断变动并与其供求相等时,盗版就会减少,并且最终确定在帕累托有效率的水平上。① 这样作品权益外溢的问题可以缓解。因此在惩罚性赔偿金的设定上,需要计算的是多少的惩罚性赔偿金足以抵消盗版侵权人的利润使得其无利可图。因此,惩罚性赔偿金额的设定需要结合经济学的成本-收益理论进行计算。

从法经济学的维度来看,知识产权惩罚性赔偿制度是正当的。知识产权侵权长期存在损失难以计算以及损失与侵权行为之间的关系难以证明的难题,在损失本身难以精确计算的情况下,证明因侵害知识产权所引起的损害,具有几乎无法克服的困难。在缺乏具体的证明的情况下,将损害的具体数额概括计算出一定的损害赔偿数额,在此基础上乘以一定的倍数,这时惩罚性赔偿金的支付与侵权责任法中的损害填补原则具有一致性,② 也具有补充实现补偿性赔偿不足的功能性价值,而这个价值的考量往往被学者所忽视。我们借用美国侵权法上的

---

① 廖丹. 著作权制度的经济学思考[D]. 湘潭大学硕士学位论文,2003:14-15.
② 〔奥〕库奇奥. 侵权责任法的基本问题(第一卷):德语国家的视角[M]. 朱岩译. 北京:北京大学出版社,2017:52.

汉德公式①来分析惩罚性赔偿功能的法律效果。如果侵权人的侵权行为被发现的概率小于1,那么补偿性损害赔偿可能并不充分。② 特别是知识产权领域侵权行为往往具有隐蔽性的特征,较难被权利人发现,因此必须将惩罚性赔偿计入侵权人的获利或被侵权人的损失以提供适当的威慑力。假设预期损失(PL)为1PL,侵权人被发现并支出实际损失的概率为50%,那么侵权人的预期赔偿成本只有预期损失(PL)的1/2。这时,补偿性损害赔偿额应当至少翻两倍以将预期损害赔偿成本恢复到原有的预期损失(PL),即2×0.5PL=1PL。那么,在侵权行为被发现的概率降低的情况下,只有提高惩罚性赔偿的倍数才能将预期损失赔偿成本恢复到原有的预期损失。从法经济学的维度来看,这里的惩罚性赔偿的倍数实际应该更高,以便为权利人留有盈余,否则将会导致侵权人的收益大于侵权成本引发道德危机,形成较低水平的侵权赔偿预期,增加侵权再次发生的风险。③

1.2.3　知识产权惩罚性赔偿的民法基础

在侵权法领域中,惩罚是否是侵权法的功能之一,学界有不同的看法。江平教授在其主编的《民法学》中认为,"惩罚是侵权行为法的功能,从中可以看到古代的侵权行为法在现代侵权行为法中的痕迹"。④ 私法以意思自治为核心,而公法的目的在于控权与遏制。公法和私法类型的划分曾在古罗马法时期得到彰显。资产阶级革命后,神权与王权得到控制与削弱,欧洲大陆国家例如法国、德国先后确立了私人的意思自治原则作为民法核心地位,同时扩大人权的范围,其中表现

---

① 该公式由美国利尔德·汉德法官提出,通过界定损失几率(P)和金额(L)并用B表示预防成本。汉德法官认为如果(当且仅当)B<PL时加害人才构成过失。〔美〕波斯纳. 法律的经济分析[M]. 蒋兆康译. 北京:法律出版社,2012:290.
② 〔美〕波斯纳. 法律的经济分析[M]. 蒋兆康译. 北京:法律出版社,2012:295.
③ 杨涛. 知识产权侵权获利赔偿制度的完善路径[J]. 现代法学,2020, 42(5):94-107.
④ 尹志强. 我国民事法律中是否需要导入惩罚性赔偿制度[J]. 法学杂志,2006(3):76-79.

之一就是过错责任原则的确立。然而个人利益的保护需要有一定界限,过度保护必然会损害社会公共利益,过错推定原则的引入一定程度上限缩了个人利益的保护范围,意味着私法的公法化。[①] 而正是私法的公法化趋势构成了知识产权惩罚性赔偿制度的民法基础。随着现代法律的发展,私法上的意思自治也受到了一定的限制。古典自然法学派所主张的"人生而自由"至少包括两个层面的自由,一是人身的自由,二是意志的自由。近代哲学家笛卡儿认为意志的自由是有限度的,因为意志并不能指导理性。[②] 而康德也认为意志只有遵守了道德律令才是自由的,而道德律令就是实践理性,也就是说,我们的行为是在理智的人都应当遵循立法的准则下进行活动的[③],而意思自治原则的理论前提是每个人都是由理性所引导,从而进行意志自由的活动。但是人的理性程度各有不同,理性人的假设在现实的生活中必然回归到现实的人,因此这时人的行为就可能是不理性的,如果对意思自治不加以限制,可能会导致滥用从而危及社会稳定。因此当人们的行为超出理性所控制的范围,就必须通过立法形式加以规制。《瑞士民法典》第 27 条就规定:"任何人不得全部或者部分放弃权利能力及行为能力。任何人不能让与其自由,也不得以违反法律或道德的方式阻碍他人行使自由。"[④]

1.3 知识产权惩罚性赔偿的制度功能

从功能主义视角出发,知识产权惩罚性赔偿具备惩罚、威慑、损害填补、预防、法律执行功能及对国家公共权利的维护等多重功能。其中,超越补偿之外的惩罚部分,系对侵权行为本身的否定评价,具体体现在对情节严重和主观故意的否定评价,据此惩罚和威慑功能系知识

---

① 陈文华. 惩罚性赔偿制度的法哲学基础[J]. 福建法学,2013(3):31-37.
② [英]罗素. 西方哲学史(下卷)[M]. 马元德译. 北京:商务印书馆,1976:79-92.
③ [德]文德尔班. 哲学史教程(下卷)[M]. 罗达仁译. 北京:商务印书馆,1993:759.
④ 瑞士民法典[M]. 于海涌,赵希璇译. 北京:法律出版社,2016:14.

产权惩罚性赔偿的主要功能。基于填平原则的"损害填补"功能,乃填补损害的应有之义,系知识产权惩罚性赔偿的辅助功能。

1.3.1 惩罚功能

知识产权惩罚性赔偿与补偿性赔偿的最本质区别在于惩罚性,也有学者认为惩罚功能是惩罚性赔偿的核心功能。[①] 凡严重侵犯知识产权的行为,不仅具有主观道德上的应受责难性,而且具有客观后果上的非法逐利性。[②] 惩罚性赔偿通过对侵权人课以加重的经济负担来惩罚侵权行为,从而达到惩罚的效果。如我国 2019 年修正的《商标法》第 63 条第 1 款第 2 句明确规定:"对恶意侵犯商标专用权,情节严重的,可以在按照上述方法确定数额的一倍以上五倍以下确定赔偿数额。赔偿数额应当包括权利人为制止侵权行为所支付的合理开支。"

惩罚性赔偿最经常被人们提及的功能便是惩罚功能,其惩罚功能体现在惩戒加害人因故意、恶意等造成的对受害人的损害。除上文中提到的在美国《第二次侵权行为法重述》中对惩罚性赔偿的惩罚功能有明确的定义外,在一些州的立法文件中对惩罚性赔偿也有明确的表述。例如美国加州法典规定,原告在获得实际损失之外,可以通过惩罚被告的目的来获得额外的惩罚性赔偿。[③] 在现代的法律体系中,法律中体现某种私人的报复或许起初看起来有些匪夷所思,但是,法律通过给予加害人司法惩罚的方式为受害人找到了发泄心中愤恨的途径是合理的。这种惩罚的合理性在于它保护和推进了两种最重要的基本法律理念即自由和平等。因为惩罚性赔偿的设计初衷在于惩罚那些类似犯罪的行为,加害人理应受到惩罚是因为他们窃取了个人和社会的利益,作为对受害人的回报,应当给予他们惩罚。此外,惩罚性赔偿的惩

[①] 吴汉东. 知识产权惩罚性赔偿的私法基础与司法适用[J]. 法学评论,2021,39(3): 21-33.

[②] 朱丹. 知识产权惩罚性赔偿制度研究[D]. 华东政法大学博士学位论文,2013:77.

[③] Cal. Civ. Code 3294.

罚功能会弥补一些行为不能受到刑法惩罚的不足。这种惩罚的功能可以激励被害人积极主动地维护自己的权利,检察官可能会更倾向于起诉那些性质更加恶劣的行为,例如杀人、抢劫、故意伤害等行为,但是对于轻微的人身伤害行为或者轻微的财产犯罪会没有那么重视,因此惩罚性赔偿的这种功能可以使得被害人主动去寻求法律救济,从而更好地在刑法没有涉及或很少涉及的领域中保护被害人。因此,这种惩罚功能的存在为惩罚性赔偿的存在找到了立足的理由。①

但是我们需要看到的是,惩罚的目的在于对侵权人产生威慑,从而达到预防的效果。"惩罚当事人,即便在公法中也仅仅是法律的低级目标,而不是其最终目的。"②通过惩罚,防止侵权人及不特定多数人实施侵权行为,从而达到特殊预防与一般预防的目的。因此在惩罚性赔偿中,惩罚仅仅是手段,预防侵权行为的发生才是最终目的。因此需要注意的是,其一,惩罚性赔偿并非赋予了当事人惩罚不法行为及不法行为人的权力,惩罚性赔偿的范围、数额、比例等最终是由人民法院予以决定。其二,惩罚性赔偿是补偿性赔偿的补充,具备弥补受害人损失的基本功能,处理的是平等主体之间的民事法律关系,与行政处罚、刑事处罚具有本质的区别。其三,惩罚性赔偿是一种具有准刑罚地位的民事责任形式,从经济学原理来看巨额的惩罚性赔偿额可能导致侵权人承受过重的经济负担,不利于企业和社会经济的发展,因此在适用惩罚性赔偿时要格外注意谦抑性原则和罚当其责的原则。

1.3.2 威慑功能

法学家们很早就认识到贝卡利亚的功利主义传统、霍布斯的法律预测理论对于威慑作为法律的重要功能提供了理论依据。③ 法律之所

---

① Walther & Plein. Punitive Damages: A Critical Analysis: Kink v. Combs. [J]. Marquette Law Review., 1965, 49:369-383.
② 尹志强. 我国民事法律中是否需要导入惩罚性赔偿制度[J]. 法学杂志,2006,(3):76-79.
③ 戴昕. 威慑补充与"赔偿减刑"[J]. 中国社会科学,2010,(3):127-143+222-223.

以试图威慑人们的不法行为,是因为该行为给社会带来了损失。损失的避免相当于社会福利的增加。① 法律的威慑功能并非仅仅是为了威慑,而是以增加社会整体福利为目的。对于法律威慑的评价,不仅要评价其效果,还要看其实施或达到的威慑效率如何。对于威慑效果或威慑效率的评价,离不开法经济学的成本-收益评价理论。而法律威慑的成本有两种:一是法律政策的制定和执行成本,例如立法过程中投入的对法律可行性论证和分析的人力物力成本以及执法过程中投入的维护法律秩序的成本;二是因威慑过度而导致的成本。在因法律威慑而收到的社会效益大于威慑效果的成本时,该法律政策才是可行的。② 而法律威慑效果的实现是通过不同的法律责任形式实现的。例如侵权法上的损害赔偿责任和刑法上的刑事处罚都是其责任形式,但是两者的成本是不同的。虽然人们通常认为威慑是刑罚的主要功能,即一个人因恐惧刑罚制裁而不敢实施犯罪行为,但是侵权法上的损害赔偿责任也是实现法律威慑功能的政策工具之一,同样影响着人们在微观层面的法律行为。

对于知识产权侵权行为人而言,损害赔偿数额的多少或者是否要受到刑事处罚,直接影响着行为人的行为选择。因此,从加倍的金钱惩罚的角度来看,知识产权惩罚性赔偿所具有的威慑性与刑罚的威慑功能相似,但二者的区别也是明显的:其一,责任性质不同。知识产权惩罚性赔偿虽具有威慑性,但其威慑性的实质是通过不法行为人承担民事侵权责任的形式产生的,而刑罚所具有的威慑功能则是通过对犯罪人施以刑事处罚的形式产生的。从威慑力的大小来看,刑事责任产生的威慑力大于民事责任产生的威慑力,即刑罚的威慑力大于知识产权惩罚性赔偿责任的威慑力。其二,实现途径不同。知识产权惩罚性赔偿的威慑力实现途径是对不法行为人进行多倍的金钱处罚,通过沉重的经济负担威慑再犯,而刑罚威慑再犯的途径不止金钱处罚一种,更包

---

① 陈兴良. 本体刑法学[M]. 北京:商务印书馆,2001:79-83.
② 戴昕. 威慑补充与"赔偿减刑"[J]. 中国社会科学,2010,(3):127-143+222-223.

括了对犯罪人的人身、财产进行处罚和限制等途径。

法律经济学对侵权法的研究从20世纪60年代开始,从科斯定理出发,讨论了侵权损害赔偿责任的微观威慑机制。卡拉·布雷西认为,侵权损害赔偿制度的目的在于通过对侵害行为的威慑实现事故成本和威慑成本总和的最小化。① 因此,损害赔偿责任的存在前提是保证帕累托改进。侵权法虽然是依靠私主体的诉讼行为来执行法律的行为,但是损害赔偿救济的实现是使得社会损失得以最小化的公共政策之一。因此我们可以认为,私法尤其是私法领域的损害赔偿在实现法律威慑功能方面具有刑法无法比拟的优越性,其社会执法成本更为低廉,例如在交通肇事案件的处理、医疗纠纷的解决等方面,侵权法系统的威慑效果和效率较之刑法的效果都更为显著。② 尽管在惩罚的有效性方面,惩罚性赔偿有时会受到质疑,但是在威慑功能方面是得到大多数人认可的。惩罚性赔偿在威慑功能的效果取决于两个方面的因素:其一,法律是否可以事实上起到惩罚那些对他人权利有极大侵害的人的作用;其二,潜在的侵权人是否清楚地知晓法律所描述的后果以及法律的执行者是否实际对侵权行为给予惩罚。对于潜在的侵权人,法律希望给予这样的警示:这种对他人权利侵害的行为是不正确的,需要受到法律的惩罚;故意的或者其他恶意的侵权行为会受到的惩罚要远远超过他们所得到的利益;虽然这种惩罚具有不确定性,但是可以肯定的是,一旦被发现,这样的风险远远要超过其所获利益。③

1.3.3 损害填补功能

虽然惩罚性赔偿经常被提及的功能是威慑而非赔偿,但是在赔偿

---

① Gary T. Schwartz. Reality in the Economic Analysis of Tort Law: Does Tort Law Really Deter? [J]. UCLA Law Review, 1994, 42:377-444.

② Gary T. Schwartz. Reality in the Economic Analysis of Tort Law: Does Tort Law Really Deter? [J]. UCLA Law Review, 1994, 42:377-444.

③ Benjamin C. Zipursky. Theory of Punitive Damages [J]. Texas Law Review, 2005, 84: 105-171.

方面,惩罚性赔偿的确扮演了一个非常重要的角色。这种赔偿的私人激励功能是显而易见的,它并非为了补偿原告的一般损失,而是为了补偿那些原告无法证明的或者是法律无法给予补偿的损失,包括提起诉讼的花费。我们不可否认惩罚性赔偿的惩罚和威慑等功能,但是在这些功能之外,惩罚性赔偿也承担了一部分的补偿性功能。这部分功能的担当从一定程度上来说缩小了两大法系之间的差异,使得惩罚性赔偿这一制度在大陆法系国家中逐渐成长。以大陆法系的德国为例,胜诉一方可以要求对方承担律师费用。而在美国,诉讼的每一方要各自承担诉讼的律师费用,因此,胜诉一方所获的赔偿中不必然包括因为诉讼而支出的费用。从这点上看,美国法上的胜诉一方并未真正获得完全补偿。在这种情况下,如果法院判决惩罚性赔偿,那么对于胜诉方来说,律师费用可以通过这部分惩罚性赔偿而获得补偿。

惩罚性赔偿可以在原告损失很难衡量时发挥一部分补偿功能。由于知识产权侵权案件不同于传统的民事侵权案件,我们经常很难衡量权利人的非财产性的损害,例如因为他人假冒商标权人的商标导致的商标权人的商誉损失或者侵犯专利权人的专利而导致专利权人丧失的市场份额等无形损失。当处理这种无形的财产损失时,我们最好的方法是承认它的特性,并寻求一种合理赔偿。因为当被侵权人所受到的损害无法用财产来换算和合理估计时,我们就很难辨别出侵权人的赔偿金是否等于被侵权人所遭受的损害。因此惩罚性赔偿金从这种意义上来说可以被看作发挥了部分的补偿性功能。即使在美国,惩罚性赔偿金在不同的州也被视为具有不同的功能。有些法院认为惩罚性赔偿金的功能仅仅在于补偿损失,而这些损失是被侵权人因举证不能而丧失的利益。①

1.3.4 其他功能

英国学者常用示范性赔偿(exemplary damages)指代惩罚性赔

---

① Coco-cola Co. *v.* Dixie-Cola Labs, 155 F. 2d59, 45(4th Cir 1946).

偿,即从他人的示范下吸取教训不再从事侵权行为,体现了惩罚性赔偿所具有的预防功能。预防可以分为一般预防和特别预防。预防功能是伴随惩罚性赔偿的威慑功能而产生的,也带有一定的刑事色彩。一般预防是指对侵权行为人施以加重的知识产权惩罚性赔偿,从而威慑、吓阻社会潜在的侵权行为人,从而达到预防其产生侵害知识产权的行为的目的;特别预防指的是对侵权行为人施以加重的知识产权惩罚性赔偿,对侵权行为人本身产生威慑和吓阻的作用,从而达到预防其再犯的效果。惩罚性赔偿对于个人和社会大众都有着预防功能。对于侵权人来说,惩罚性赔偿所要达到的目的是使实施不法行为比避免不法行为的成本更为昂贵,从而防止他们产生致害行为的动机。惩罚性赔偿可以对被侵权人现存的受法律保护的权利或利益进行确认,也对侵权人所应承担的义务进行确认。惩罚性赔偿不仅仅局限于衡量实际损失,同时也考虑到不恰当行为所引起的社会民众的不满。社会中最重要的法律价值准则决定了人们如何生活以及个人自由的边界。人们在追求个人利益的同时可能会与社会公众的利益相冲突,惩罚性赔偿的价值之一就在于确立人与人之间的行为准则,从而维持道德和法律标准。惩罚性赔偿的实施,是要社会公众对社会规范的认同感加强。边沁指出:一种惩罚方式,如果不得民心,其效果便和浪费相似,最终使得民众不满,法律虚弱。当民众对法律满意时,他们自觉自愿地协助法律的实施,当他们不满意时,自然会不予协助。①

另外,惩罚性赔偿经常被诟病之处在于原告可以通过惩罚性赔偿获得"意外之财"。然而,大家忽略的是,正是这种"意外之财"才能够激励那些不愿提起诉讼的原告来提起诉讼。通过法律的执行,促进了惩罚性赔偿其他目标的达成,这种重要的程序性功能可以被命名为"法律执行"。美国学者认为惩罚性赔偿制度有私人协助执法的功能。政府由于财政的困难或者手段上的不足,经常无法充分有效地执行法

---

① [英]边沁. 道德与立法原理导论[M]. 时殷弘译. 北京:商务印书馆,2000:257.

律。而私人参与执法,可以最大限度地实现法律的目的。① 这种功能的实现是与其他功能相互交织的,但是与威慑功能联系最为紧密。从这种意义上说,它与威慑功能可被视为一个硬币的两个方面。威慑功能可以被视为事前预防进而阻止侵权人违反法律,而法律执行可以被视为事后的执行,起到抓捕和惩罚那些没有受到威慑的侵权人。但是,这种法律执行功能在某种程度上也可以被视作是事前的,它为潜在的侵权人提供了一种侵权行为后果的警示。如果这种功能在这个意义上成立的话,那么侵权人将会得到法律的威慑,因此说这两种功能是硬币的两个方面。进一步说,惩罚性赔偿金可以用于维护整个社会的良好状态。耶林在《为权利而斗争》中指出,在私法上要求每个人在各自的岗位上维护和践行法律,这种精神的激励往往不能产生足够的动力。② 当行为人支出的费用与预期的赔偿相比得不偿失的时候,受害人可能只能以理性的冷漠面对侵权诉讼。高额的赔偿金可以激励受害人起诉加害人,积极同不法行为作斗争。③

---

① David G. Owen. Punitive Damages in Products Liability Litigation[J]. Michigan Law Review, 1976, 74:1257-1371.
② 张保红. 论惩罚性赔偿制度与我国侵权法的融合[J]. 法律科学(西北政法大学学报), 2015, 33(2):132-140.
③ 〔德〕耶林. 为权利而斗争[M]. 胡宝海译. 北京:中国法制出版社,2004:67.

第二章 我国知识产权惩罚性赔偿的立法制度分析

我国从立法层面形成了以《民法典》第1185条知识产权惩罚性赔偿条款为引领,以《著作权法》《专利法》《商标法》《反不正当竞争法》等特别法为依托的完整的知识产权惩罚性赔偿制度体系。

2.1 《民法典》中知识产权惩罚性赔偿制度的解读

目前,我国基本形成了以《民法典》第1185条的知识产权惩罚性赔偿条款为引领的完整的知识产权惩罚性赔偿制度体系。该体系具备双重逻辑架构,内部架构为著作权、商标权、专利权等纠纷的具体适用,外部架构则体现为《民法典》侵权责任项下特殊民事侵权行为的法律规则体系。

我国《民法典》第179条作为民事责任方式的专门条款,其第1款规定了承担民事责任的十一种方式,第2款作为惩罚性赔偿的指引性条款,规定"法律规定惩罚性赔偿的,依照其规定",第3款是民事责任方式的适用条款,规定"本条规定的承担民事责任的方式,可以单独适用,也可以合并适用"。知识产权惩罚性赔偿主要适用于知识产权领域故意侵权和情节严重的情形,同侵权责任编的基本精神和原则相协调,我国《民法典》第1185条作为知识产权惩罚性赔偿的专门条款,明确"故意侵害他人知识产权,情节严重的,被侵权人有权请求相应的惩罚性赔偿"。

其一,从主体来看,知识产权惩罚性赔偿制度的适用具有平等性。惩罚性赔偿制度的当事人双方为平等的民事主体,即惩罚性赔偿的支付对象和领受对象都是平等的民事主体。[①] 在近现代法律体系中,赔

---

① 张新宝,李倩. 惩罚性赔偿的立法选择[J]. 清华法学,2009,3(4):5-20.

偿和惩罚具有显著的区别。公法的宗旨在于约束权力并防止违法行为,因此,惩罚通常出现在行政法和刑法等公法领域,旨在遏制损害公共利益的行为。相反,私法的核心在于个人意愿的自由表达,赔偿主要属于私法领域,主要用于对违反民事法律的行为进行民事制裁。随着社会的演变,公法和私法之间的界定正在逐渐模糊,根据上文所述,正是私法的公法化趋势构成了知识产权惩罚性赔偿制度的民法基础。

其二,从适用范围来看,知识产权惩罚性赔偿是针对知识产权侵权领域的制度设计。我国《民法典》第 123 条明确列举了知识产权保护的"7+1"类客体。① 一方面,根据特别法优于一般法的原则,在知识产权特别法规定有惩罚性赔偿条款时,可以优先适用《著作权法》《商标法》《专利法》等特别法关于惩罚性赔偿的有关规定;另一方面,我国《民法典》中的知识产权惩罚性赔偿规定,是知识产权单行法律的上位法准则,各单行法不能与之相冲突。推言之,知识产权惩罚性赔偿的适用范围是过去、现在及未来的所有类型知识产权侵权纠纷,包括但不限于著作权、商标权、专利权等传统知识产权侵权纠纷,也涵盖地理标志、商业秘密、集成电路布图设计、植物新品种等其他类型知识产权客体的侵权纠纷以及未来可能出现的新的知识产权客体的侵权纠纷。

其三,从适用条件来看,知识产权惩罚性赔偿是与补偿性赔偿相对的损害赔偿概念,适用于故意侵害知识产权(主观要件)且情节严重(客观要件)的情形。两种损害赔偿方式都具有补偿、惩罚、预防等功能,但惩罚性损害赔偿侧重于惩戒,而补偿性损害赔偿更侧重于补偿,即使得受害人的权利恢复到侵害发生之前的状态。知识产权惩罚性赔偿使用加重侵权人责任的方式来达到惩戒的目的,在具体的适用上必须更加注重谦抑性原则和罚当其罪原则,因此其适用范围应当缩限至故意侵害知识产权且情节严重的侵权行为。

---

① 《民法典》第 123 条规定:"民事主体依法享有知识产权。知识产权是权利人依法就下列客体享有的专有的权利:(一)作品;(二)发明、实用新型、外观设计;(三)商标;(四)地理标志;(五)商业秘密;(六)集成电路布图设计;(七)植物新品种;(八)法律规定的其他客体。"

2.2 现有知识产权领域惩罚性赔偿法律规定的规范性分析

从规范性的角度对知识产权惩罚性赔偿进行分析,除 2021 年 1 月 1 日生效的《民法典》分别在总则编和侵权责任编对惩罚性赔偿作出规定以外,《商标法》《著作权法》《专利法》《反不正当竞争法》《种子法》等已经分别规定了惩罚性赔偿制度。其中 2013 年修正的《商标法》是我国知识产权领域引入知识产权惩罚性赔偿的首次尝试[①],后 2019 年修正时将惩罚性赔偿的倍数由三倍提升至五倍[②];2015 年修订的《种子法》在植物新品种领域引入惩罚性赔偿制度[③];2019 年修正的《反不正当竞争法》在竞争法领域针对侵犯商业秘密的行为引入了惩罚性赔偿制度,并提高惩罚性赔偿的倍数为一到五倍[④];2020 年修正的《著作权法》《专利法》中亦引入惩罚性赔偿制度,与前述法律中一到五倍的惩

[①] 《商标法》(2013 年修正)第 63 条第 1 款规定:"侵犯商标专用权的赔偿数额,按照权利人因被侵权所受到的实际损失确定;实际损失难以确定的,可以按照侵权人因侵权所获得的利益确定;权利人的损失或者侵权人获得的利益难以确定的,参照该商标许可使用费的倍数合理确定。对恶意侵犯商标专用权,情节严重的,可以在按照上述方法确定数额的一倍以上三倍以下确定赔偿数额。赔偿数额应当包括权利人为制止侵权行为所支付的合理开支。"

[②] 《商标法》(2019 年修正)第 63 条第 1 款规定:"侵犯商标专用权的赔偿数额,按照权利人因被侵权所受到的实际损失确定;实际损失难以确定的,可以按照侵权人因侵权所获得的利益确定;权利人的损失或者侵权人获得的利益难以确定的,参照该商标许可使用费的倍数合理确定。对恶意侵犯商标专用权,情节严重的,可以在按照上述方法确定数额的一倍以上五倍以下确定赔偿数额。赔偿数额应当包括权利人为制止侵权行为所支付的合理开支。"

[③] 《种子法》(2015 年修订)第 73 条第 3 款规定:"侵犯植物新品种权的赔偿数额按照权利人因被侵权所受到的实际损失确定;实际损失难以确定的,可以按照侵权人因侵权所获得的利益确定。权利人的损失或者侵权人获得的利益难以确定的,可以参照该植物新品种权许可使用费的倍数合理确定。赔偿数额应当包括权利人为制止侵权行为所支付的合理开支。侵犯植物新品种权的,情节严重的,可以在按照上述方法确定数额的一倍以上三倍以下确定赔偿数额。"

[④] 《反不正当竞争法》(2019 年修正)第 17 条第 3 款规定:"因不正当竞争行为受到损害的经营者的赔偿数额,按照其因被侵权所受到的实际损失确定;实际损失难以计算的,按照侵权人因侵权所获得的利益确定。经营者恶意实施侵犯商业秘密行为,情节严重的,可以在按照上述方法确定数额的一倍以上五倍以下确定赔偿数额。赔偿数额还应当包括经营者为制止侵权行为所支付的合理开支。"

罚性赔偿倍数保持统一。[①]

然而对于地理标志和集成电路布图设计两种知识产权保护的客体,尚不存在惩罚性赔偿的单行法规定。关于是否需要在地理标志和集成电路布图设计保护中专门立法,学界存在争议。地理标志和集成电路布图设计是我国《民法典》中明确规定的知识产权保护的客体,适用惩罚性赔偿的规定对其进行保护是毋庸置疑的。《民法典》是知识产权法律的上位法准则,即使不专门设立单行法对地理标志和集成电路布图设计两种客体规定惩罚性赔偿制度,也可以根据我国《民法典》第1185条知识产权惩罚性规定对其进行保护。

我国《民法典》第1185条规定了知识产权惩罚性赔偿的主观构成要件(故意)和客观构成要件(情节严重),随后最高人民法院《关于审理侵害知识产权民事案件适用惩罚性赔偿的解释》(以下简称《惩罚性赔偿司法解释》)第3条和第4条对故意和情节严重的认定作出了更为详细的规定。下文将从主观构成要件和客观构成要件两个方面展开论证。

2.3 知识产权惩罚性赔偿适用的主观构成要件

最高人民法院在《惩罚性赔偿司法解释》第3条[②]对知识产权惩罚

[①] 《著作权法》(2020年修正)第54条第1款规定:"侵犯著作权或者与著作权有关的权利的,侵权人应当按照权利人因此受到的实际损失或者侵权人的违法所得给予赔偿;权利人的实际损失或者侵权人的违法所得难以计算的,可以参照该权利使用费给予赔偿。对故意侵犯著作权或者与著作权有关的权利,情节严重的,可以在按照上述方法确定数额的一倍以上五倍以下给予赔偿。"《专利法》(2020年修正)第71条第1款规定:"侵犯专利权的赔偿数额按照权利人因被侵权所受到的实际损失或者侵权人因侵权所获得的利益确定;权利人的损失或者侵权人获得的利益难以确定的,参照该专利许可使用费的倍数合理确定。对故意侵犯专利权,情节严重的,可以在按照上述方法确定数额的一倍以上五倍以下确定赔偿数额。"

[②] 最高人民法院《关于审理侵害知识产权民事案件适用惩罚性赔偿的解释》(法释〔2021〕4号)第3条规定:"对于侵害知识产权的故意的认定,人民法院应当综合考虑被侵害知识产权客体类型、权利状态和相关产品知名度、被告与原告或者利害关系人之间的关系等因素。对于下列情形,人民法院可以初步认定被告具有侵害知识产权的故意:(一)被告经原告或者利害关系人通知、警告后,仍继续实施侵权行为的;(二)被告或其法定代表人、管理人是原告或者利害关系人的法定代表人、管理人、实际控制人的;(三)被告与原告或(转下页)

性赔偿适用的主观构成要件——"故意"的认定作了更为详细的规定,强调对于侵害知识产权的故意的认定,应当综合考虑被侵害知识产权客体类型、权利状态和相关产品知名度、被告与原告或者利害关系人之间的关系等因素。

2.3.1 故意和恶意

美国《第二次侵权行为法重述》第 8A 条规定,"故意"是指行为人欲求其行为导致某种后果或者相信其行为极有可能导致某种后果;不仅仅包括行为人积极追求的后果,还包括行为人知道其行为肯定或极有可能导致该后果的发生,却仍然采取该行为。② 在美国法上,当侵权人的行为是故意为之的时候,承认惩罚性赔偿的州都在此种情形下允许判决赔偿惩罚性赔偿金。美国法院对于专利领域的"故意"侵权的认定经历了不同的发展阶段。从 1886 年的 Clark v. Wooster 案中法院认为三倍赔偿是补偿性质开始,到 1982 年联邦巡回上诉法院成立后,才把三倍赔偿的性质确定为惩罚性,并将其发展成为"恣意"(willful and wanton misconduct)侵权制度,即当侵权行为人无视他人的专利权的存在而故意侵害其专利权时,适用三倍惩罚性赔偿。③ 恶意(Malicious)是侵权行为人对行为结果极其严重的主观心理状态。美国法上,在具体适用"恶意"标准时,各州的标准并非完全一致,而是通过各州的判决加以确立,例如"有意默示后果"④"邪恶心态,可能会产生邪恶行为、恶意动机、残暴行为从而形成严重伤害的实质风险"。⑤ 在美国马里兰州高等法院裁定惩罚性赔偿金时,要求原告证明被告有实质

(接上页)者利害关系人之间存在劳动、劳务、合作、许可、经销、代理、代表等关系,且接触过被侵害的知识产权的;(四)被告与原告或者利害关系人之间有业务往来或者为达成合同等进行过磋商,且接触过被侵害的知识产权的;(五)被告实施盗版、假冒注册商标行为的;(六)其他可以认定为故意的情形。"

② Restatement of the Law, Second, Torts, §8A (1965).
③ 和育东. 美国专利侵权救济制度研究[D]. 中国政法大学博士学位论文,2008:105-106.
④ Ford Motor Co. v. Stubblefeld, 319 S. E. 2d 470(Ga. 1984).
⑤ Axen. v. American Home Products Corp. ,974 P. 2d 224(Or. Ct. App. 1999).

恶意而非仅仅是默示恶意。而在判决中,法官也指出实质恶意是指具有邪恶动机或者伤害或欺骗意图的行为。①

大陆法系中对于过错的概念有主观概念、客观概念和综合概念三种观点。认为过错是主观概念的学者认为,过错就是违法行为人对自己的行为及其后果所具有的主观心理状态。② 而主张过错是客观概念的学者认为,"过错是指任何与善良公民行为相偏离的行为",③或者是"一个谨慎人置身于加害人造成损害时的客观环境中所不会犯的行为差错"。④ 还有学者主张过错是一个综合的概念,"是行为人进行某种行为时的心理状态,它必然通过行为人的具体行为表现出来,因此要判定一个人有无故意或者过失,总是和一定的行为联系起来的,并以行为为其前提和条件"。⑤ 在确定行为人的过错的两种形式——故意和过失时,理论界对于确定的方法也有争论。⑥ 故意,是行为人可以预见自己行为的结果,仍然希望它发生或听任其发生的主观心理状态(直接故意),或者行为人应当认识到或预见到其行为的后果,同时又希望或听任其发生(间接故意)。⑦ 过失是指怠于注意的一种心理状态。过失以注意义务为前提,合理注意义务的承担是承担过失责任的前提。⑧ 而合理注意义务的判断标准是以理性人为标准,不考虑行为人的独特性。

目前,我国《民法典》第 1185 条的知识产权惩罚性赔偿条款中对于行为人主观构成要件的描述是"故意",除《商标法》还使用原有的"恶意"之外,新修订的《专利法》和《著作权法》也都根据《民法典》统

---

① Owens-Illinois, Inc. v. Zenobia, 601 A. 2d 633(Md. 1992).
② 杨立新. 侵权损害赔偿[M]. 北京:法律出版社,2010:108.
③ 王利明. 侵权责任法研究(上卷)[M]. 北京:中国人民大学出版社,2016:338.
④ 王卫国. 过错责任原则:第三次勃兴[M]. 杭州:浙江人民出版社,1987:186.
⑤ 阮娜. 论公证赔偿责任核心构成要件[J]. 中国司法, 2012, (10):61-65.
⑥ 意思主义强调故意必须有行为人对于损害后果的希望或者意欲,观念主义强调行为人认识或预见到行为的后果。
⑦ 杨立新. 侵权损害赔偿[M]. 北京:法律出版社,2010:108.
⑧ 王泽鉴. 侵权行为法[M]. 北京:中国政法大学出版社,2001:256.

一使用"故意"。最高人民法院在《惩罚性赔偿司法解释》第1条第2款①明确指出"故意应包含恶意"。学理上,所谓的"恶意"是侵权行为人对行为结果极其严重的主观心理状态。德国学者认为"恶意"包括两层含义:第一层是指主观的欺诈,第二层是指一个对他人造成不利后果的故意追求。② 张新宝教授认为"恶意"为"故意"的严重状态,包括直接追求损害后果,对法律的禁止性规定公然漠视或明知违反法律或以追求损害他人为目的而借行使权力为手段。③ 因此,从我国目前的立法文本和学者的观点来看,故意包括恶意(直接故意)这种结果极为严重的主观心理状态,但是否包括放任结果发生的间接故意呢？目前立法并没有给出结论,笔者认为不应将间接故意的主观情形纳入知识产权惩罚性赔偿适用的主观"故意"的范畴。是否包括间接故意的情形应留待法官进行自由心证。我国作为大陆法系国家,在知识产权领域全面引入惩罚性赔偿制度之后,不可放宽其适用条件,而应严格限制。如果将间接故意情形纳入其中,可能会出现被侵权人利用该制度进行滥诉从而为自身谋利等情形,可能会违背该制度立法的初衷。

2.3.2 重大过失

根据美国《第二次侵权行为法重述》规定④,重大过失(Recklessness)的构成要求行为人不仅要置他人于过度的人身伤害的危险之中,而且这种危险远高于行为所带来的危险。从客观上看,重大过失是被告在没有尽到注意义务的情况下,其行为所造成的损害远远超过其行为所带来的功效。从主观上看,重大过失包含有意识地对所知道的

---

① 最高人民法院《关于审理侵害知识产权民事案件适用惩罚性赔偿的解释》(法释〔2021〕4号)第1条规定:"原告主张被告故意侵害其依法享有的知识产权且情节严重,请求判令被告承担惩罚性赔偿责任的,人民法院应当依法审查处理。本解释所称故意,包括《商标法》第六十三条第一款和《反不正当竞争法》第十七条第三款规定的恶意。"
② 张新宝. 侵权责任构成要件研究[M]. 北京:法律出版社,2007:442.
③ 张新宝. 侵权责任构成要件研究[M]. 北京:法律出版社,2007:558.
④ Restatement of the Law, Second, Torts, §500(1965).

危险发生的可能性予以漠视①,即对他人造成特别严重的危险的不合理行为的意图构成了轻率行为的核心。轻率的主观状态可以区分为两大类。一类是轻率的漠视。当某人不合理的行为对他人造成一种受伤害的危险时,或者当他以一个理性人的角度有理由知道这样的严重危险的后果可能发生,但是其放任损害结果的发生时,该人就是以轻率的漠视态度实施的行为。第二类是故意地漠不关心。即行为人已经意识到其行为将会置他人于过度的人身伤害的危险之中,也意识到这种危险大大高于行为所带来的危险。两者的区别在于行为人对其行为所造成的危险的认知程度不同。在因为轻率而造成他人伤害的情形下,美国法判处惩罚性赔偿金的案例最早出现在醉酒驾驶汽车所导致的伤害案件,在这种情形下,可以判决赔偿惩罚性赔偿金。②

很多大陆法系国家采纳了自罗马法以来就确立的"重大过失等同于故意"的规则。这样的规则适用于一定情形下,例如共同责任、损害赔偿额的确定等方面。将两者相等同是对侵权行为人实施的某种惩罚,有利于保护被侵权人,使得侵权行为人合理地尽到注意义务。在重大过失的认定上,有学者认为违反普通人的注意义务或者欠缺一般人应具备的注意程度为重大过失。③ 这里用来判断过失的普通人注意标准,即"理性人""善良管理人"等的标准是法律拟制的一个标准,具有法律上的抽象性。也有学者认为如果法律对行为人的行为提出了较高的注意义务,行为人不仅仅不能按照该标准行为,且连普通人的注意义务都没有尽到则为重大过失。④ 还有观点认为,显然欠缺一般人的注意程度为认定重大过失的标准。我国台湾地区采用这一标准。根据这一标准,"社会观念上一般人稍微注意即可避免而当事人却没有避免

---

① 曹阳. 知识产权间接侵权责任的主观要件分析:以网络服务提供者为主要对象[J]. 知识产权,2012,(11):24-37.

② Ross. v. Clark, 274 P. 639(Ariz. 1929)之后出现的案例,如 Taylor v. Superior Court, 24 Cal. 3d 890,598 P. (Cal. l979).

③ 邱聪智. 新订民法债编通则(下)[M]. 北京:中国人民大学出版社,2004:264.

④ 王利明. 侵权行为法归责原则研究[M]. 北京:中国政法大学出版社,2003:236.

的"为重大过失。① 曾世雄先生将行为人的注意程度分为五个层次:一般人所不能注意;一般人所能注意之极限;善良管理人之注意;自己处理事务同一之注意;一般人所能注意之起点。② 在重大过失的判断标准上应采用"一般人最低限度的注意程度"为标准,与一般过失的"善良家父"标准相区分,同时也要略低于"故意"的判断标准。这里所说的"一般人"是指与行为人具有同样的职业、身份等背景的一般人。

2.4 知识产权惩罚性赔偿适用的客观构成要件

最高人民法院在《惩罚性赔偿司法解释》第4条③对知识产权惩罚性赔偿适用的客观构成要件——"情节严重"的认定作了更为详细的规定,强调对于侵害知识产权情节严重的认定,应当综合考虑侵权手段、次数,侵权行为的持续时间、地域范围、规模、后果,侵权人在诉讼中的行为等因素,并对情节严重的情形进行列举。

在民事损害赔偿责任领域,一般适用《民法典》第1165条之过错原则,即满足"过错""侵害他人权益""损害"及"因果关系"④,除第1125条第1款第3、4、5项对于继承权丧失的情形和第1185条的知识产权惩罚性赔偿规定之外,我国《民法典》较少以情节严重作为立法表述。如《民法典》第1179条规定"侵害他人造成人身损害的",第1182条规定"侵害他人人身权益造成财产损失的",第1183条规定"侵害自

---

① 郑玉波. 民法债编总论[M]. 北京:中国政法大学出版社,2004:256.
② 曾世雄. 损害赔偿法原理[M]. 北京:中国政法大学出版社,2001:82.
③ 最高人民法院《关于审理侵害知识产权民事案件适用惩罚性赔偿的解释》(法释〔2021〕4号)第4条规定:"对于侵害知识产权情节严重的认定,人民法院应当综合考虑侵权手段、次数,侵权行为的持续时间、地域范围、规模、后果,侵权人在诉讼中的行为等因素。被告有下列情形的,人民法院可以认定为情节严重:(一)因侵权被行政处罚或者法院裁判承担责任后,再次实施相同或者类似侵权行为;(二)以侵害知识产权为业;(三)伪造、毁坏或者隐匿侵权证据;(四)拒不履行保全裁定;(五)侵权获利或者权利人受损巨大;(六)侵权行为可能危害国家安全、公共利益或者人身健康;(七)其他可以认定为情节严重的情形。"
④ 和育东. 知识产权惩罚性赔偿"情节严重"要件的解释进路[J]. 暨南学报(哲学社会科学版),2023,45(7):30-44.

然人人身权益造成严重精神损害的",第 1184 条规定"侵害他人财产的",以上法条都没有采用"情节严重"的表述。而涉及"情节严重"的立法表述多出现在我国《刑法》中,用于量刑的划分,如《刑法》第 109 条对叛逃罪的构成要件和相应刑罚进行规定后,又规定了"情节严重的,处五年以上十年以下有期徒刑";或作为犯罪构成要件区分罪与非罪,刑法中涉及知识产权的犯罪如假冒注册商标罪、假冒专利罪、侵犯商业秘密罪等多采用情节严重为犯罪构成要件。《刑法》第 216 条规定"假冒他人专利,情节严重的",从中可以推测,我国《民法典》第 1185 条关于知识产权惩罚性赔偿的规定借鉴了《刑法》中知识产权犯罪的规定,即将"情节严重"理解为适用知识产权惩罚性赔偿的构成要件之一。据此,有必要从刑法关于"情节严重"的判断出发来理解知识产权惩罚性赔偿中"情节严重"的规定。

关于"情节恶劣"或"情节严重"所表征的定量因素在犯罪论体系中的地位,刑法学界一直存在争议和分歧,各种观点层出不穷,其中陈兴良教授提出的"罪体—罪责—罪量"三位一体的犯罪构成体系论和张明楷教授的"整体的评价性要素"说颇具代表性。在陈兴良教授的理论体系中,罪量因素被赋予了极其重要的地位。他认为,罪量不仅仅是客观的量化标准,还包含了主观恶意的考量。[①] 具体而言,罪量是指刑法分则所规定的、行为成立某种具体犯罪所必须达到的量化程度。这种量化程度既包括行为的危害程度,也涵盖了行为人的恶意程度。换言之,"情节严重"或"恶劣"不仅是指行为的客观危害程度,还包括行为人的主观恶意程度。这种观点强调了在确定犯罪程度时,必须同时考虑主观和客观两方面的因素。与陈兴良教授的观点不同,张明楷教授主张将"情节严重"和"情节恶劣"视为整体的评价性要素,均为表明

---

① 陈兴良. 作为犯罪构成要件的罪量要素:立足于中国刑法的探讨[J]. 环球法律评论,2003,(3):275-280. 陈兴良. 犯罪构成的体系性思考[J]. 法制与社会发展,2000,(3):46-66.

法益侵害严重程度的客观违法性要素。① 在判断犯罪程度时,只需要考虑客观的法益侵害程度,而不需要考虑主观的有责性因素及其程度。这一观点更加强调客观因素在确定犯罪程度中的作用,而对主观因素进行了排除。尽管陈兴良教授和张明楷教授的理论观点各有侧重,但都为我们深入理解"情节恶劣"或"情节严重"的定量因素提供了有益的思路。学界的这些理论观点对司法实践产生了深远的影响,个案的判断和定罪量刑往往会因理论观点的不同而有所差异。因此,如何调和这些理论观点,使之更为协调一致,这需要我们不断探索和创新,以期在理论上和实践上取得更为丰硕的成果。目前我国司法实践中一般采取客观法益侵害程度说,如 2013 年最高人民法院、最高人民检察院联合发布的《关于办理寻衅滋事刑事案件适用法律若干问题的解释》,根据该解释第 2、3 条的规定,对于随意殴打他人或者追逐、拦截、辱骂、恐吓他人是否达到"情节恶劣"的评价应主要从行为造成的后果、次数、场所、对象、社会影响等客观方面来进行。

  无论是刑法理论中哪一种犯罪构成体系,所争论的是主观因素是否应当作为情节严重的定量因素,对客观的法益侵害程度作为情节严重的定量因素并不存在争议。而我国民法学界却对知识产权惩罚性赔偿情节严重的定量因素是否应当包含客观的法益侵害程度产生了争论。2013 年惩罚性赔偿的"情节严重"要件写入《商标法》后,不少学者质疑其独立要件的地位,认为惩罚性赔偿应仅需主观方面的单一要件,即"侵权人的主观状态决定是否适用惩罚性赔偿,而侵权行为所造成的客观损害结果决定适用何种数额的惩罚性赔偿"。② 王利明教授提出一个支持"情节严重"要件的重要论据,即"从实践来看,在侵害知识产权的情形下,行为人大多具有侵权的故

---

① 张明楷. 犯罪论体系的思考[J]. 政法论坛,2003,(6):26-38. 张明楷.论刑法分则中作为构成要件的"情节严重"[J]. 法商研究(中南政法学院学报),1995,(1):14-19.

② 冯晓青,罗娇. 知识产权侵权惩罚性赔偿研究:人文精神、制度理性与规范设计[J]. 中国政法大学学报,2015,(6):24-46+159.

意",由此他认为"如果不要求情节严重,而仅要求行为人故意,则可能导致惩罚性赔偿规则适用的泛化"。①

我国司法实践采纳"情节严重"要件主要是针对行为人的手段方式及造成的后果等客观方面,一般不涉及行为人的主观状态②,并于《惩罚性赔偿司法解释》第4条规定人民法院应当综合考虑侵权手段、次数,侵权行为的持续时间、地域范围、规模、后果,侵权人在诉讼中的行为等因素认定"情节严重",并列举了具体情形。通过文本分析,可以将《惩罚性赔偿司法解释》第4条中列举的具体情形划分为以下四类。第一类涉及的是重复性的侵权行为,包括"因侵权被行政处罚或被法院裁判承担法律责任后,再次实施相同或类似侵权行为"和"以侵害知识产权为业"。第二类涉及当事人的诉讼行为,包括"伪造、毁坏或者隐匿侵权证据"及"拒不履行保全裁定"。第三类涉及损害结果,包括"侵权获利或者权利人受损巨大"和"侵权行为可能危害国家安全、公共利益或者人身健康"。第四类是其他情形。

一般来说,知识产权惩罚性赔偿从属于侵权损害赔偿的大类,适用过错责任原则,其构成要件既具有过错责任的一般性,也具有其特殊性。从一般性来讲,过错责任的客观要件应包括"侵害他人权益""损害"及"因果关系"三个方面;从特殊性来讲,知识产权惩罚性赔偿应体现知识产权侵权的特征和惩罚性。其中要注意惩罚性意味着要审慎把握知识产权惩罚性赔偿的责任门槛,也要注意一般性与特殊性的统一。从这一角度对现行《惩罚性赔偿司法解释》所列举的四类具体情形进行分析可知:第一类情形列举的是重复性侵权行为,对侵权行为的重复性要求既体现了过错责任的一般性构成要件之"侵害他人权益",也体现了特殊性构成要件之惩罚性。但从重复性的"类似侵权行为"这一

---

① 王利明.论我国民法典中侵害知识产权惩罚性赔偿的规则[J].政治与法律,2019,(8):95-105.

② 孙航.最高法相关部门负责人就《最高人民法院关于审理侵害知识产权民事案件适用惩罚性赔偿的解释》答记者问[EB/OL].[2023-09-17]. https://enipc.court.gov.cn/zh-cn/news/view-1078.html.

表述来看,类似一词不够明确,也可能是涉及不正当竞争的侵权行为,若简单推定为重复实施类似侵权行为,可能会违反审慎惩罚的要求。第二类情形列举的是当事人在知识产权诉讼中的行为,该类行为不属于一般性构成要件之"侵害他人权益""损害"及"因果关系",虽然可能涉及对于知识产权侵权损害难弥补等特征的考量,但若以此低门槛适用惩罚性赔偿,难免违背了适用惩罚性赔偿之审慎、谦抑的要求。第三类行为列举的是损害结果,符合一般性构成要件之"损害",也符合知识产权侵权损害的特征,体现了惩罚性。但是其中可能危害国家安全、公共利益或人身健康的情形,一般来说由刑法保护。第四类情形作为兜底。由此看来,《惩罚性赔偿司法解释》中最具有司法实用价值的是重复性侵权行为条款和侵权获利或者权利人受损巨大的条款。

第三章 我国知识产权惩罚性赔偿适用的司法实证分析

除了《民法典》第1185条关于知识产权惩罚性赔偿的规定,最高人民法院及各地高级人民法院相继出台了涉及知识产权惩罚性赔偿的规定或指导意见,意在通过增加判赔的方式增加侵权人的侵权成本,打击故意侵犯知识产权的行为,最终实现加强知识产权保护的目标。在知识产权惩罚性赔偿全面引入我国知识产权法律体系的背景下,知识产权侵权案件在审理中存在"法定赔偿"过度适用及法定赔偿与惩罚性赔偿混同、边界模糊和判赔计算不够精细化的问题。下面以实证分析的角度来分析我国自商标法引入惩罚性赔偿制度以来的司法裁判案件,进而分析得出知识产权惩罚性赔偿制度在我国知识产权司法领域的适用情况。

3.1 我国知识产权惩罚性赔偿适用的司法现状

通过对"威科先行""北大法宝"和"中国裁判文书网"三个法律数据库进行检索,通过关键词选取"惩罚性赔偿",案由选择"知识产权权属、侵权纠纷;不正当竞争纠纷和垄断纠纷",检索期间为2014年1月1日至2023年7月30日,共检索出全国范围内4398个案例适用惩罚性赔偿的案件。之后,本书进一步整理出适用惩罚性赔偿的知识产权案件判赔数额及判赔率,并进行知识产权法院之间、所在地区之间和相关司法解释出台前后的判赔额、判赔率及改判率之间的横向对比;对比梳理知识产权法定赔偿、惩罚性赔偿和酌定赔偿的适用情形,总结惩罚性赔偿案件司法审判的特点。

3.1.1 全国适用惩罚性赔偿知识产权案件审理概况

根据对全国法院知识产权权属纠纷案件审理情况的梳理,所收集的涉及惩罚性赔偿的案件共4398件,其中由最高人民法院审理的案件数目为66件,各地方法院审理的案件按照数量从高到低依次排列为广东省970件,占比22%;北京市595件,占比13.5%;陕西省497件,占比11.3%;天津市340件,占比7.7%;浙江省260件,占比5.9%;山东省240件,占比5.5%;福建省220件,占比5%。

涉及惩罚性赔偿的知识产权案件数量在50件以上、200件以下的省份有:上海市191件(占比4.3%)、江苏省179件(占比4.1%)、河南省137件(占比3.1%)、辽宁省102件(占比2.3%)、云南省98件(占比2.2%)、湖南省79件(占比1.8%)、重庆市74件(占比1.7%)、江西省72件(占比1.6%)。

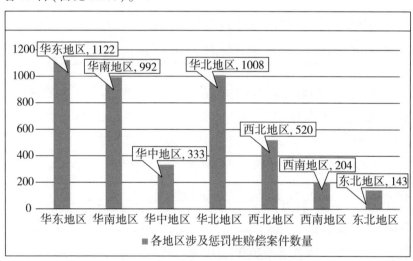

图1 我国各地区涉及惩罚性赔偿案件数量
(不含各地铁路运输法院审理的案件)

剩余地区涉及到惩罚性赔偿的知识产权权属纠纷案件数量较少,案件数量均在50件以下,湖北省45件;山西省39件;吉林省37件;安徽省32件;四川省28件;河北省24件;广西壮族自治区17件;新疆维吾尔自治区13件;各地铁路运输法院共10件;内蒙古自治区

10件;甘肃省6件;海南省5件;贵州省4件;宁夏回族自治区4件;黑龙江省4件;青海省及西藏自治区均未出现惩罚性赔偿相关案例。

通过对上述惩罚性赔偿的案例的进一步梳理,初步计算出全国范围内的知识产权权属纠纷案件适用最终判决惩罚性赔偿的概率为6.8%,共300件。其中由最高人民法院审理的案件数目为8件,各地方法院审理的案件数量从高到低依次排列为云南省59件;广东省41件;江苏省29件;陕西省26件;江西省25件;上海市20件;浙江省18件;北京市17件;山西省12件;山东省、河南省各8件;辽宁省6件;重庆市、安徽省各4件;湖南省、吉林省各3件;湖北省、四川省各2件;天津市、福建省、贵州省、广西壮族自治区、新疆维吾尔自治区各1件。河北省、内蒙古自治区、甘肃省、海南省、宁夏回族自治区、黑龙江省等省份在最终判赔中并未适用惩罚性赔偿。对比诉请惩罚性赔偿和最终准予适用惩罚性赔偿的案件数据,可以发现形成了巨大反差,初步结论为知识产权惩罚性赔偿的提起基数大而适用比例相对较低。

3.1.2 最高人民法院知识产权惩罚性赔偿案件审理情况

最高人民法院审理的知识产权案件的总数为56件。按照审理年份分别为:2019年审结1件;2020年审结11件;2021年审结23件;2022年审结20件;2023年至7月30日为止审结1件。

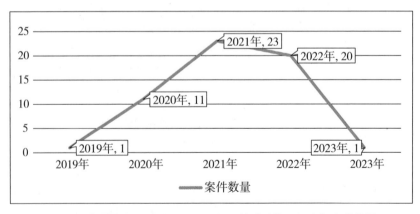

图2 历年最高人民法院审结适用惩罚性赔偿的知识产权案件数量

最高人民法院排除适用惩罚性赔偿的知识产权案件共 58 件,占总案件数 70%。按照案件类型划分:其中,商标权案件共 1 件,占比 1.7%;著作权案件共 8 件,占比 13.8%;植物新品种案件共 12 件,占比 20.7%;专利权案件共 37 件,占比 63.8%。

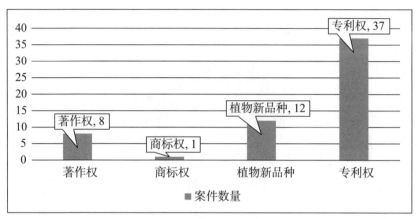

图 3　最高人民法院排除适用惩罚性赔偿的知识产权案件数量类型分析

按照审理期限来看,2—15 日审结的案件占比 22%;16—30 日审结的案件占比 22%;31—90 日审结的案件占比 7%;91—180 日审结的案件占比 14%;181—365 日审结的案件占比 21%;365 日以上审结的案件占比 14%。

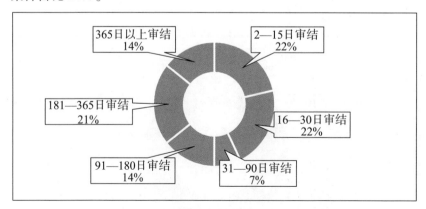

图 4　最高人民法院审理适用惩罚性赔偿的知识产权案件审理期限分析

在排除适用惩罚性赔偿的知识产权案件中,按照诉请赔偿数额来划分,诉请赔偿数额在 50 万以下的有 16 件,占比 27%;50 万到 100 万的有 11 件,占比 19%;100 万到 500 万的有 23 件,占比 40%;500 万到 1000 万的有 3 件,占比 5%;1000 万以上的有 5 件,占比 9%。

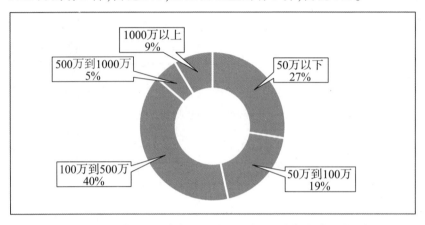

图 5　提起惩罚性赔偿的最高人民法院审理的知识产权案件诉请数额分析

在排除适用惩罚性赔偿的知识产权案件中,按照最终判赔数额来划分,不支持任何赔偿的共 17 件,占比 29%;判赔数额在 10 万以下(包含 10 万)的共 13 件,占比 22%;10 万到 50 万(包含 50 万)的共 18 件,占比 31%;50 万到 100 万(包含 100 万)的共 5 件,占比 9%;100 万以上的共 5 件,占比 9%。

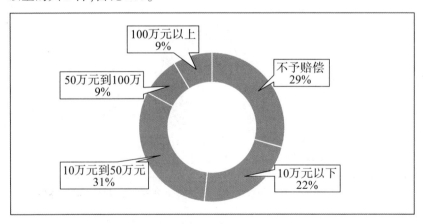

图 6　准予适用惩罚性赔偿的最高人民法院审理的知识产权案件判赔数额分析

在排除适用惩罚性赔偿的知识产权案件中,按照赔偿种类来划分,不予任何赔偿的共17件,占比29%;适用法定赔偿的有2件,占比3.4%;适用酌定赔偿的有39件,占比66.5%。

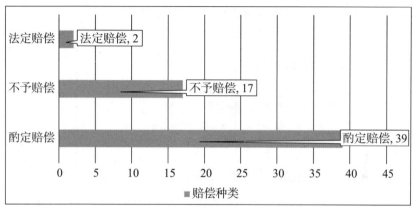

图7　最高人民法院审理适用惩罚性赔偿的知识产权案件赔偿种类分析

在排除适用惩罚性赔偿的知识产权案件中,按照不支持的理由来划分,认为不属于情节严重而不予适用惩罚性赔偿的共6件,占比10%;认为侵权事实不存在的共16件,占比27.6%;认为计算基数不明的共9件,占比15%;认为证据不足的共16件,占比28%;认为难以认定故意的共2件,占比3%;认为是复合理由的共5件,占比9%;认为是其他理由的共4件,占比7%。

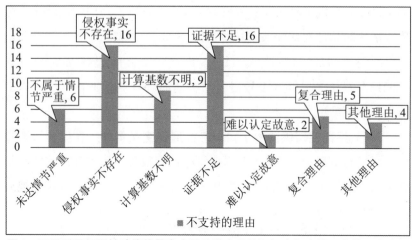

图8　不予适用惩罚性赔偿的最高人民法院审理的知识产权案件不支持理由分析

最高人民法院审理知识产权案件中,不适用惩罚性赔偿的情形,按照裁判结果来划分,判决驳回上诉、维持原判的共40件,占比69%;判决撤销原判的共7件,占比12%;判决撤销原判、依法改判的共8件,占比14%;判决依法改判的共3件,占比5%。

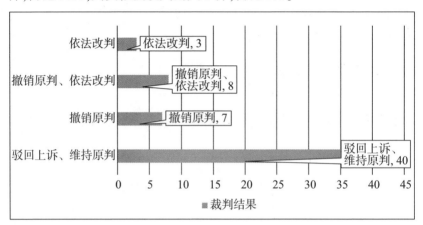

图9 不予适用惩罚性赔偿的最高人民法院审理的裁判结果分析

截至2023年7月30日,最高人民法院至今共审理8件准予适用惩罚性赔偿的知识产权案件,分别是(2020)最高法知民终765号侵害专利权纠纷案、(2022)最高法知民终871号侵害专利权纠纷案、(2021)最高法知民终594号侵害植物新品种权纠纷案、(2021)最高法知民终816号侵害植物新品种权纠纷案、(2022)最高法知民终783号侵害植物新品种权纠纷案、(2022)最高法知民终789号侵害植物新品种权纠纷案、(2019)最高法知民终562号侵害商业秘密纠纷案和(2021)最高法知民终451号侵害植物新品种权纠纷案。从中可以分析得出如下结论。

其一,惩罚性赔偿适用于知识产权刑民交叉案件。在广州天赐高新材料股份有限公司、九江天赐高新材料有限公司侵害技术秘密纠纷案中①,华慢、刘宏、胡泗春、朱志良和安徽纽曼公司均具有侵权主观故

---

① 参见最高人民法院(2019)最高法知民终562号民事判决书。

意。华慢、刘宏、朱志良被定罪,华慢、刘宏还受到刑事处罚。安徽纽曼公司自 2014 年至今,即使在关联刑事案件审理期间甚至法院作出有罪生效判决后,也从未中断生产销售其产品,主观恶意严重,且出口销售的国家和地区达二十多个,自认的销售额超过 3700 万元。综合考虑这些因素,足以认定安徽纽曼公司恶意侵权且情节严重,因此得以适用惩罚性赔偿。

其二,存在以法定赔偿为基数的惩罚性赔偿情形。最高人民法院在判决中认为,涉案专利为实用新型专利,行为人实施了制造、销售和许诺销售行为,社会危害性较大,且在被法院判定构成侵权并赔偿经济损失 20 万元后仍然继续实施侵权行为,在侵权情节上属于源头侵权、重复侵权和恶意侵权,主观恶意明显。① 赔偿基数选取法定赔偿额,赔偿倍数为 2 倍,诉请标的额为 60 万,最终判赔 40 万,判赔率为 66%。

其三,存在全额判赔的情形。最高人民法院在审理植物新品种权侵权案件时,综合侵权人的主观恶意、侵权手段、关于侵权行为的规模与范围、关于情节严重的法定情形,参照《关于审理侵害植物新品种权纠纷案件具体应用法律问题的若干规定(二)》(以下简称《植物新品种权司法解释(二)》)第 17 条第 1 款第 5 项规定提出,违反《种子法》第 77 条第 1 款第 1 项,即未取得种子生产经营许可证生产经营种子的,可以认定为侵权行为情节严重。原审法院认定亲耕田公司侵权情节严重并对本案依法适用惩罚性赔偿,事实认定以及法律适用正确。② 关于赔偿基数的选取,在本案权利人实际损失数额无法查明,侵权行为人亦未提供与侵权行为相关的账簿、资料的情况下,原审法院综合考虑涉案植物新品种权的类型、所查明的销售侵权种子的价格和规模、侵权行为的性质和后果等情节,确定亲耕田公司的侵权获利赔偿基数为 100 万元。关于赔偿倍数,综合考虑行为人的侵权恶意、手段、规

---

① 参见最高人民法院(2020)最高法知民终 765 号民事判决书。
② 参见最高人民法院(2021)最高法知民终 816 号民事判决书。2021 年《种子法》修正后,原第 77 条变更为第 76 条。

模和范围等,尤其是未取得种子生产经营许可证以无标识、标签的包装销售授权品种,认定侵权情节严重。因此最终适用惩罚性赔偿倍数为3倍。该案诉请标的额为300万,全额获赔,判赔率为100%。

3.1.3 各省知识产权惩罚性赔偿案件审理情况

整体而言,北京、上海、江苏、浙江、广东五个省或直辖市的知识产权惩罚性赔偿案件数量占比偏高,相应的案件标的额偏大。对比之下,江西、云南、陕西、山西四省案件以批量式诉讼为代表,且标的额整体偏小。

其一,按照案件类型依次对比各省适用惩罚性赔偿的情况。涉及知识产权惩罚性赔偿案件数量在200件以上的省份或直辖市有7个,依次为:广东省(970件)、北京市(595件)、陕西省(497件)、天津市(340件)、浙江省(260件)、山东省(240件)和福建省(220件)。广东省涉及惩罚性赔偿案件共970件,著作权案件共502件、专利权案件共44件、商标权案件共424件,其中适用惩罚性赔偿的案件有41件,适用率为4.2%,不适用惩罚性赔偿的案件共929件。北京市涉及惩罚性赔偿案件共595件,著作权案件共513件、专利权案件共3件、商标权案件共79件,其中适用惩罚性赔偿的案件有17件,适用率为2.8%,不适用惩罚性赔偿的案件共578件。陕西省涉及惩罚性赔偿案件共497件,著作权案件共443件、专利权案件共1件、商标权案件共53件,其中适用惩罚性赔偿的案件有26件,适用率为5%,不适用惩罚性赔偿的案件共471件。天津市涉及惩罚性赔偿案件共340件,著作权案件共320件、商标权案件共20件、没有专利权相关案件,其中适用惩罚性赔偿的案件有1件,适用率为0.2%,不适用惩罚性赔偿的案件共339件。天津市适用惩罚性赔偿的案件只有1起著作权相关案件,为天津深铃科技发展有限公司、广东雅迪机车有限公司侵害作品复制权纠纷一案[①],天津市惩罚性赔偿适用率为全国最低水平,仅有

---

① 参见天津市高级人民法院(2021)津民终928号民事判决书。

0.2%。在对相关案件的整理过程中,可以看到天津市法院对惩罚性赔偿采审慎态度,只有在极少数案件中才予以适用。浙江省涉及惩罚性赔偿案件共260件,著作权案件共73件、专利权案件共42件、商标权案件共145件,其中适用惩罚性赔偿的案件有18件,适用率为6.92%,不适用惩罚性赔偿的案件共242件。山东省涉及惩罚性赔偿案件共240件,著作权案件共113件、专利权案件共13件、商标权案件共114件,其中适用惩罚性赔偿的案件有10件,适用率为4.16%,不适用惩罚性赔偿的案件共230件。福建省涉及惩罚性赔偿案件共220件,其中著作权案件共175件、专利权案件共3件、商标权案件共42件,适用惩罚性赔偿的案件有1件,适用率为0.45%。福建省适用惩罚性赔偿的案件只有1起著作权相关案件,为中国音像著作权集体管理协会、漳州市百家娱乐有限公司侵害作品放映权纠纷一案[①]。该案中值得注意的是原告请求按经济损失金额的0.2倍判令被告承担惩罚性赔偿责任,而按照我国相关法律规定,惩罚性赔偿的倍数应当为1倍至5倍。

涉及知识产权惩罚性赔偿案件数量在100件以上200件以下的省份或直辖市有4个,依次为:上海市涉及惩罚性赔偿案件共191件,著作权案件共43件、专利权案件共18件、商标权案件共130件,其中适用惩罚性赔偿的案件有20件,适用率为10.47%,不适用惩罚性赔偿的案件共171件。江苏省涉及惩罚性赔偿案件共179件,著作权案件共83件、专利权案件共8件、商标权案件共81件、植物新品种案件共7件,其中适用惩罚性赔偿的案件有29件,适用率为16.2%,不适用惩罚性赔偿的案件共150件。河南省涉及惩罚性赔偿案件共137件,著作权案件共43件、专利权案件共2件、商标权案件共92件,其中适用惩罚性赔偿的案件有8件,适用率为5.83%,不适用惩罚性赔偿的案件共129件。河南省适用惩罚性赔偿的案件中有1起为著作权相关案

---

① 参见福建省漳州市中级人民法院(2021)闽06民初704号民事判决书。

件,1 起为专利权相关案件,6 起为商标权相关案件。在肇庆市衡艺实业有限公司与郑州大木林电子科技有限公司侵害发明专利权纠纷一案①中,原告并未在诉讼请求中提起适用惩罚性赔偿,而是由法院在审理过程结合案情主动适用,并且在判决中提到的是"本案的赔偿数额应当在法定赔偿范围内适用惩罚性赔偿"。另外该案中存在的特殊问题是被告对赔偿数额的自认,这在惩罚性赔偿相关案件中是十分少见的,判决书中提到"被告承诺再次侵犯原告涉案专利自愿赔偿原告 50 万元属于被告对再次侵权赔偿损失数额的自认",缺少法院对惩罚性赔偿的计算基数与倍数的合理论证。辽宁省涉及惩罚性赔偿案件共 102 件,著作权案件共 61 件、商标权案件共 41 件、没有专利权相关案件,其中适用惩罚性赔偿的案件有 6 件,适用率为 5.8%,不适用惩罚性赔偿的案件共 96 件。辽宁省适用惩罚性赔偿的案件中有 3 起为商标权相关案件,3 起为著作权相关案件。在江西江中食疗科技有限公司与大商投资管理有限公司盘锦分公司、辽宁际丰食品有限公司商标权权属纠纷一案②中,法院在确定赔偿基数时,从案涉商标的知名度、商业价值、侵权行为人的过错程度、侵权行为所造成的损害后果、案涉注册商标的知识产权对于案涉侵权产品商业价值的贡献程度或比例、被控侵权产品销售范围广、销量较大等因素考虑确定 150000 元的赔偿基数,并确定 5 倍的赔偿倍数。

涉及知识产权惩罚性赔偿案件数量在 25 件以上 100 件以下的省份或直辖市有 9 个,依次为:云南省涉及惩罚性赔偿案件共 98 件,著作权案件共 96 件、商标权案件共 2 件、没有专利权相关案件,其中适用惩罚性赔偿的案件有 72 件,适用率为 73.47%,不适用惩罚性赔偿的案件共 26 件。云南省适用惩罚性赔偿的 72 起案件均为中国音像著作权集体管理协会(以下简称"音著协")提起的侵犯著作权集体诉讼,整体适用率远超全国平均水平,是研究中适用率最高的省份。音著协在我

---

① 参见河南省郑州市中级人民法院(2020)豫 01 知民初 99 号民事判决书。
② 参见辽宁省锦州市中级人民法院(2022)辽 07 民初 74 号民事判决书。

国各个省份均提起侵犯著作权的集体诉讼,不同省份的判赔数额、判赔率,以及法院适用惩罚性赔偿的概率均不相同,而云南省对惩罚性赔偿案件的适用标准整体较为宽松,才会导致该情况的出现。法院在论证是否适用惩罚性赔偿时,均以音著协向社会公布的权利许可使用费作为惩罚性赔偿的判赔基数,作出支持惩罚性赔偿的判决。

湖南省涉及惩罚性赔偿案件共79件,著作权案件共33件、专利权案件共2件、商标权案件共44件,其中适用惩罚性赔偿的案件有3件,适用率为3.79%,不适用惩罚性赔偿的案件共76件。湖南省适用惩罚性的案件中有2起商标权相关案件,1起为著作权相关案件。中国音像著作权集体管理协会、浏阳市永安镇乐派歌厅著作权权属纠纷一案①中,法院虽然在最终判决支持适用惩罚性赔偿,但在判决中却写道:"因原告未举证证明其实际损失和被告违法所得,故本案适用法定赔偿。根据涉案作品流行度、被告成立时间、场所位置、经营规模、侵权情节、维权支出、因疫情影响被告经营必然受阻、被告系重复侵权符合惩罚性赔偿的适用条件等因素,本院酌定被告赔偿原告经济损失30000元(含各项合理开支),超过部分不予支持。"惩罚性赔偿、法定赔偿、酌定赔偿三者的概念界定在司法实务中仍存在混淆的情况。

重庆市涉及惩罚性赔偿案件共74件,著作权案件共45件、专利权案件共2件、商标权案件共27件,其中适用惩罚性赔偿的案件有4件,适用率为5.4%,不适用惩罚性赔偿的案件共70件。重庆市适用惩罚性赔偿的案件中有3起商标权相关案件,1起为侵犯著作权相关案件。案件数量虽然较少,但对是否适用惩罚性赔偿的论证十分详细与合理,包括是否符合情节严重与构成侵权故意,计算基数是否明确、赔偿倍数如何确定等都有提及。重庆市花火文化传播中心与重庆渝高科技产业(集团)公司,重庆礼嘉实验小学校著作权权属纠纷一案②中,法院综合全案案情,考虑原告与被告本身的经济情况、各项工作的

---

① 参见湖南省长沙县人民法院(2022)湘0121民初2539号民事判决书。
② 参见重庆两江新区人民法院(2022)渝0192民初3620号民事判决书。

时间成本、社会效益等情况确定惩罚性赔偿的倍数。

江西省涉及惩罚性赔偿案件共72件,著作权案件共63件、专利权案件共2件、商标权案件共7件,其中适用惩罚性赔偿的案件有25件,适用率为34.72%,不适用惩罚性赔偿的案件共47件。江西省适用惩罚性赔偿的案件中有19件案件为音著协提起的侵犯著作权集体诉讼,体现了江西省法院对于惩罚性赔偿的适用整体呈现为宽松态度。SGG利是高有限公司、斯伯丁体育用品(中国)有限公司与南昌伟众实业有限公司、南昌斯帕林电子商务有限公司、南昌百动体育用品有限公司、晁双燕、袁星侵害商标权纠纷案①——涉"SPALDING"篮球商标侵害商标权纠纷案中是对网络销售侵害他人商标权产品赔偿责任精细化计算并适用惩罚性赔偿的典型案例。北京新东方大愚文化传播有限公司与刘某、郑某著作权侵权纠纷案②——"雅思真题集"著作权侵权案将实际经营者以他人身份信息恶意注册多家网店售卖盗版图书的行为定性为"以侵犯知识产权为业",将侵权销量与权利人利润作为计算权利人损失的事实依据,并适用3倍惩罚性赔偿,显著提高了售卖盗版图书的侵权成本,有力震慑盗版侵权行为。

湖北省涉及惩罚性赔偿案件共45件,著作权案件共5件、专利权案件共1件、商标权案件共39件,其中适用惩罚性赔偿的案件有2件,适用率为4.44%,不适用惩罚性赔偿的案件共43件。湖北省适用惩罚性赔偿的2起案件均为商标权相关案件,其中谷城旺恒商贸有限公司康成投资中国有限公司侵害商标权纠纷一案③法院在审判过程中对是否适用惩罚性赔偿的论证过程较为详细,法院以商标许可使用费作为主张惩罚性赔偿的基数并判处1.5倍的惩罚性赔偿。

山西省涉及惩罚性赔偿案件共39件,著作权案件共1件、没有专利权相关案件、商标权案件共38件,其中适用惩罚性赔偿的案件有12

---

① 参见江西省高级人民法院(2022)赣民终127号民事判决书。
② 参见江西省宜春市中级人民法院(2022)赣09知民初34号民事判决书。
③ 参见湖北省高级人民法院(2021)鄂知民终597号民事判决书。

件，适用率为 30.77%，不适用惩罚性赔偿的案件共 27 件。山西省适用惩罚性赔偿的 12 件案件均为集体诉讼，其中 10 件为烟台张裕葡萄酿酒股份有限公司提起的侵害商标权诉讼，2 件为宁波市福达刀片有限公司提起的侵害商标权诉讼。更值得关注分析的是，山西省相关案件的标的额都低于 5000 元，在烟台张裕葡萄酿酒股份有限公司与长治市城区百家烟酒店侵害商标权纠纷案①中，法院认定被告的侵权获利为 40 元，并将这 40 元作为基数适用 5 倍顶格的惩罚性赔偿。对该类标的额极小的案件是否有必要适用惩罚性赔偿值得进一步地考虑。

吉林省涉及惩罚性赔偿案件共 37 件，著作权案件共 11 件、专利权案件共 1 件、商标权案件共 25 件，其中适用惩罚性赔偿的案件有 3 件，适用率为 8.11%，不适用惩罚性赔偿的案件共 34 件。吉林省适用惩罚性赔偿的案件都为商标权相关案件，且都集中在食品领域，其中长春福寿德食品有限公司、绿园区春城福寿德道口烧鸡店侵害商标权纠纷案②标的额较大，且法院最终完全支持原告的赔偿请求，按照一倍以上三倍以下的倍数最终确定本案赔偿数额为人民币 50 万元，在我国司法实务中属于较为少见的情形。

安徽省涉及惩罚性赔偿案件共 32 件，著作权案件共 11 件、专利权案件共 1 件、商标权案件共 20 件，其中适用惩罚性赔偿的案件有 4 件，适用率为 12.5%，不适用惩罚性赔偿的案件共 28 件。安徽省适用惩罚性赔偿的案件中有两起为古井贡酒公司就某烟酒店侵犯商标权提起的相关诉讼，且都提起了一倍的惩罚性赔偿，法院在论证过程中认定被告具有相应的侵权故意与严重情节，符合相关司法解释的规定，但原告在举证过程中并未对自己的损失以及提起惩罚性赔偿的基数进行详细论证，法院仍然选择适用惩罚性赔偿有待商榷。另外值得注意的是，安徽省 4 起最终判处惩罚性赔偿的案件的被告都曾因为侵权行为

---

① 参见山西省长治市中级人民法院(2020)晋 04 民初 78 号民事判决书。
② 参见吉林省长春市中级人民法院(2020)吉 01 民初 681 号民事判决书。

被原告提起诉讼，诉讼后再次侵权是司法实践中认定情节严重的一个常见情形。

四川省涉及惩罚性赔偿案件共 28 件，著作权案件共 4 件、专利权案件共 4 件、商标权案件共 20 件，其中适用惩罚性赔偿的案件有 2 件，适用率为 7.14%，不适用惩罚性赔偿的案件共 26 件。四川省适用惩罚性赔偿的案件为泸州老窖股份有限公司与四川省泸州宏窖酒业有限公司侵害商标权纠纷，为商标权相关案件，法官在判决书的论理部分中详细论证了被告的侵权行为，认为其符合适用惩罚性赔偿的构成要件，在原告诉请中未提出适用惩罚性赔偿的情况下主动对被告适用了惩罚性赔偿，这类法院主动适用惩罚性赔偿的案件在实践中虽然数量较少，但仍然值得我们关注。

剩余地区涉及到惩罚性赔偿的知识产权权属纠纷案件数量较少，案件数量均在 25 件以下，其中适用惩罚性赔偿的案件也都为 1 起或不予适用。总结上述案件，可发现如下共性问题：

第一，关于不适用惩罚性赔偿的裁判理由相对固定，结合《惩罚性赔偿司法解释》中的相关规定，大部分法院会从情节严重与否、是否达到侵权故意、赔偿数额与计算方式是否明确这三点来对权利人主张的惩罚性赔偿进行评估，除此之外还存在一些诸如侵权事实不存在等不涉及到对惩罚性赔偿进行更进一步评估的理由。第二，适用惩罚性赔偿的概率全国平均约为 7%，对比诉请惩罚性赔偿和最终准予适用惩罚性赔偿的案件数据，可以发现形成了巨大反差，可得出初步结论为知识产权惩罚性赔偿的提起基数大而适用条件相对严格。第三，适用惩罚性赔偿的案件中，集体诉讼特征较为明显，最为典型的当属 118 件由音著协就侵害作品放映权在全国各地提起的关联诉讼，占比为 37%。另外，各省份之间适用惩罚性赔偿案件的标准有所不同，虽然在审理裁判时所依据的法律条文与相关司法解释相同，但从各地裁判最终适用惩罚性赔偿的数据来看，省份之间存在较大差异。这里以云南省为例，云南省涉及惩罚性赔偿的案件共 98 件，但共有 72 件裁判最终适用惩罚性赔偿,适用率高达 73%,远超全国其他省份,且这 72 件案例全部为音著协提起的批量诉讼。

按照案件数量依次对比后可以看出,侵权故意明显和实施侵权行为获利是认定适用惩罚性赔偿的共性要件。"情节严重"可以结合涉案行为持续时间、经通知后仍未停止等情节综合判断。在计算惩罚性赔偿的基数时,可以依据实际损失或侵权获利,其中实际损失不应包括广告发布外的直播推广、广告制作、第三方平台账号推广、主流网站推广等广告服务费用。主要原因在于相关广告推广费用同侵权行为导致的直接损失之间不具备直接关联关系。而侵权获利的计算,应根据被诉网站信息,结合侵权行为人使用涉案被诉侵权标识开展广告合作的费用,以及广告专栏广告数目(确保为收费的广告业务),两者乘积变为惩罚性赔偿的基数。关于惩罚性赔偿的倍数,则可以结合涉案侵权行为主观恶意和侵权情节,酌情确定适用。

其二,分析各省市知识产权惩罚性赔偿典型案件审理。北京市高级人民法院于 2022 年 4 月 25 日公布了《关于侵害知识产权民事案件适用惩罚性赔偿审理指南》,该审理指南对知识产权惩罚性赔偿适用原则、侵权者主观故意与否以及侵权情节严重程度认定标准、惩罚性赔偿基数与倍数确定思路以及对网络服务提供者的适用情形等作出了具体规定,并总结归纳出五件知识产权惩罚性赔偿典型案例。[①]"新华字典"侵害商标权及不正当竞争纠纷案是惩罚性赔偿适用中从权利人商标知名度角度判断侵权故意的典型案件。[②]"斐乐"侵害商标权及不正当竞争纠纷案确立了在商标授权程序中被驳回商标注册,仍使用该商标的行为显然对侵权性质是明知的规则。"约翰迪尔"侵害商标权及不正当竞争纠纷案[③]就权利人举证责任规则的灵活适用和民行责任

[①] 王蓉. 北京高院发布知识产权民事案件适用惩罚性赔偿审理指南[N]. 民主与法制时报,2022-04-27(3).
[②] 参见北京知识产权法院(2016)京 73 民初 277 号民事判决书。
[③] 参见北京知识产权法院(2016)京 73 民初 93 号民事判决书。

的衔接提供模板。行为人无视行政处罚决定继续侵权,同时具备侵权故意和情节严重两项要件,满足惩罚性赔偿的适用要件。此类要件的适用可以相对减轻权利人举证责任,提高惩罚性赔偿适用效率,满足加大知识产权保护和有效震慑侵权行为的作用。"鄂尔多斯"侵害商标权纠纷案[①]确立了"惩罚性赔偿的基数=销售数量×平均单价×知识产权贡献度"这一公式,此计算方法以及对知识产权贡献度的考量对此类案件的审理具有一定的借鉴意义。总结北京法院知识产权惩罚性赔偿审判创新经验可以看出,整体上呈现出精细化裁判的趋势,主要从灵活举证质证方式,引入知识产权贡献度和知识产权惩罚性赔偿的倍数、基数及公式选取及驰名商标保护等方面予以规则创新。

在上海各级法院 2022 年审理的案件中,权利人请求适用知识产权惩罚性赔偿的案件共 22 件,审结 15 件,截至 2022 年年底,上海浦东法院适用知识产权惩罚性赔偿的案件达 25 件。其中平衡身体公司与永康一恋运动器材有限公司侵害商标权纠纷案[②]一审判决系上海市首例适用知识产权惩罚性赔偿的案件。上述 25 件案件的判赔金额共计人民币 35587 元,平均每案判赔金额达 1423 元;其中惩罚性赔偿部分判赔金额(除去补偿性赔偿及合理费用部分)共计 18294 元,平均每案惩罚性赔偿判赔金额达 731.76 元。上述案件中,判赔金额最高为 9954777 元,最低为 186204 元。从判赔金额分布情况来看,判赔 100 万元以下的案件为 17 件,占比 68%;判赔 100 万—200 万元的案件为 2 件,占比 8%;判赔 200 万—300 万元的案件为 3 件,占比 12%,判赔 300 万元以上的案件为 3 件,占比 12%。[③]

---

① 参见北京知识产权法院(2015)京知民初字第 1677 号民事判决书。
② 参见上海市浦东新区人民法院(2018)沪 0115 民初 53351 号民事判决书。
③ 吴智永,庄雨晴. 知识产权惩罚性赔偿制度司法适用问题探究:以上海市浦东新区人民法院知识产权惩罚性赔偿案件为样本[J]. 电子知识产权,2023,376(3):66-80.

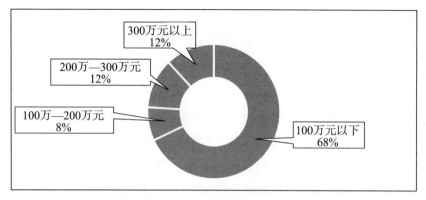

图 10　浦东法院适用知识产权惩罚性赔偿案件判赔额及其占比

"威乐"商标侵权及不正当竞争纠纷案作为上海法院针对恶意重复商标侵权行为适用惩罚性赔偿的典型案例具有显著意义。该案侵权人在被判决要求停止侵权后无视生效判决,仍继续扩大侵权标识的使用范围并全面仿冒权利人,加剧相关公众对其与权利人关联关系的混淆,构成商标侵权和不正当竞争。在侵权人拒不履行生效裁判,无法确定其客观经营状况的情况下,上海法院依法调取其企业年报和增值税发票开具情况,并根据其中披露的侵权期间销售收入和增值税开票数据,参考同行业上市公司近三年平均利润率,结合被诉侵权行为对销售利润的贡献程度,确定赔偿基数,并适用三倍系数进行惩罚性赔偿,全额支持权利人诉请的 1500 万元经济损失。①

广东省高级人民法院于 2022 年 1 月公布适用知识产权惩罚性赔偿的典型案例,该案例除了对侵权者主观故意与否以及侵权情节严重程度认定标准、惩罚性赔偿基数与倍数确定思路等审理难点有所涉及外,还涵盖了惩罚性赔偿与刑事罚金的适用关系以及知识产权惩罚性赔偿在刑民交叉案件中的应用困境等多个司法范畴。据统计,广东省各级法院近三年来审结适用知识产权惩罚性赔偿的案件共 148 件,最高判赔数额达 3000 万元。广东各级法院在选择适用知识产权惩罚性

---

① 参见上海知识产权法院(2021)沪 73 民终 744 号民事判决书。

赔偿时,在参照《惩罚性赔偿司法解释》的基础上,就赔偿数额的计算采用"侵权获利=产品销售量×侵权产品单位利润"的公式。就知识产权刑民交叉案件的处理以及惩罚性赔偿和罚金的适用关系,广州知识产权法院认为主要负责人已因涉案同一侵权行为被判处罚金,不能作为减免惩罚性赔偿的抗辩理由,仅能作为确定惩罚性赔偿倍数的考虑因素。在欧普公司诉华升公司侵害商标权纠纷案再审判决书[①]中,法院在分析知名商标侵权的判断标准基础上,明确惩罚性赔偿适用中主观恶意和情节严重的判断标准,提出对于商标权的保护强度,应当与其具有的显著性和知名度相适应。法院通过运用证据规则认定原告的商标许可费,并乘以"合理倍数",使得权利许可费与侵权情节及后果相匹配,为确定惩罚性赔偿的基数和倍数提供了法律适用典范。在国信证券诉国信基金公司侵害商标权及不正当竞争纠纷案[②]中,法院充分尊重私募基金行业特点及发展规律,对大量证据内容、财务数据、私募基金盈利商业模式等进行体系化分析,谨慎、详细地计算出侵权获利,并采用可参考的另一种计算方式对前项计算结果进行推演论证,检验合理性和准确性,丰富了惩罚性赔偿案件的司法实践。在小米科技公司诉深圳小米公司等侵害商标权及不正当竞争纠纷案[③]中,法院积极运用证据规则,对侵权销售额和利润率等事实进行准确查明认定,同时,针对电子商务透明度高和口碑效应强的特点,充分肯定被告利用大数据工具有效经营对获利的贡献,对贡献率进行合理酌定,展现了对惩罚性赔偿的积极、审慎、严谨的法律适用。在阿尔塞拉公司诉柯派公司侵害商标权纠纷案[④]中,阿尔塞拉公司在受到行政处罚以及与权利人达成和解协议后,仍继续实施侵权行为,并被人民法院裁判承担刑事责任。法院据此充分考虑侵权人的主观恶意、侵权规模等因素,合理确定

---

① 参见广东省高级人民法院(2019)粤民再147号民事判决书。
② 参见广东省深圳市中级人民法院(2018)粤03民初3383号民事判决书。
③ 参见广东省深圳市中级人民法院(2020)粤03民初7080号民事判决书。
④ 参见广州知识产权法院(2020)粤73民终2442号民事判决书。

以侵权获利作为惩罚性赔偿的基数,赔偿倍数为2倍,在原审判决基础上提高了近八倍的赔偿数额,传递了广东法院加大知识产权司法保护力度的强烈信号。在兰研公司诉百分百公司、科玮公司侵害商标权纠纷案①中,百分百公司在其注册商标因与兰研公司在先权利商标近似而被认定无效后仍继续进行相同的商标申请及使用,据此认定其具有侵权主观故意,并在确定赔偿基数时,充分运用证据规则,参照同行业上市公司财务报告确定侵权商品的合理利润,据此计算得出被告的侵权获利作为赔偿基数,为惩罚性赔偿制度的落地提供了可复制的司法实践样本。在华为公司诉刘某成侵害商标权纠纷案②中,法院通过被诉侵权产品的行业利润率印证被告在刑案中关于侵权产品获利的供述,为惩罚性赔偿中基数的认定提供了有益的司法实践。同时,该案厘清了知识产权刑民交叉案件的事实认定标准以及惩罚性赔偿基数的不同适用情形,促进了刑民交叉案件中对知识产权的充分保护,对于此类案件的审理具有参考意义。

陕西法院在审理知识产权惩罚性赔偿案件过程中,呈现出以下特点:第一,在说理部分援引大量和知识产权侵权相关的法条及司法解释,其中可能引用惩罚性赔偿条款,但与是否最终适用没有必然联系。第二,缺乏明确的法定赔偿、酌定赔偿和惩罚性赔偿界限及认定标准,这是研究惩罚性赔偿制度的难点所在,存在立法缺位的复杂成因。第三,大量适用酌定赔偿,但缺乏精确的具体判赔数额计算依据,虽然会象征性地解释结合"侵权时间、手段、主观故意等"因素,然而由于酌定赔偿本身系自由裁量权范畴,还是影响到判赔率。

浙江法院对知识产权惩罚性赔偿的适用持谨慎态度,尤其对举证提出较高标准。浙江省高级人民法院发布2022年度十大知识产权案件,其中中国种子集团有限公司江苏分公司与李某贵侵害植物新品种权纠纷案作为保护种业植物新品种并适用惩罚性赔偿的典型案例。判

---

① 参见深圳前海合作区人民法院(2020)粤0391民初1392号民事判决书。
② 参见深圳市龙华区人民法院(2020)粤0309民初5864号民事判决书。

决坚持"严保护"导向,一方面,依法灵活转移举证责任,适当降低权利人举证负担,在原告提供初步证据的情况下,将被诉侵权种子与授权品种同一性的举证责任分配给被告;另一方面,依法积极适用惩罚性赔偿,在查明侵权获利的基础上处以 2 倍惩罚性赔偿,不仅充分弥补权利人损失,而且有力惩戒了恶意侵权行为,对于强化种业知识产权保护、促进种业科技自立自强具有积极示范意义。"侵权获利的贡献率"的适用是浙江省杭州市中级人民法院审理的华为技术有限公司与深圳市尚派科技有限公司、刘某亮侵害商标权纠纷案的裁判要旨。以侵权获利作为惩罚性赔偿基数的,可以采用"侵权产品销售总额×侵权产品利润率×权利商标对侵权获利的贡献率"的公式进行计算。在确定销售总额时,被告因刷单产生的虚增交易额明显违背诚实信用原则和合法经营理念,一般不予扣除;在确定侵权产品利润率时,在被告未提交反证证明原告主张的第三方利润率与其利润率存在明显差异的情况下,法院可参照第三方同类产品近三年的平均毛利率进行计算;在确定权利商标的贡献率时,应结合权利商标知名度与被告自有品牌知名度之间的"位差"合理确定,尽可能反映权利商标的市场价值。①

3.1.4 知识产权惩罚性赔偿案件司法适用的特点

第一,批量式诉讼特征明显。音著协就著作权维权,在全国范围内提起了惩罚性赔偿批量诉讼。截至 2023 年 7 月 31 日,音著协提起适用惩罚性赔偿的知识产权案件数量有 118 件,案件共性特征在于情节严重、主观故意明显的基本判断,以及有关知识产权惩罚性赔偿司法解释的援引。惩罚性赔偿基数的选择,采用日均消费额同侵权天数的乘积方式。计算公式具体表述为包间日均销售额/间×包间数量×侵权天数。关于每天每个包间的收费数额,原告提供了《卡拉 OK 著作权使用费收取标准的公告》,该标准系原告行业内自行制定,非法律强制性规

---

① 参见浙江省杭州市中级人民法院(2021)浙 01 民初 886 号民事判决书。

定,可以根据全国不同区域以及同一地域卡拉 OK 经营的不同规模和水平,按照公告的标准在一定范围内适当下调。综合考虑涉案歌曲的知名度、流行度、数量以及被告的侵权时间、主观过错等,同时考虑新冠肺炎疫情对当地经济的影响,以及受疫情影响 KTV 市场的现状,酌情确定。

适用惩罚性赔偿的知识产权案件可能同时满足三审合一条件,因此,协调刑事民事和行政诉讼程序,衔接知识产权审判不同制度,拓宽审判思路和综合审判要素,对司法裁判水平提出了新要求。严格意义上的知识产权惩罚性赔偿案件包含以下要件:其一,原告在诉讼请求中明确提出;其二,同时在诉讼请求中明确计算基数和倍数。而广泛意义上的惩罚性赔偿案件,则不限制必须在诉讼请求中提出,而是可以在事实和理由中请求。对剥离严格意义的惩罚性赔偿要件而言,原告诉请系必要条件,由于民事诉讼遵循不告不理基本原则,因此关乎救济的发生。然而是否提供计算基数和倍数系是否准予认定的问题,属于权利救济的举证阶段,仅关乎救济多少的认定。不能因为原告举证不力便在惩罚性赔偿认定环节就予以否认,应结合具体的诉讼请求和事实理由进行认定。因此,知识产权惩罚性赔偿严格条件和一般条件,实质要件和形式要件是两组相互关联且复杂的概念。

对于实质要件而言,即使其未在诉讼请求中提出,甚至即使未在判项中明确,但在事实和理由、判赔额等环节有所体现,则应视为提出了知识产权惩罚性赔偿。也就是说,形式意义的案件数量明显少于实质意义的知识产权惩罚性赔偿案件数量。提取陕西省法院不予支持惩罚性赔偿的知识产权典型案件的公因式,得出原告举证不力导致无法适用惩罚性赔偿,最终判赔数额畸低的结论。在特殊情形下,虽然原告可能就损失或获利或许可使用费计算方法等举证不力,法官照样适用了惩罚性赔偿,有的案件甚至判赔率高达 87.5%,但是并非所有当事人都如此幸运,如(2018)陕民终 889 号案件,上诉人主张 20 万元赔偿,最终仅获取 0.5 万元,即 2.5% 判赔率。

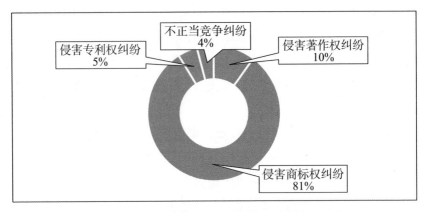

图 11　全国知识产权案件不适用惩罚性赔偿案由分布图

第二,排除适用知识产权惩罚性赔偿的理由相对固定。上海知识产权法院在审理一则商标代理合同纠纷时,排除适用了知识产权惩罚性赔偿,理由如下:"《惩罚性赔偿司法解释》系最高人民法院为正确实施知识产权惩罚性赔偿制度,依法惩处严重侵害知识产权行为,全面加强知识产权保护而制定,而本案涉及的是商标代理合同纠纷,不涉及侵害知识产权行为,故依法无须适用知识产权惩罚性赔偿制度,本案应当适用合同法的有关规定。"[①]上述情况为案由不适配的情形,即不属于

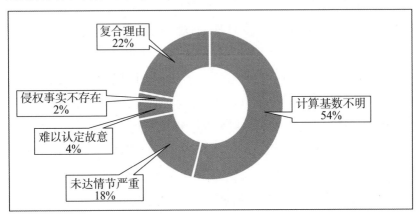

图 12　2023 年 3—7 月我国法院知识产权审判未支持惩罚性赔偿的理由

---

① 参见上海知识产权法院(2023)沪 73 民终 186 号民事判决书。

知识产权侵权纠纷,因此无须讨论适用惩罚性赔偿的必要。而司法实践中排除适用知识产权惩罚性赔偿的理由众多,包括权利人举证不力或者适用补偿性赔偿、法定赔偿等其他赔偿方式。

陕西省法院不适用惩罚性赔偿的多例案件系西咸新区沣西新城文海印刷厂关联维权案件,标的额在3万—20万元,多例系对判赔额不服而上诉的案件,然而法院维持原判。对于注册商标专用权人印刷厂而言,诉讼策略呈现出诉讼"遍地开花"的特点,但是举证相对薄弱,因此耗费了大量诉讼成本而获赔效果一般。而同样类案起诉的中粮集团有限公司,在商标权维权历程中,一般采用小额索赔(3万元左右)策略,而获取0.8万—1.6万元的赔偿额,获赔率在26.7%—53.3%之间①,较前述印刷厂获赔率高。高等教育出版社有限公司、香奈儿股份有限公司、成都蚂蚁物流有限公司、中国音像著作权集体管理协会等作为当事人,也提出了关联诉讼,以及适用知识产权惩罚性赔偿的请求,体现了商标、著作权侵权行为的市场规模大以及充分获赔难度较高的特征。

未达严重情节是不支持惩罚性赔偿的主要原因,法院综合考虑侵权手段、次数、侵权行为的持续时间、地域范围、规模、后果,侵权人在诉讼中的行为等因素认定不构成惩罚性赔偿适用条件。举证不能也是排除适用惩罚性赔偿的正当理由,如权利人不能证明其实际遭受的损失,亦不能证明侵权获利或计算基数不明的情形。② 也有案件以情节不严重和赔偿基数不明同时存在为由不适用惩罚性赔偿。如综合全案案情,被告销售侵权行为尚不足以认定为《中华人民共和国商标法》第63条第1款规定的"恶意侵犯商标专用权且情节严重"的情形;涉案网店的销售额不等同于被告的侵权获利,原告未举证证实产品利润,故单凭网店销售额无法计算侵权获利,因此惩罚性赔偿的计算基数亦无法确定。即因"计算基数不明+未达情节严重"而未采用惩罚性赔偿的救济方式。难以认定故意也是排除适用惩罚性赔偿的法定理由。如"被

---

① 参见陕西省渭南市中级人民法院(2018)陕05民初126—129号民事判决书。
② 参见北京知识产权法院(2022)京73民终205号民事判决书。

诉侵权商品系被告柯讷宽公司从案外人处购进,温婉鞋店、柯讷宽公司在销售商品过程中并未特别宣称产品与吉尔达公司存在特定关联,商品包装、吊牌上另使用了相关标识,提示消费者商品品牌为阿佰丽,故难以认定温婉鞋店、柯讷宽公司系恶意侵犯原告吉尔达公司商标权,本案中难以适用惩罚性赔偿"。① 上述理由可以单独或叠加使用。

第三,惩罚性赔偿计算方式及标准有待统一和细化。关于惩罚性赔偿的判赔数额计算,始终围绕主观故意和侵权情节展开,计算公式应当重点考查基数与倍数认定。在认定侵权人主观故意时需要综合考量侵权客体类型、侵权人与权利人之间的关系、被侵权的权利状态以及被侵权产品知名度等多方面因素。在 JUKI 株式会社与被告浙江巨凯缝纫科技有限公司侵害商标权纠纷一案中,法院综合考虑下述情节从而认定侵权人具有主观层面的侵权故意:其一,权利人使用案涉商标时间长,并在长期的使用过程中做出过大量宣传工作,在中国相关公众中享有较高知名度与良好声誉。其二,侵权人自身的多款产品与权利人所售产品在整体外观、标识位置、标识形式等多方面具有高度相似性,并在产品型号中选择使用相同数字字符,存在攀附权利人商标的主观故意。其三,权利人在 2015 年即针对侵权人商标提出过无效申请,2016 年 4 月 18 日,商标评审委员会就第 7222681 号"巨凯 JUKAI"商标在"缝纫机、工业缝纫机台板;熨衣机;裁布机"商品作出无效宣告。在此过程中侵权人并未采取对应的避免措施进行合理避让,仍生产并向境外销售侵权产品。其四,侵权人在宣传册、名片等宣传材料中突出使用"JUKAI"标识而非其原注册商标。其五,除案涉商标外侵权人还在第 7 类上申请过与行业内知名企业相关联的其他商标。综上理由足以认定侵权人具有侵害权利人注册商标专用权的主观故意。②

在认定侵权情节严重与否时,侵权方式与频率,侵权地域范围、侵权行为持续时间、因侵权行为而产生的后续影响等关键因素都应当综

---

① 参见浙江省温州市鹿城区人民法院(2023)浙 0302 民初 2246 号民事判决书。
② 参见上海知识产权法院(2020)沪 0115 民初 85435 号民事判决书。

合考量。因侵权被行政处罚或者法院裁判承担责任后,再次实施相同或者类似侵权行为,侵权行为或使行为人从中获利,或使权利人受损巨大,均可以认定为情节严重。① 此外,还要根据行为人在境内外销售侵权产品的规模和获利情况,综合认定侵权情节。惩罚性赔偿基数确定围绕权利人所主张的惩罚性赔偿来进行。② 惩罚性赔偿与补偿性赔偿是一组相对应的概念,就最终赔偿金额的表现形式来看,惩罚性赔偿与补偿性赔偿呈现倍比关系,后者可以视为前者的计算基数。因此应当采纳对应关系的思维,就惩罚性赔偿的基数确定而言,部分数额的确定便可以启动该部分惩罚性赔偿数额的计算。

持续且恶意的知识产权侵权行为,一般满足适用知识产权惩罚性赔偿的基本要件。而惩罚性赔偿作为责任承担的方式之一,是否采纳则落入自由裁量权范畴。以专利权纠纷为例,一般情形下,法院会综合考虑涉案专利的类型、制造和销售被诉侵权产品的行为性质、被诉侵权行为的性质及情节、被诉侵权产品的市场销售情况以及权利人为制止侵权行为所支付的合理支出等因素,确定最终的判赔数额。③

3.2 我国知识产权惩罚性赔偿适用的主要问题

3.2.1 法定赔偿、酌定赔偿和惩罚性赔偿的关系界定存在困难

知识产权惩罚性赔偿制度的司法判定的难点之一在于,如何厘清

---

① 原告主张根据被告自认的年生产力 200 万—500 万元,结合同地区同类缝纫机生产企业的毛利润率 29.25%,主张被告自 2010—2019 年持续侵权,侵权获利超过 900 万元,以此主张惩罚性赔偿基数。本院认为,被告自认的年生产能力不能作为本案确定惩罚性赔偿的基数。虽然被告未能提供其与侵权行为相关的账簿、资料,但举证证明在境内外生产销售多个品牌的产品,原告主张以其全部生产能力为基数计算被告获利缺乏事实依据。本案中赔偿数额按照权利人因被侵权所受到的实际损失难以确定,但根据在案证据可查实的为被告生产并出口的两笔订单金额,即被告出口摩洛哥、印度的侵权缝纫机产品总金额为 103781 美元,折合人民币 662332 元,据此可确定被告因出口的侵权行为所获得的部分利益。
② 参见《商标法》第 63 条。
③ 参见最高人民法院(2022)最高法知民终 868 号民事判决书。

酌定赔偿、法定赔偿和惩罚性赔偿之间的适用关系,如是否含有位阶次序。法定赔偿和一般赔偿之间的关系已成为共识,即在通过被告获利、原告损失及许可使用费倍数等路径,也难以得出赔偿额的情形下,则可以适用法定赔偿。而法定赔偿和惩罚性赔偿的适用差异,在于"恶意"及"故意"的区分,以及情节是否严重的认定。惩罚的依据便在于主观目的和客观行为超出了一般的侵权行为得以"容忍"的程度。然而,司法实践中,完全可能存在法定赔偿同惩罚性赔偿竞合使用的情形,惩罚性赔偿得以突破法定赔偿的上限数额。而最具模糊性和歧义的是酌定赔偿,严格讲酌定赔偿难以认定为一种正规的裁判术语,这是因为其本身的不确定性以及天然的自由裁量空间,并不符合知识产权精准化裁判赔偿额的理念。综上,难以说明酌定赔偿究竟属于法定赔偿、惩罚性赔偿和一般赔偿项下哪一范畴,理论上同三者均存在交叉关系。

法定赔偿和惩罚性赔偿存在适用的竞合关系,适用惩罚性赔偿的前提是知识产权侵权行为具有恶意及情节严重的特征,而适用法定赔偿的前提是损失或侵权获利或许可使用费难以确定。如果能够确定损失或获利或许可使用费倍数的具体数额,同时符合惩罚性赔偿构成要件的,则该部分适用惩罚性赔偿。难以确定损失或获利的部分,则适用法定赔偿。最终的赔偿数额为两者的加和。

涉案知识产权常常涉及书籍、食品及服务类商品,贴合日常生活,反映出知识产权纠纷及惩罚性适用的常见性,进一步表明统一裁判程式并细化赔偿标准的必要性。酌定赔偿同法定赔偿并不能混同,理论上酌定赔偿可以突破法定赔偿的上限,酌定赔偿是基于侵权行为的实际获利或权利人的实际损失进行自由裁量具体判赔额的一种司法裁判形式,和"确定"同义,和法定赔偿及惩罚性赔偿没有必然联系,属于获利或损失或许可使用费项下的内容。而"酌定"二字最好同最高人民法院的公报案例及指导性案例的具体表述保持一致,不泛化使用和字面化理解。

"双轨制"案件审理标准不一。司法实践中存在法定赔偿和惩罚性赔偿"双轨制"赔偿案件,以JUKI株式会社与浙江巨凯缝纫科技有限公司侵害商标权纠纷案[①]为例,法院认为当难以查明具体赔偿数额而又可能判赔不足时,就赔偿数额的认定可以采用"惩罚性赔偿+法定赔偿"双轨制,该案基于被告的侵权故意和行为情节,对境外出口可查明的部分适用三倍赔偿,而未能查明部分则适用法定赔偿,以充分发挥惩罚性赔偿的功能,保障权利人合法利益。

"惩罚性赔偿+法定赔偿"双轨制适用的法理在于,惩罚性赔偿的目的不仅在于填补权利人实际损失,还在于通过责令侵权人支付高于甚至数倍高于实际损失或侵权获利的金额,加大对源头侵权、恶意侵权、重复侵权等具有严重恶劣情节侵权的打击力度,形成威慑从而阻吓侵权的发生。故惩罚性赔偿与补偿性赔偿具有倍比关系,后者是前者的计算基数。基数固然重要,但机械地认为只要基数的全部数额不能查明就不能适用惩罚性赔偿,将严重影响该制度功能的发挥,使恶性侵权者轻易逃避法律惩罚。据此一审法院认为,既然基数全部数额查明时可以适用惩罚性赔偿,举重以明轻,部分数额能够确定时也可就该部分适用惩罚性赔偿。

存在混同计算判赔数额风险。在2018年的无锡国威陶瓷电器有限公司诉林芝电热器件等侵害实用新型专利纠纷案中,法官认为"如果既存在可以较为精确计算权利人损失或者侵权人获利的部分,又存在难以计算权利人损失或者侵权人获得部分,可以对前者适用以权利人损害或者侵权人获益计算赔偿数额,对后者适用法定赔偿,以两者之和确定损害赔偿数额"。仔细分析该案可以得知,该案的损害赔偿的计算实际上可以拆分为两个部分来分析,第一部分适用的是依照补偿性赔偿之侵权行为人获利或违法所得进行损失的精确计算,第二部分是法官运用法定赔偿方式进行了损失的估算,实际上是两条平行路径的分别运用。该案的特殊之处在于权利人的损失可以被拆分为多个类

---

① 参见上海知识产权法院(2022)沪73民终187号民事判决书。

型的专利产品,每个类型的产品有对应的损失,其可以看作是几个侵权案件的合并,因此,实际上也是路径一和路径二的分别应用,而非混合适用两种路径。

北京市高级人民法院2020年出台的《关于侵害知识产权及不正当竞争案件确定损害赔偿的指导意见及法定赔偿的裁判标准》第1.5条明确提出:"原告仅提出赔偿数额,经释明后仍未提出具体赔偿计算方法且未提供相应证据的,对于其举证责任转移的主张,一般不予支持。"也就是说,如果原告选择路径一并进行举证,那么对于其能够举证证明的部分法院应予以支持,但是对于其不能举证证明的部分法院应不予支持,此时人民法院不能对原告不能证明的部分损失再主动适用法定赔偿进行计算。否则,不仅会使原告造成怠于举证证明的心理,也不利于对原告的损失进行精确计算和衡量。

惩罚性赔偿适用的实质要件存疑。根据法定赔偿、酌定赔偿和惩罚性赔偿的关系理解差异以及各自意蕴内涵,应当区分严格意义和一般意义的知识产权惩罚性赔偿率,以及形式意义和实质意义的知识产权惩罚性赔偿率。

陕西省法院适用知识产权惩罚性赔偿的案件,有一个典型的特点在于,仅有少数案件直接适用惩罚性赔偿并精准计算对应赔偿倍数,多数适用惩罚性赔偿的案件,由于原告或利害关系人未能就诉请主张提供充分证据,因此,最终判赔额并非严格精准适用惩罚性赔偿,而是选取了折中方案,适用惩罚性赔偿但酌定判赔数额。比如在福州米厂诉华润万家汉中分公司等侵害商标权纠纷案中,法院认为:"存在重复侵权,且侵权情节严重。原告明确主张赔偿金额(不含原告为制止侵权的合理开支)按照其授权许可费9万元的五倍进行计算。依照上述规定,由于原告未能提交证据证明其因侵权行为受到的实际损失数额及被告侵权所获得的利益,亦未提交证据证明其主张惩罚性赔偿金额计算基数的依据,综合考虑本案具体情况,尤其考虑到健洋公司存在侵权的主观恶意,且侵权情节严重,故法院酌定赔偿数额(含原告为制止侵权所支出的合理费用)为 30 万元。"整体而言,虽说本案符合 5 倍惩罚性顶格赔偿条件,即在证据充分的前提下可以判赔 45 万,然而,由于计算基数的证据不充分,难以达到采信程度,未达证明标准,因此酌定赔偿,判赔额为原告求偿额的 66.7%。①

3.2.2 举证不力问题凸显

对于当事人举证不力进而是否采纳惩罚性赔偿这一问题,法院存在裁量空间。知识产权类案件适用法定赔偿泛化的主要原因在于对于损失、获利或许可使用费的倍数举证不力,或是因为原告怠于举证或举证存在客观困难,或由法官对于证据的采信率较低导致。法院通常会对不予采纳说明理由,但在某些情形下,法院可能以类似"难以查证""存在缺陷""不足以证明"等极具模糊性和概括性的词汇予以释理。判赔支持率有限、判赔额较低,难以满足原告诉求,则当然同原告自身举证不力有关。

举证不能的表现形式多样,比如现有证据不足以证明各被告的被诉侵权行为存在情节严重的情形;②原告提供的证据不能证明被告以侵害知识产权为业、亦不能证明被告的侵权情节达到适用惩罚性赔偿的严重程度;举证期限内,由于当事人举证不能,明确无法证明被侵权所遭受的实际损失、侵权人因侵权所获得的利益以及许可使用费标准,不能确定计算基数;③原告未提交证据证明被告长期、故意销售案涉侵权商品,被告的侵权行为达到了法律规定的情节严重的程度等;④上诉人并未证明其提交的专项审计报告所显示的营业收入下降与被控侵权行为之间具有直接必然因果关系,亦无证据证明侵权人因侵权行为所获利益(计算基数不明);在案证据尚不能证明被告的主观

---

① 参见陕西省西安市中级人民法院(2021)陕 01 知民初 1168 号判决书。
② 参见北京市高级人民法院(2022)京民终 766 号民事判决书。
③ 参见广东省广州市白云区人民法院(2023)粤 0111 民初 1395 号民事判决书。
④ 参见辽宁省沈阳市中级人民法院(2023)辽 01 民终 4178 号民事判决书。

过错达到该严重程度且侵权情节比较恶劣;以及未明确计算方式且依据不足等原因。①

泸州老窖股份有限公司、宝鸡高新开发区岳丹烟酒商贸行侵害商标权纠纷民事一审案件②,遇到了和上述案件相似情况,即虽然最终确定适用了惩罚性赔偿,然而由于原告举证不力,未全额判赔(原告诉请8万,最终判赔为7万)。

3.2.3 惩罚性赔偿计算方式模糊

在高等教育出版社有限公司、西安经济技术开发区伟雨图书店等著作权权属纠纷民事一审案件中,法院在援引和解释法条时,认为根据《惩罚性赔偿司法解释》③适用惩罚性赔偿须满足以下条件:第一,权利人须在起诉时明确主张;第二,原告须有明确的赔偿数额的计算方式;第三,行为人须有主观故意;第四,行为人客观上的侵权行为情节严重。原告虽然提出要求惩罚性赔偿,但其未能提出明确的赔偿计算方式,虽然其主张每本书应判赔2万元,但对该2万元并未提出具体的计算方式,不符合上述解释的规定,故其此项要求,无法支持。因原告未提交证据证明其实际损失和被告伟雨书店因侵权获利所得,故法院酌情予以支持。判赔时须综合考虑客观因素及主观因素,客观方面包括正版图书的市场销售实况,即市场售价;以及行为人的侵权状态,包括经营时长以及侵权获利。主观因素则主要指向行为人主观故意。此外,还须考查双方的举证情况,是否达到了证明标准。虽然法院认为由于原告未能就赔偿的计算方式清晰举证,无法适用严格意义上的惩罚性赔偿,然而结合现有证据满足了损失、获利及其因果关系的构成要件,即

---

① 参见北京知识产权法院(2022)京73民终906号民事判决书。
② 参见陕西省宝鸡市中级人民法院(2021)陕03知民初71号民事判决书。
③ 最高人民法院《关于审理侵害知识产权民事案件适用惩罚性赔偿的解释》第1条规定:"原告主张被告故意侵害其依法享有的知识产权且情节严重,请求判令被告承担惩罚性赔偿责任的,人民法院应当依法审查处理。"及第2条第1款规定:"原告请求惩罚性赔偿的,应当在起诉时明确赔偿数额、计算方式以及所依据的事实和理由。"

行为已经符合著作权侵权定性，因此结合具体的法律和司法解释，进行酌定赔偿。但是，在回应是否适用知识产权惩罚性赔偿的问题层面，应当剖析实质和形式构成要件，赔偿的计算方式属于次级问题范畴，即操作性环节，而首要问题是判定是否构成惩罚性赔偿标准，即主观"恶意或故意"与客观"情节严重"的判定，已经符合适用知识产权惩罚性赔偿的实质要件。

关于KTV著作权相关纠纷的赔偿的情节考量因素和审判要旨，需要考虑到被告侵权时间，并综合如下事实认定本案赔偿标准，即被告侵权成本、流行程度、经营规模、侵权数量、所处地理位置、当前市场现状、主观过错等具体情况。鉴于案件涉及音著协管理对音乐类视听作品的日常管理工作，因此可以结合著作权集体管理制度以及音著协的管理经验，在计算侵权损害赔偿数额时参照国家版权局公告的许可使用费标准，以及与被许可人协商的包厢数作为许可费用的计算依据。

司法实践中存在考虑惩罚性因素时，以法定赔偿最高限额作为赔偿数额的情形。即使法院没有最终支持惩罚性赔偿请求，可以借助法定赔偿或酌定赔偿思路，结合惩罚性因素，确定侵权赔偿数额。在特殊情形下，专利侵权行为发生时法律尚未规定惩罚性赔偿制度，在适用法定赔偿计算判赔数额时，可以根据侵权行为的具体情节，考虑惩罚性因素就高确定赔偿数额。惩罚性因素乃惩罚性赔偿适用的部分要件，或者视为必要不充分要件。

第四章 知识产权惩罚性赔偿的域外考察

惩罚性赔偿同时具备补偿、惩罚和遏制的功能。作为当今大陆法系国家与普通法系国家的重要区别,原则上来看,惩罚性赔偿属于普通法系国家所特有,大陆法系国家对该制度基本不予认可及适用,认为惩罚性赔偿与以填平损害为主的私法功能相抵触。即便是在法律明文规定了惩罚性赔偿制度的普通法系国家,对惩罚性赔偿的适用也较为审慎,严格限制其适用范围等。但随着大陆法系与普通法系的不断交流和发展,原则上适用填平原则的部分大陆法系法域也开始承认普通法系的惩罚性赔偿制度立法,并在具体实践中部分体现。对大陆法系与普通法系国家的知识产权惩罚性赔偿的考察或可为我国知识产权领域惩罚性赔偿制度的完善与适用提供有益启示。

4.1 传统大陆法系知识产权侵权案件填平原则的适用

知识产权侵权赔偿原则是知识产权侵权赔偿制度的基础性问题,但理论及实务界对此都存在着较大争议。传统大陆法系倾向于适用填平原则,即完全赔偿原则,排斥适用惩罚性赔偿原则,认为惩罚性赔偿与侵权法的基本原理相冲突。侵权责任的基本功能在于填补受害人的实际损失,即损失多少则填补多少,且不能赔偿超过受害人损失的金额,否则存在受害人不当得利的情况;超出实际损失金额的部分实际上属于惩罚性质的私人罚款,属于公法的范畴,与私法的补偿性质相抵触。因此,大部分大陆法系的国家认为,惩罚性赔偿金的存在会混淆公法与私法之间的界限,从而普遍适用填平原则。①

4.1.1 历史发展

(1)古代:从报复到损害赔偿

原始社会时期尚未出现正式的法律,为了减少群体内部的冲突,缩小彼此之间的利益差异,就不得不建立共同规则,使群体得以稳定,而在古代习惯法时期,这样的共同规则就是同态复仇。② 在此基础上,人类社会发展出了同态复仇制度,为维系氏族内部的稳定作出了重要的贡献。但随着社会不断发展,人们逐渐认识到同态复仇制度的野蛮和残忍,逐渐产生了较为文明的方式——损害赔偿(赎金制度)。③ 从严格意义上来说,这个时期的赎金制度并非是为了填补受害人遭受的损失,但这一系列制度的发展为侵权损害赔偿制度奠定了基础。④

之后在古希腊时期的雅典,其在《格尔蒂法典》中除了一些同态复仇的私力救济方式之外,还纳入了民事救济的方法。例如,按照雅典法律的规定,最主要的私法上的侵权行为是造成损害的行为,这不仅仅限于人身的损害,还包括对他人财产的损害。对于故意损害他人者,处以双倍的损害赔偿。此外,给人以某种类型的侮辱,也构成侵害,可以根据案情处以惩罚性的财产赔偿。⑤

罗马法时期,在经历了同样的从复仇到赎罪金制度的演变后,最终在古罗马第一部成文法《十二铜表法》中将"赎罪金"这一制度明文规定下来。⑥ 赎罪金最初可以自由协商,但在《十二铜表法》中,自由协商的赎罪金开始由法定罚金取代。从此之后,罚金作为一种更加文明的

---

① 王成. 侵权损害赔偿的经济分析[M]. 北京:中国人民大学出版社,2002:206.
② 孙玉红. 侵权法功能研究[M]. 北京:法律出版社,2010:45.
③ 吴纪树. 侵权法历史略论:以侵权法的功能检视为脉络[J]. 西南石油大学学报(社会科学版),2014,16(3):50-53..
④ 杨立新. 侵权损害赔偿[M]. 北京:法律出版社,2010:41.
⑤ 易继明. 私法精神与制度选择:大陆法私法古典模式的历史含义[M]. 北京:中国政法大学出版社,2003.
⑥ 周枏. 罗马法原论:下册[M]. 北京:商务印书馆,1994:843.

手段被用来替代残酷的复仇,该形式随着社会的发展越来越普遍。但此时,罚金与赎罪金的区别仅在于,罚金数量由法律明文规定,赎罪金则可以由当事人自由协商。因此可以说,《十二铜表法》依旧保留了部分同态复仇的特征,但这一特征的范围和实施在实践过程中都受到了较大的限制,这也反映着古代罗马从习惯法到成文法的过渡。①

随着时间的推移,罗马法不断被像盖尤斯这样的法学家们完善。在盖尤斯的法学论著中,很多法律的分类被清晰化。其在《法学阶梯》中对于"不法行为"进行了四种分类:盗窃,抢劫,由被告不法行为引起的原告的损失以及侮辱。前两种行为可以被处以四倍的金钱赔偿,而后两者则不可以有多倍的金钱损失赔偿。这种四倍罚金之诉被认为是一种混合性质的诉讼,已经具备了补偿和惩罚的双重性质。之后,《阿奎利亚法》中引入了"损害"的概念,将损害的范围从最初仅仅指对他人职务造成的有形损害扩展到由于物的破坏或价值的贬损而带来的可期待利益及财产性权利的损失。② 到查士丁尼时期,对于财产损害的侵权责任,已经不再具有报复性和惩罚性,而慢慢演化为以填平损失为主要目的的损害赔偿责任。损害赔偿的范围也不断扩大,包括了可期待利益及费用损失等。在具体的计算损害赔偿的额度方面,也不再是物的价值,而是不法行为带给受害人实际利益的损失。③

总的来说,古代侵权法经历了报复到损害赔偿的过程。具体来说,原始社会的苛责手段——报复几乎存在于整个古罗马法时期。随着时间的推移,人类社会逐步发展,原始的报复手段也逐渐被法律的明文规定所取代。当侵权发生之后,受害人可以选择是坚持报复还是接受赎罪金。若受害人选择接受赎罪金,加害人支付赎罪金后即可不再被报复,但加害人若有能力而不支付赎罪金,受害人仍可实施报复,即

---

① 叶秋华,刘海鸥. 论古代罗马侵权行为法的发展演变[J]. 法学家, 2006,(6): 137-147.
② 费安玲. 罗马私法学[M]. 北京:中国政法大学出版社,2009: 388-389.
③ 刘海鸥. 论古代罗马侵权责任方式发展演变[J]. 湖南社会科学, 2007,(2): 66-68.

所谓的"同态复仇"制度。随着人类社会的发展和进步,法律逐步完善,各个国家和法律逐步禁止人们互相进行报复,转而确立了损害赔偿制度,以支付金钱为主要方式,平衡受害人的利益。①

(2)我国古代的侵权损害赔偿

我国古代的侵权损害赔偿制度有着一个固定的格局,从整个秦代到清代,我国的侵权法体系不断地发生改变,但这种改变仅仅是具体内容和细节的改变,但整体体系并未发生明显的变化。②

习惯上,学者们将唐代的侵权法制度作为我国侵权损害赔偿制度的基本坐标。由此回溯秦汉以前的法律典籍,可以发现,自秦朝至魏晋南北朝时期的侵权损害赔偿制度远远没有唐代的完备。这是因为唐代的法律制度作为中国古代封建法律制度的集大成者,法律体系上远比秦代至唐代以前的完备,律文也保存得更为完整。从唐代至清代,随着中国社会的不断变迁和法律体系的完善,侵权损害赔偿制度逐渐趋于规范化。因此,中国古代侵权损害赔偿的发展历史可以概括划分为三个阶段:唐代以前、唐代、宋代至清代。③

唐代以前的侵权损害赔偿体系在秦代已经逐渐建立起来,并以秦代的侵权法作为主要标志。这一时期,秦代对中国奴隶制社会时期的侵权行为立法成果进行吸收,并杂糅了战国时期封建社会初期侵权行为的立法,初步创立了比较完备的中华法系的侵权法体系。④ 发展到第二阶段,《唐律》成为中国古代法律的典范,唐代的侵权法律制度也成为这一时期的主要标志,且侵权法逐渐趋于规范,部分与侵权有关的内容开始以独立的法律条文出现,如《唐律·杂律》中的"诸弃毁、亡失及误毁官私器物者,各备偿"的条文,呈现出较高的概括性,是一个典

---

① 吴纪树. 侵权法历史略论:以侵权法的功能检视为脉络[J]. 西南石油大学学报(社会科学版),2014, 16(3): 56-59.
② 杨立新. 中国侵权行为法的百年历史及其在新世纪的发展[J]. 国家检察官学院学报, 2001, 9(1): 3-16.
③ 杨立新. 侵权损害赔偿[M]. 北京:法律出版社, 2010: 35.
④ 杨立新. 侵权损害赔偿[M]. 北京:法律出版社, 2010: 38.

型的、独立的民事法律规范。① 中国古代侵权损害赔偿制度发展的第三阶段以清代的侵权法作为标志。宋代至清代这一时期,侵权损害赔偿制度不断完善和发展,至清代则发展到了顶峰,相关法典中包含了侵权赔偿的规定,这些法典对赔偿金的数额、程序、责任等方面都作出了详细规定。

就整体发展特征而言,我国古代的侵权损害赔偿制度,从整个秦代到清代,慢慢地全面禁止了同态复仇形式的单纯的报复主义,不论是对人身的伤害还是对财产的损害都是以财产的损害赔偿的方式来承担民事责任,这体现了我国古代侵权损害赔偿补偿性的特征。② 例如唐代的备偿制度。"昔高欢立法,盗私物十备五,盗官物十备三。"③备偿制度,就是全部赔偿、如数赔偿的意思,与今天的"全部赔偿原则"在字义上是相同的。④ 但是另一方面,我国古代的侵权损害赔偿还是在一定程度上强调惩罚作用的。例如汉律中的"加责"制度、唐律和宋律中的"倍备"制度⑤、明律中的"倍追"制度,都是加倍赔偿、加倍返还的制度。有学者认为,这些规定是在民刑尚未区分的背景下产生的,这里的加倍惩罚是具有刑罚意义的惩罚,与现代法上的"惩罚性赔偿"中的"惩罚"在语义上是不同的。⑥ 但也有学者认为,唐、宋两代出现的"倍备"制度即倍追钞贯,意思是处以双倍罚款。⑦ 这种加倍的制裁方式是我国古代的惩罚性赔偿金,可见惩罚性赔偿金在我国古代已有规定。

综上,在我国古代法时期,侵权法尚处于孕育和成长阶段。到了古代法晚期,虽然侵权法有了一定的雏形,但是由于该雏形的结构不够完

---

① 杨立新. 侵权损害赔偿[M]. 北京:法律出版社,2010: 43.
② 杨立新. 中国侵权行为法的百年历史及其在新世纪的发展[J]. 国家检察官学院学报,2001, 9(1): 3-16.
③ 李志敏. 中国古代民法[M]. 北京:法律出版社,1988: 192.
④ 杨立新. 侵权损害赔偿[M]. 北京:法律出版社,2010: 41.
⑤ "盗者以其贪利既重,故令倍备,谓盗一尺,征二尺之类。"陈年冰. 我国惩罚性赔偿制度研究[D]. 山东大学博士学位论文,2013:41.
⑥ 关淑芳. 惩罚性赔偿制度研究[M]. 北京:中国人民公安大学出版社,2008: 7.
⑦ 杨立新. 侵权损害赔偿[M]. 北京:法律出版社,2010: 43.

整和清晰,赔偿金的功能替代了报复从而显示出侵权法的进步,但是其目的在于阻止家族或氏族之间的纷争,而非对受害人提供适当的补偿。虽然当时存在着赔偿性规范并使得受害人在一定情况下得到补偿,但是其目的是考虑到赔偿较严厉的惩罚对秩序的稳定更有实益,而非为了补偿受害人。①

(3)近代民法损害赔偿责任的发展

进入近代社会,在文艺复兴和启蒙运动的推动下,近代社会人们的观念发生了革命性的变革,以人为中心的观念逐渐占据主导。人们开始尊重自由意志,认为每个人是自己利益的最佳判断者,每个具有自由意志的人可以作出最有利于自己的选择,自己责任的观念逐渐形成。而自己责任的核心是行为人自己对自己行为造成的后果负责而且仅对自己行为造成的后果负责,对他人造成的损害不承担责任。② 由于对个人自由的考量,近代法上的法律政策明确了对赔偿的范围只包括由过错造成的损害。因此,在近代的侵权法中,行为人的过错或不当行为成为损害赔偿责任产生的决定性因素,鼓励自由的法律政策支撑了损害赔偿范围限于过错责任。此外,因侵权行为而导致的损害赔偿的范围也具有有限性。

(4)现代民法损害赔偿责任的发展

进入现代社会,近代社会所推崇的经济自由的最大化和个人自由主义受到了强烈的质疑,贫富分化和经济危机的出现使得国家干预下的有限经济自由的思想慢慢占据主导地位。美国著名法学家罗斯科·庞德认为,原始的法律的目的在于维护和平。法律秩序就是不惜一切代价换取和平秩序,所以任何为避免和防止私人复仇和私人诉诸武力而采取的措施都成了司法手段。法律起初的目的在于抑制复仇动机,而现代法的注意力集中在对受害人的补偿上。③ 这一变化在侵权法领域

---

① 张民安,梅伟. 侵权法[M]. 广州:中山大学出版社, 2008: 32.
② 姜战军. 损害赔偿范围确定中的法律政策[J]. 法学研究, 2009, 31(6): 91-105.
③ [美]庞德. 普通法的精神[M]. 唐前宏等译. 北京:法律出版社, 2001: 59.

表现为法律政策层面上,法律更加重视具体受害人损害的实现,即对受害人最大限度的权利救济与保护。① 在新的法律思想的指导下,不幸与不法之间的界限慢慢在发生移动,被侵权人的损害越来越少地被作为不幸被接受,而损害更多地被认为是应得到法律补偿的,法律所强调的重心已经从承担过错转移到了补偿损失。② 由侵权引发的损害赔偿的范围也在逐渐扩大,例如,纯粹经济损失可以获得部分保护③,各种尚未被确定为绝对权的人格利益可以在被侵权后得到赔偿。甚至在普通法系的影响下,在决定赔偿数额时法院也开始考虑加害人的主观故意等因素,判决高于实际损害的赔偿额。例如在人格权被侵害的案件中,侵权情节严重时可能会判决高额的赔偿。④ 惩罚性赔偿制度也在慢慢进入大陆法系国家学者的视野。

同时,随着知识产权等无形客体的出现,在传统的损害侵权之外,出现了侵权人的获益大于被侵权人损失的获益型侵权。如果继续坚持受害人无损害则无赔偿,侵权人仅需要承担填补受害人损失的赔偿责任,将会遭遇到使得不法行为人获益的反道德危机。面对不断变化的复杂环境,如果严格坚持填平原则,很难适应现代社会的调整需求,因此需要剥夺受害人的收益及适当引入惩罚性赔偿为补偿的现代赔偿理念。损害填补仅仅是手段,而非侵权法所要实现的目的。

4.1.2　填平原则概念

填平原则也即"完全赔偿"原则,是指在受损害的一方因为侵权人的侵权行为受到损失时,通过赔偿来使受损害一方恢复到侵权行为尚

---

① 姜战军. 损害赔偿范围确定中的法律政策[J]. 法学研究, 2009, 31(6): 91-105.
② 〔德〕梅迪库斯. 德国债法总论[M]. 杜景林,卢谌译. 北京:法律出版社, 2004:426.
③ 德国法将受到纯粹经济损失的第三人纳入合同法的保护范围,允许第三人以合同一方违反合同附随义务为理由提起诉讼。奥地利、葡萄牙和瑞典接受了德国法适用合同法救济的模式。〔德〕巴尔,德罗布尼希. 欧洲合同法与侵权法及财产法的互动[M]. 吴越等译. 北京:法律出版社,2007: 111-120.
④ 姜战军,杨帆,邢宏等. 损害赔偿范围确定中的法律政策和途径选择研究[M]. 北京:法律出版社, 2015: 98.

未发生时的状态。这一原则被非常形象地描述为填平思想:受损害一方的利益遭受了侵蚀,侵权人必须将之填平。

"填平"这一概念看似简单,但其内涵常常更为复杂。从理论和实践层面来看,作为"填平"对象的"损害"存在着不同的解释。宽泛来看,大部分国家将填平原则作为各国损害赔偿规则的目标,从学说和实操的落实层面来看,各国并不相同。英美法系国家对"损害"这一概念的理解有着经验主义的倾向,不强求用一套圆满的逻辑对其进行解释。但以德国为代表的大陆法系则花费了非常多精力来澄清何为"损害"。我国在一般民事损害赔偿问题上对"损害"的理解与德国学说最为接近,故本部分以德国关于"损害"概念的理解为主要依托,对填平原则内涵之发展作出简要概述。

总体而言,损害概念的发展经历了"自然损害——抽象损害——自然损害与抽象损害结合"的发展过程。而在此过程中,以假设差额说为基础的抽象损害概念对丰富"损害"这一概念起到了重要的作用,而假设差额说本身蕴含的不确定性为司法政策提供了一定的权衡空间。

早期,人们通常将损害理解为自然损害,有待填平的部分即为侵害行为发生前的现实状态与侵害行为发生后的现实状态之差,也就是现实差额说。这一概念较为具体,也更容易为人们所理解,因此长期在人们的生活中占据重要地位。现实差额说存在的主要问题也在于过于具体,有时无法反映被告实施的侵害行为给原告的整体利益造成的负面影响。为此,19世纪德国学者蒙森对"损害"这一概念予以丰富和发展,其观点被提炼为"假设差额"学说。根据其观点,应当填平的对象是原告在特定时间点享有的利益总和与被告的侵权行为没有发生时原告应当享有的利益总和的差距。前者是一种现实状态,后者是假想的。假设差额说与现实差额说的区别也显而易见:假设差额说存在假想状态,而现实差额说的两种利益都是现实存在的。尽管假设差额说并未被德国民法典进行直接规定,但为德国大部分学者所接受,成为德国学界的主流学说。但假设差额说本身所包含的抽象性也导致其存在操作性不高的问题,且假设差额说所强调的原告的整体利益也会导致原告无法追求特定的利益组合方式,无法起到充分维护原告利益的作用,为了克服上述弊端,德国损害赔偿法重新吸纳了自然损害的概念。因此,当代损害赔偿法中的填平原则除了在主体上遵循假设差额说的理论,也包含了一些现实差额说的因素。①

在填平原则的指导下,有关民事侵权诉讼案件中,人们关注的焦点为"是否需要赔偿受损害人的全部实际损失"。欧洲大陆法系国家强调,填平原则的目的在于填平受损害人的损失,而非惩罚侵权人的行为。且此种侵权损害赔偿不能用来为受损害人获得额外利益,而是使受损害人恢复到受损害前的状态,这是大陆法系追求的一种完美的秩序状态。②此外,填平原则与侵权法的功能息息相关。侵权法的基本功能包含补偿和遏制,该基本功能在整个侵权法功能系统中处于最基础的层次,其他功能唯有通过基本功能的发挥才能得以实现。补偿功能也即填补损害的功能,其目的在于确保通过侵害人承担侵害责任对受损害人进行补偿,使其受损害状态尽快恢复到原有状态。③侵害人所填补的损害需要根据实际情况来确定,包括受损害人的实际财产损失、精神损害程度等方面。④理论上存在着全面赔偿制度,但在实践中却难以真正实现。⑤相比之下,侵权法的遏制功能应用较为广泛。

知识产权侵权中,其客体的无形性决定了对于受损害人所受损失的衡量无法做到包含其全部损失。既然填平原则的目的在于填平受损

---

① 蒋舸. 专利非实施主体诉讼中损害赔偿规则的适用[J]. 知识产权, 2020, (11): 65-66.
② 易继明. 私法精神与制度选择: 大陆法私法古典模式的历史含义[M]. 北京: 中国政法大学出版社, 2003.
③ 孙玉红. 侵权法功能研究[M]. 北京: 法律出版社, 2010: 114.
④ 王利明. 民法·侵权行为法[M]. 北京: 中国人民大学出版社, 1993: 561.
⑤ 曾世雄. 损害赔偿法原理[M]. 北京: 中国政法大学出版社, 2001: 25.

害人的损失,恢复受损害人的状态,那么便存在着"原有状况"和"应有状况"的区别。"原有状况"为损害发生之前的状态,"应有状况"为损害并未发生的时候应当具有的状态,二者的区别在于是否考虑到了损害事实未发生的情况下损害事实本身可能发生的变动。① 学界认为应当恢复的原状不是原有的状况而是应有的状况。②

4.1.3 大陆法系国家研究近况

在大陆法系国家,法律界强调公法与私法的不同职能,对违法行为的惩罚和制裁与对受侵害权益的补偿和救济有着严格的区分,一般认为民事责任不具有惩罚功能。过错的严重性不能证明一个比实体损害更大的赔偿是正当的。因此,在大部分大陆法系国家看来,惩罚性赔偿制度的惩罚目的,与恢复原状的填补性赔偿性质不同,系属"刑事处罚"的范畴。③

由于历史传统的因素,大陆法系主要国家和地区原则上排除惩罚性赔偿制度,德国、法国、日本等均很少在知识产权领域适用惩罚性赔偿制度。④ 但随着国际贸易的发展,欧洲大陆法系国家不得不面对英国、美国法院对于惩罚性赔偿案件的判决,这些国家开始慢慢不再完全忽视这一制度的存在,甚至在一些国家,法院开始试着在某些情况下将该制度引入到特定案件中。惩罚性赔偿制度首先在意大利有所突破。2000 年,意大利托雷安农齐亚塔(Torre Annunziata)法院在两个案件中判处了惩罚性赔偿。⑤ 尽管大陆法系国家自身没有惩罚性赔偿制度,但是威慑和惩罚功能在欧洲民法体系中并未完全消失,它通过私人

---

① 曾世雄. 损害赔偿法原理[M]. 北京:中国政法大学出版社,2001: 16.

② 李显东. 侵权责任法经典案例释论[M]. 北京:法律出版社,2007: 50.

③ 吴汉东. 知识产权惩罚性赔偿的私法基础与司法适用[J]. 法学评论,2021,39(3): 21-33.

④ 蒋华胜. 知识产权惩罚性赔偿制度研究:立法检视与司法适用——兼论我国《民法典》第 1185 条法律规范的体系化构建[J]. 中国应用法学,2021, 25(1): 146-170.

⑤ Court of Torre Annunziata: Decision of 24 February 2000: Izzo v. and Assitalia and Other Parties; Decision of 14 March 2000: Guerra and Other Parties v. SAI.

处罚的方式存在。这种处罚条款在欧洲国家的很多领域都存在,例如在法国的劳动法领域,如果雇主没有合法理由而解雇雇员,则雇员可以获得"私人处罚金"。① 这种处罚的条款在大多数欧洲国家的合同法中都可以找到踪迹。根据波兰最高法院2003年的一例判决,②被告因为违反合同而被处以违约金以外的私人处罚。法院认为,合同一方即便因为对方的未履行合同的行为未受到实际的损失,但是仍然可以获得赔偿,这种赔偿在性质上就具有惩罚的性质。在法国,有学者提出,在某些特殊案件中可以推行惩罚性赔偿制度从而进一步使其纳入民法典。在德国,法院开始对于私人诉讼给予惩罚性质的赔偿。在欧盟,欧盟委员会的绿皮书中提出了在反垄断案件中给予双倍赔偿的可能性。在西班牙,法院可以执行由美国法院作出的惩罚性赔偿的判决。这些发展都为惩罚性赔偿制度在欧洲的适用慢慢拉开了序幕。

(1) 法国:民事处罚制度对惩罚性赔偿制度的可替代性

惩罚性赔偿在法国的民法典中并没有明确的规定,传统上来说对惩罚性赔偿制度持否定态度。但是在法国法上确实存在一些有着类似之处的制度。法国学者认为,民事责任的目的不仅仅是赔偿损害,预防与惩罚是民事责任的其他两个可能的功能。2005年9月,一份由36名民法学者提交给法国司法部的法律改革报告中建议,除了在第1370条开宗明义地指明填平原则的适用是为了使被侵权人的损害恢复到未发生时的情境之外,在接下来的第1371条中,应当明确在民事诉讼中可以给予惩罚性赔偿:如果侵权人主观上故意导致错误行为的发生,除了给予被侵权人补偿性赔偿外,可以给予惩罚性赔偿。该举措的目的在于合理分配公共财富,但是这种赔偿应区别于其他类型的损害赔偿,并且不能成为保险的标的。接下来,2007年10月29日第2007-1554号法律在《知识产权法典》中引入了新的规定,该法将2004年4

---

① The Sanction of Article LI 22-14-4, 2 of the Employment Code.
② Polish Supreme Court, 4 December 2003, II CK 271/02.

月 29 日《欧盟 2004/48 号指令》转换为法国法中知识产权的执行规范。尽管这个指令没有明确地规定授予惩罚性赔偿金,但是一些条款已经很接近于确立这类赔偿金。① 因此,有学者提出法律提案,建议在法国法上引入惩罚性赔偿,并认为如果将惩罚性赔偿纳入法国法律体系中,需要满足几个条件:首先,需要证明的是侵权人在主观上有故意的错误,而且这种错误不能依靠一般的补偿性赔偿消除;其次,这种错误行为可以使得侵权人获利;最后,这种惩罚性赔偿不能成为保险的标的。如果该提案通过,将对填平原则有巨大的冲击和影响。很多学者认为没有必要引入该制度,因为法国的民法体系中存在民事处罚制度,足以用来惩罚有恶意行为的人。到目前为止,该法律依然停滞不前,法国学者对其态度也褒贬不一。② 但是可以看到,惩罚性赔偿制度在法国学者的努力推动下,正在走向民法典。

(2)德国:惩罚性赔偿适用的排斥与逐渐接受

德国法在传统上对惩罚性赔偿持否定态度。一方面,《德国民法典》单一地纯粹地以补偿性原则为指导原则,任何与该原则相违背的内容被视为例外。《德国民法典》第 249 条第 1 款规定,损害赔偿义务人应当将受害人或者受损的财产恢复至损害没有发生时的状态。如果受害人遭到了身体的或者是财产的损失,则允许对财产损失请求必要的金额以代替恢复原状。③ 只有当真正的恢复原状不可能实现或不足以填平损害时,侵权人才能用财产的赔偿的替代方式赔偿所导致的经济损失。④ 因此,在德国法上,受害方不能通过赔偿金而获得收益。损害赔偿的功能在于对伤害进行补偿和对损失进行赔偿,而对于不法行

---

① 指令的草案首次允许成员国引入惩罚性赔偿金:A. Girardet, Entre deux mondes, Cahiers de droit de V. entreprise(Cah. dr. entr.)4, 29(2007).

② Report of the Chamber of Commerce and Industry of Paris (CCIP), LPA, 16 January 2005, no 12, at 3 ,"the introduction of punitive damages in French law is disapproved by a majority of legal authors. This evolution also encounters the opposition of the CCIP.

③ 陈年冰. 我国惩罚性赔偿制度研究[D]. 山东大学博士学位论文,2013:52.

④ 参见《德国民法典》第 251 条第 1 款。

为人的惩罚功能,德国法认为应由刑法来承担。① 如果侵权人被处以惩罚性赔偿金,在德国法上可能产生宪法问题。根据《德国基本法》第103条第2款,惩罚应当由法律予以明确规定。② 被定罪的侵权行为人被判处惩罚性赔偿金,这可能会导致《德国基本法》第103条第3款所排除的双重处罚。因此,普遍的观点认为在德国法上不存在惩罚性赔偿金。③

同时,域外具有惩罚性赔偿金的判决如果在德国需要执行时,可能会因为该惩罚性赔偿金违反了德国的公共政策而无法在德国得到执行。但是判决并非全部无法执行,而仅仅指惩罚性赔偿金部分不能得到执行,判决的其他部分还是可以执行。④ 但是也有一些德国学者认为,在涉及非金钱损害赔偿的很多领域,德国法上的补偿性的赔偿也带有甚至是发挥了惩罚性赔偿的功能,因为并不能将两者完全分离开来。德国法院在其判决中常常判处一些带有惩罚性因素的赔偿金,这些判决被视为德国法的例外。⑤ 学者 Peter Mueller 根据法院的判决的性质,分析出在 19 种特殊情况下,法院的判决带有惩罚性质。⑥ 这些领域的适用,使得大陆法系学者们对惩罚性赔偿不再陌生,态度逐渐趋向缓和。

首先,在德国的知识产权领域,德国法院在著作权侵权的案件中允许原告在其实际损失、侵权人获利和参照合理许可费三种方式中选择

---

① 陈年冰. 我国惩罚性赔偿制度研究[D]. 山东大学博士学位论文,2013:52.

② 陈霞. 比较法视角下我国著作权惩罚性赔偿制度之构建[J]. 山东大学学报(哲学社会科学版), 2012, (5):81-85.

③ [奥]扬森,拉德马赫. 德国的惩罚性赔偿金[M]. 载[奥]考茨欧,威尔科克斯. 惩罚性赔偿金:普通法与大陆法的视角. 窦海洋译. 北京:中国法制出版社, 2012, 86.

④ Wegen, Sherer. Germany: Federal Court of Justice Decision Concerning the Recognition and Enforcement of US Judgments Awarding Punitive Damages[J]. International Legal Materials, 1993, 32(5): 1320-1346.

⑤ Siemes. Gewinnabschöpfung bei Zwangskommerzialisierung der Persönlichkeit durch die Presse[J]. Archiv für die civilistische Praxis, 2001, 201(2): 202-231.

⑥ [奥]扬森,拉德马赫. 德国的惩罚性赔偿金[M]. 载[奥]考茨欧,威尔科克斯. 惩罚性赔偿金:普通法与大陆法的视角. 窦海洋译. 北京:中国法制出版社, 2012, 86.

一种来计算损害赔偿数额①,之后又将该做法应用于专利侵权、其他知识产权侵权②以及不正当竞争案件中。③ 根据德国法院的意见,第一种计算方式是补偿性质的。但是,后两种计算方式不是严格意义上的补偿性质的,因为按照侵权人获利或者合理许可费的方式计算的损害赔偿费用可能比权利人自己预期获得的利益还要多。同时,德国法院明确表示了自己的意见,即对于知识产权侵权人判处的惩罚性赔偿的数额,是基于"任何人不得从其错误行为中获利"的自然正义观念来确定的。④ 在这种观念下的惩罚性赔偿具有"抑制性"作用,同时又是"强化法律运行的有效社会心理工具"。⑤

其次,在德国的劳动法领域,对于因性别而导致的雇佣歧视可以被处以惩罚性赔偿,原因在于欧洲法院认为《德国民法典》中第611a条⑥对于《欧盟指令76/207/EEC》⑦在国内的转换适用并不充分。理由在于欧洲法院认为即使是民事责任也带有威慑功能,通过要求经营者承担民事责任可以真正起到保护劳动者免受劳动歧视的效果。因此《德国民法典》第611a条中关于惩罚数额的限定是不应被允许

---

① RGZ 35, 63.

② GRUR 1963, 640.

③ BGHZ 57,116, 120. 该判决指出这些不同的方法不应该被概况性地和毫无差别地被适用在各种类型的不正当竞争案件中。

④ 陈霞. 比较法视角下我国著作权惩罚性赔偿制度之构建[J]. 山东大学学报(哲学社会科学版), 2012,(5): 81-85.

⑤ Behr. Punitive damages in America and German law: Tendencies towards approximation of apparently irreconcilable concepts[J]. Chi. -Kent L. Rev. , 2003, 78: 105.

⑥ German Civil Code (BGB) 611a (2): In case the employer in the course of the application procedure violatesthe prohibition of discrimination under the applicant thus discriminated may demand adequate compensationin money; a claim for establishing a labor relationship does not exist. (3) In case the applicant had not been employed even in case of non-discriminatory treatment,the employer has to pay an adequate compensation not higher than three-month prospective wages.

⑦ Council Directive 76/207/EEC of 9 February 1976 on the implementation of the principle of equal treatment for men and women as regards access to employment, vocational training and promotion, and working conditions. 1976 O. J (L 39)40, 42.

的。① 德国法院不得不将该条解释为允许突破该上限的赔偿数额从而达到预防就业性别歧视的目的。而对于赔偿数额上限的突破,不得不说是对传统大陆法系填平原则的突破和对惩罚性因素的吸纳。

最后,在德国法上,因为媒体侵犯个人权利而导致个人精神损害的案件,也可以处以惩罚性赔偿。可见,在传统的德国法中出现了个别惩罚性因素,而这些惩罚性因素被视为填平原则的例外,并且其数量在不断增加。② 这些德国法上的新发展正在逐渐缩小大陆法系和英美法系的差别。

(3) 日本:专利侵权惩罚性赔偿适用之可能

作为典型的大陆法系国家,目前日本关于惩罚性赔偿制度的相关研究和探讨主要存在于理论层面,并未明确落实到具体实务层面。日本在立法中也并未将惩罚性赔偿纳入本国的法律体系。③ 惩罚性赔偿金的存在对日本来说无异于以私人民事权利的行使来取代国家公法所应当承担的角色,此种做法在公私分明的日本法律中无法得到承认。以日本《专利法》为例,在其民事侵权救济范围内的专利侵权损害赔偿制度呈现出较为显著的"回溯性"特点,即对已经发生的损害进行事后的评估。根据此制度,专利权人应当根据实际损失逐项证明其所遭受的损害。该制度不支持无实际损失的赔偿请求,亦不支持以惩罚性赔偿为基础的请求。④

此外,日本有关惩罚性赔偿的司法实践极为有限,因为其法律体系通常不鼓励对侵权行为进行严格的惩罚性赔偿,而是更侧重于赔偿受害者的实际损失。且司法实践中要求法院判定是否应该判决惩罚性赔

---

① Regierungsbegruendung. Argument of the government in introcducing the alteration to section 611a[R]. BT-Drucks, 12/5468:44.

② Behr. Punitive damages in America and German law-Tendencies towards approximation of apparently irreconcilable concepts[J]. Chi. -Kent L. Rev., 2003, 78: 13.

③ 张玲. 日本专利法的历史考察及制度分析[M]. 人民出版社, 2010: 102.

④ 张鹏. 日本专利侵权损害赔偿数额计算的理念与制度[J]. 日本问题研究, 2007, 31(5): 68.

偿通常需要满足严格的标准,例如需要证明侵权行为的故意或恶意,并且必须证明该行为严重违反了法律或伦理规范。

尽管日本现行法律中不存在"惩罚性赔偿金"这一概念,也并未有条款对"惩罚性赔偿"制度进行专门规定,但通过其现行《专利法》,我们可以看到部分体现惩罚性赔偿特征的法律条文。日本《专利法》第102条第5款规定:"前款的规定,不妨碍请求超过同款规定金额的损害赔偿。在此情况下,侵害专利权或专用实施权人非故意或无重大过失时,法院有权斟酌决定损害的赔偿金额。"该法律条文体现出以下几点特征:第一,赔偿金额的界定受到被告是否存在故意或重大过失的主观因素的影响,这与惩罚性赔偿金中的主观故意认定标准相符。第二,专利权人得以请求超出规定数额的赔偿金,这与惩罚性赔偿金的认定标准相类似。许多学者也认为,这与专利侵权惩罚性赔偿极其相似,原因有以下两点。第一,专利权人可以请求超过同款规定数额的赔偿,即可以申请超过其实际损失的赔偿,显然超过的部分已不属于大陆法系所持有的补偿性原则范畴。第二,法官确定赔偿数额时同样具有"故意"这一认定标准。因此,有学者认为这一规定含有专利侵权惩罚性赔偿之意味,是日本专利侵权惩罚性赔偿制度的雏形。[①]

此外,尽管日本整体上拒绝承认惩罚性赔偿制度,但许多日本学者在探讨将美国的惩罚性赔偿制度引入日本法律中的议题时仍持有积极的态度。田中英夫以及竹内昭夫等学者均主张将惩罚性赔偿制度纳入日本法律体系,认为这样的引入在某种程度上具有必要性。他们强调,此种制度能够填补刑事制裁难以覆盖的非法行为领域,使民事法律能够担负起制裁不法主体及行为的功能。惩罚性赔偿制度对不法行为的遏制能力相较于一般的补偿制度来说较为强大,因此立法者应当充

---

① 杨熠.浅谈我国专利侵权惩罚性赔偿制度之构建[J].东南大学学报(哲学社会科学版),2018,20(S2): 104-107.

分考虑其制裁功能。①

(4) 立陶宛:惩罚性赔偿制度于知识产权侵权的适用

立陶宛对惩罚性赔偿持肯定态度,在立陶宛以《商标法》《著作权法》《专利法》为主体的知识产权保护法律体系中,针对知识产权侵权行为的赔偿坚持以填平原则为指导,以惩罚性赔偿为补充。根据立陶宛《民法典》和有关知识产权保护方面的法律,被侵权人可以要求侵权人停止侵害,消除影响,赔偿损失。被侵权人有权请求法院要求侵权人停止销售侵权产品,要求侵权人在媒体或以其他方式全部或部分公布法院裁决,消除不利影响。

在立陶宛知识产权的相关立法中亦包含了有关惩罚性赔偿的条款。立陶宛共和国通过确定赔偿倍数的形式来规定知识产权惩罚性赔偿制度,如立陶宛《商标法》第75条第4款规定"本法第70条第1款所指的人可以要求赔偿,如果侵权人合法使用该标志(获得许可),则本应支付的赔偿金(如果侵权人故意或重大过失)最高可达赔偿额的两倍",立陶宛《专利法》第57条第4款、《外观设计法》第48条第4款、《半导体产品布图设计保护法》等也作出了类似的规定。

4.2 普通法系的惩罚性赔偿制度的兴起与发展

现代惩罚性赔偿起源于英美法系,也被称为"报复性赔偿",与大陆法系所普遍采用的"填平原则"相对。这一制度最早可追溯到《汉谟拉比法典》中处罚偷取牛羊的十倍至三十倍的赔偿。

在英美法系国家,司法实践和主流观点将惩罚性赔偿视为一种特殊的民事制裁即"私人罚款"。其理由是:惩罚性赔偿与财产刑责任在目的及功能上有相同之处,但前者被作为民事责任加以规定,由私人提

---

① 张玲.日本专利法的历史考察及制度分析[M].人民出版社,2010:103.

起诉讼,适用民事诉讼法程序,因此属于私法上的侵权责任范畴。然而,惩罚性赔偿又不同于填平原则,其主要功能在于对严重侵权行为进行惩罚和制裁,因此具有"私人罚款"的民事制裁意义。[①]

4.2.1 在英国的源起

在13世纪的英国,多倍赔偿开始成为普通法的一个特质。例如:英国早期的制定法规定,泥工匠以不法行为获取利益,造成对方损失的,会受到多倍金额的处罚。另规定,受害人对不法行为提起诉讼,诉讼结束后所得到的惩罚性赔偿归受害人所有,可不上交皇室。

但是,惩罚性赔偿原则的适用在 Wilkes v. Wood 案[②]中才首次得以明确。在该案中,由于原告创办的刊物涉及抨击国王的言论,因此被强行闯入其住宅予以搜查。原告以执行官非法闯入其住宅为由起诉。最终法院判决被告承担惩罚性赔偿金,用以惩戒被告和震慑未来的不法行为。另一起相关案件是 Huckle v. Money 案[③]。在该案中,惩罚性赔偿的判决是由于一名印刷工人 Huckle 被非法逮捕,之后他以非法入侵、侮辱和非法拘禁而提起诉讼所产生的。虽然他仅仅被拘禁了6个小时,但是仍然获得了300英镑的赔偿。当时原告的实际损失只有20英镑,但是法官并不认为判罚金额过高,因为在法院的判决中指明,即使原告仅被拘禁1个小时,在英国法的传统下,却是公开地对公民自由权利的侵犯。在英国惩罚性赔偿发展的过程中,一个经常被提起的原因是,惩罚性赔偿可以赔偿受害人的精神方面的损失,例如损害尊严、侮辱等,而这些在传统意义的普通法上是不可以补偿的,例如上面提到的 Huckle v. Money 一案等。因此,惩罚性赔偿的目的在于补偿原告

[①] 吴汉东. 知识产权惩罚性赔偿的私法基础与司法适用[J]. 法学评论,2021,39(3): 21-33.

[②] Wils. K. B. 205, 95 Eng. Rep. 768(C. P. 1763).

[③] Wils. K. B. 205, 95 Eng. Rep. 76B(C. P. 1763).

因为受到无形损害而遭受的损失。①

尽管英国很早提出了惩罚性赔偿这一制度,但在具体的适用过程中,英国法院始终将其适用限制在一定的范围内,对惩罚性赔偿制度的适用保持着审慎的态度。有学者认为,这种态度的形成是因为 Rookes v. Barnard 案引入了一种限制性的方法,且法院在对案件进行审理时往往强调惩罚性赔偿是一种"最后手段"的补救措施。在 1964 年 Rookes v. Barnard 案②中,Devlin 勋爵不顾英国上诉法院的反对,认为对于制定法授权判赔惩罚性赔偿的案件、被告故意牟取超过原告可得赔偿利益的案件、涉及公务人员徇私舞弊或违反宪法的案件判决惩罚性赔偿金具有合理性。2001 年,Kuddus v. Chief Constable of Leicestershire Constabulary 案的判决又进一步地扩大了惩罚性赔偿适用的诉讼类型。英国司法实践认为对故意且恶意侵权者应当判决承担惩罚性赔偿金。尽管相对于提交给法院的损害赔偿要求的总数而言,惩罚性赔偿金的判决比率可以忽略不计。这或许可以表明,律师在为获得惩罚性赔偿的权利人进行辩护时,普遍采取了审慎和保守的态度。司法实践中,相对于索赔的总数而言,惩罚性赔偿很少被肯定,但当权利人提出要求时,法院会考虑裁定惩罚性赔偿。③

此外,英国在 1988 年《版权、外观设计与专利法》第 25 条没有明确提到惩罚性损害赔偿,相反,第 97 条和第 229 条分别针对版权侵权行为及外观设计侵权行为作出规定:法官可出于个案公平的考虑,根据侵权行为的公然性(flagrancy)及侵权人因侵权行为所获利益,判令侵权人承担额外赔偿(additional damages)责任。这两个条款虽未对惩罚性赔偿制度进行明确界定,但有学者认为以侵权恶劣性为适用前提的额外赔偿能导致最终判处的赔偿额超过实际损失,事实上具有惩罚性赔偿

---

① Law Commission. Aggravated, Exemplary and Restitutionary Damages[R]. Law Com, 1997: 247.
② See Rookes v. Barnard[1964]UKHL 1, p34-37.
③ Goudkamp, Katsampouka. An Empirical Study of Punitive Damages[J]. Oxford Journal of Legal Studies, 2018, 38(1): 90-122.

性质。[1]

总的来说,我们可以看到,英国法院的既定做法仍然是谨慎的,其法律政策一般不鼓励判给惩罚性赔偿,法官仍然拥有自由裁量的权利。然而,有学者对英国法院2000年至2015年司法实践的实证分析表明,惩罚性赔偿事实上并非不常见。在请求惩罚性赔偿的胜诉案件中,大约有40%的案件被判处惩罚性赔偿。因此,无论是在英国的立法还是司法实践中,我们都能看到惩罚性赔偿的不断发展。

4.2.2 在美国的继承与发展

惩罚性赔偿制度在美国的起源可以追溯到英国普通法的影响,但其发展演变受到美国法律和社会背景的影响。早期,美国法院主要考虑实际损失的赔偿,但随着恶意行为和严重过失的增加,法院开始引入惩罚性赔偿以制止这类行为。19世纪40年代,美国法院首次明确承认了惩罚性赔偿的合法性,从而为该制度的发展奠定了基础。20世纪,惩罚性赔偿制度在法律实践中得到进一步明确和规范,法院逐渐确定了适用的标准和原则。

(1)概述:惩罚性赔偿制度的发展

18世纪末至19世纪初,美国法律体系处于发展最早的阶段,主要侧重于个人责任和民事赔偿。此时,惩罚性赔偿较少被用于制裁违法行为。20世纪初,美国逐渐出现对企业行为的法律规制,包括反托拉斯法和工作场所安全法规。这些法律为政府介入和处罚企业行为创造了机会。20世纪60年代,惩罚性赔偿制度在司法实践中被越来越广泛地运用,主要是通过联邦和州法律的改革,以应对企业不当行为。例如,1964年通过的《民权法案》(Civil Rights Act of 1964)允许对违反《民权法案》的企业处以惩罚性赔偿。此后,美国最高法院通过一系列

---

[1] 苏和秦,庄雨晴. 商标惩罚性赔偿的司法适用及反思[J]. 电子知识产权,2020,(9):67-79.

判例,如 Gore v. BMW (1996)和 State Farm v. Campbell (2003),为惩罚性赔偿制度的发展提供了指导。这些判例明确了惩罚性赔偿的法律标准,包括必须与被告的不当行为成比例,并避免不合理的赔偿数额。20世纪90年代至今,惩罚性赔偿制度在一些高风险领域如药品、烟草和金融等领域变得更为常见。大规模集体诉讼和惩罚性赔偿案件频繁发生,吸引了广泛的媒体和公众关注。

而随着惩罚性赔偿制度被引入美国,对于其性质是惩罚性质还是补偿性质,在具体的案件判决过程中是有争议的。早期的案件判决意见中包含了这两种思想。1784年的 Genay v. Norris 案①首次明确了惩罚性赔偿的原则。惩罚性赔偿被视为为了弥补原告无形的精神损失而给予的,同时对于未来的类似行为有警示作用的赔偿。而惩罚性赔偿的威慑功能在几十年后才得以确立。在一起海上非法捕鱼的案例②中,法官认为补偿功能已经超出了其应有的功能范围,而惩罚对方的非法行为则是惩罚性赔偿的功能。起初,惩罚性赔偿制度的适用主要在精神损害赔偿领域,19世纪后,在产品责任、环境侵权领域也得到了广泛地运用。19世纪30年代,惩罚性赔偿的补偿功能被越来越少地提及,在法院的判决中,惩罚性赔偿不仅被视为用来补偿原告,同时也是为了惩罚被告。在接下来的几年中,在纽约州最高法院的司法判决中,法官认为如果被告是恶意、故意或者蓄意实施某种侵犯原告合法权利的行为,那么给予原告固定数额的实际损害赔偿是对补偿原则的轻视。为了彰显司法保护个人权利和维护社会秩序的目的,这种加重的惩罚方式是合适的。直到19世纪50年代,美国联邦最高法院确立了在普通法系中,如果被告的行为构成了侵权法中的侵权行为,那么陪审团可以对于被告施加惩罚性赔偿的制度,目的在于惩罚其恶意的行为而非赔偿原告。至此,惩罚性赔偿的惩罚性质在美国基本被认可。而

---

① Genay v. Norris, 1 S. C. L. 2, 1 Bay 6(1784).
② Boston Mfg. Co. v. Fiske, 2 Mason 119(1820).

在美国的三个州,惩罚性赔偿仍然被视为具有补偿功能,①其他的州则将惩罚性赔偿视为对于被告恶意行为的惩罚和威慑。

美国法上惩罚性赔偿的构成要件有四个。第一,侵权人的行为主观上必须是恶意的。只有在主观过错较为严重的情形下才可能适用惩罚性赔偿。第二,违法行为具有道德上的可责性。由于惩罚性赔偿的目的中包含了惩罚和威慑的功能,因此,对于轻微的违反注意义务的行为不能给予惩罚性赔偿。只有一些故意所为的恶意侵权行为,其行为已经超过了社会普遍容忍的限度,才给予惩罚性赔偿。第三,行为造成了损害后果且这种损害后果必须是物质上的损失,对于精神损害不能给予惩罚性赔偿。第四,其他需要考虑的因素。包括考量惩罚性赔偿与补偿性赔偿的比例问题、惩罚性赔偿与刑事制裁措施的关系问题。②

(2)美国知识产权领域的惩罚性赔偿

美国不同类别的知识产权立法和司法实践对于惩罚性赔偿的规定有所不同。

在版权侵权领域,美国的《版权法》中没有规定惩罚性赔偿,而对法定赔偿进行了明确阐释。美国的音乐版权侵权诉讼逐步确立了法定损害赔偿的相关宪法标准(Colin Morrissey),1976年《版权法》明确了违宪损害赔偿的相关情形,即法院应该采用美国联邦最高法院在宝马诉戈尔案中采用的惩罚性损害赔偿审查标准,并认定巨额法定赔偿违宪,试图解决法定损害赔偿与适当宪法审查标准的冲突。法定损害赔偿导致违宪损害赔偿的原因之一是其充满了任意性和不确定性。尽管法定赔偿限制了一定的范围(一次侵权最低赔偿为200美元,故意侵权的最高赔偿为15万美元),但多项索赔方式的组合导致其法定范围极其广泛,损害判决也没有得到一定的限制。

---

① 康涅狄格州的法律规定,惩罚性赔偿的目的不在于惩罚被告的恶意行为,而是在于补偿原告的损失。Doroszka v. Lavine, 111 conn. 575, 578, 150 A. 692, 692-93(1930). 密歇根州和新罕布什尔州法官认为,对于原告情感上的损失或者尊严的伤害可以通过惩罚性赔偿来予以补偿。Wise v. Daniel, 221 Mich. 229, 190N. W. 746(1992).

② Markel. How Should Punitive Damages Work? [J]. U. Pa. L. Rev., 2008, 157: 1383.

可以看到，法定损害赔偿的过度性主要表现在过度赔偿和过度威慑方面，尤其是当法定损害赔偿面临多重侵权索赔时，这一特征愈发凸显。为了解决这些问题，考虑到法定赔偿与惩罚性赔偿相近，美国联邦最高法院的惩罚性赔偿判例应当适用版权侵权的法定损害赔偿标准。然而，法院一直将南方铁路公司诉威廉姆斯一案中的标准用于法定损害赔偿，该标准认为联邦最高法院的惩罚性损害赔偿判例与法定损害赔偿的审查没有关系。侵犯版权的法定损害赔偿是合宪的，除非法定处罚过于严重和不公平或者与罪行完全不相称，即表现出明显不合理的特征。

因此，在美国的版权侵权领域，惩罚从来都不是法定损害赔偿条款的目的，版权损害赔偿一直是为了补偿版权所有者遭受的侵害。包括最高法院在内的许多法院都指出，法定损害赔偿的一个重要目的是惩罚侵权者。因此法院必须意识到，在遵循威廉姆斯案中所概述的明文规定时，该规定对损害赔偿的审查可能会产生深远的影响——在对法定损害赔偿金的合宪性作出决定之前，法院必须考虑减少或推翻赔偿金。

而有关美国版权领域的惩罚性赔偿也存在着许多争论。Collins Kilgor 认为《版权法》中的双重限制不可避免地造成了一种情况，即允许侵权者操纵法庭程序和公司结构，从而使他们可以从版权侵权行为中持续获利。而惩罚性损害赔偿是解决这一问题最实用的方法，因为它不需要对现有法规进行修改，并且可以在当前的判例法中找到依据。与之相反，法定损害可能不足以阻止侵权行为，因为当侵权者可能只是将这些成本作为其不法获利的一部分时，现有法律法规中每项作品只能获得一份报酬的规定和总体损害赔偿上限的结合，会损害法定损害赔偿条款的威慑功能。针对这样的情况，Kilgor 提出了相应的解决建议。其一，进行充分的法律改革，将高额的赔偿金上限和放宽每件作品的赔偿金限制结合起来。其二，法院应允许原告在特定的情况下提出惩罚性赔偿，例如被指控的侵权人拒绝出庭辩护以逃避实际损害赔偿责任等。

一般来说，法院认为惩罚性赔偿是不能适用在版权领域的，但在司法实践中，有几个案例对现行的一般规则提出了质疑。法官分析了惩罚性损害赔偿的历史发展及目的，发现惩罚性赔偿不只是为了惩罚个人，也是为了震慑其他人从事类似的不法行为，将被告不出庭的风险降到最低，因为当潜在的赔偿责任大于法律所允许的赔偿责任时，被告会主动进行辩护。[①]权利人可以在其权利被侵犯时，要求法院判令侵权人赔偿其因侵权行为所遭受到的实际损失或者侵权人的获利。[②] 在侵权人出于故意或恶意而侵犯权利人的侵权案件中，法院可以判处法定赔偿金，而无须权利人证明被告具有主观恶意的存在。[③] 在法院作出最终判决之前，版权的权利人可以选择法定赔偿而非依据实际损失或者侵权人的获利赔偿。[④] 而当法院适用法定赔偿时，权利人不用证明自己的实际损失或者侵权人的获利，法院对判处的法定赔偿金额具有很大的自由裁量权。法院判处的法定赔偿金额可以在750美元至3万美元之间，[⑤]如果法院认定侵权人具有主观上的故意，则可以依职权将法定赔偿金额提高至15万美元。

在专利侵权领域，美国《专利法》第284条规定："无论由陪审员还是由法院决定，法院都可以将损害赔偿金额增加到原来决定或估定的数额的三倍。"该条表明，补偿性赔偿是法定的，且没有为确定何时以及如何提高故意专利侵权的损害赔偿提供任何准则。但判例法明确规定，允许三倍赔偿的第284条具有惩罚性质。如果侵权人的侵权行为有主观的恶意或其故意为之，则法院可以判处惩罚性赔偿金。如果被侵权人很难证明自己所实际遭受到的损失，法院也可给予额外的赔偿

---

① Oboler v. Goldin, 714 F. 2d 211(2d Cir. 1983).
② 17 U. S. C. § 504(b).
③ Davis v. The Gap, Inc., 246 F. 3d 152(2nd Cir. 2001).
④ 17 U. S. C. § 504(C)(1)(2). 在版权的权利人可以证明侵权人的故意时，法院可以增加法定赔偿的数额，但是最高不能多于15万美元。
⑤ 17U. S. C. § 504(C1).

金额以作为补偿性赔偿的一部分。① 屡次侵犯他人的专利权或者知道他人享有专利权而侵权的都属于故意侵权。在专利侵权方面，在Underwater Devices, Inc. v. Momson-Knudsen Co. 一案②中，联邦巡回上诉法院法官认为当一个潜在的侵权人确实知道他人的专利权，他应该负有合理注意的义务，来确定自己的行为是否构成侵权。这种注意义务包括在任何可能的侵权行为开始之前，寻求获得合格的法律顾问的意见。之后，在美国的司法实践中，该标准被认为是过低的标准。因为相关律师的法律意见可以以相关的专利属于无效专利因此不构成侵权为抗辩理由。2007年，美国联邦巡回上诉法院③推翻了该案所确定的故意认定标准，改而采用"无所顾忌"（Reckless）标准。④ 该标准认为，"为了确立故意侵权，专利权人应该以清晰而具有说服力的证据说明，侵权人具有很高的客观可能性的情况下，仍然从事了相关行为，构成了对于有效专利权的侵犯。除了满足这个客观标准，专利权人还必须说明，被控侵权人知道或者明显地应当知道这种客观的危险性"。⑤ 此外，美国联邦最高法院在2016年Halo Electronics, Inc. v. Pulse Electronics, Inc. 案⑥和Stryker Corp. v. Zimmer, Inc. 案⑦的判决中，对专利惩罚性赔偿的标准进行了重新解释。这些判决减轻了原先的"明显错误"标准，使得法院可以更容易地判定侵权行为是否恶意或蓄意，从而增加了惩罚性赔偿的可能性。在Halo Electronics, Inc. v. Pulse Electronics, Inc. 案中，联邦最高法院重新解释了专利惩罚性赔偿的标准。在此之前，联邦巡回法院在确定是否可以判处专利惩罚性赔偿时采用了一种严格的标准，称为"Seagate Test"，要求证明侵权方的

---

① Fromson v. Western Litho Plate & Supply Co. ,853 F. 2d 1568(Fed. Cir. 1988).
② 717F, 2d 1380, 219 U. S. P. Q. 569(Fed. Cir. 1983).
③ In re Seagate Technology, 497 F ,3d 1360(Fed. Cir. 2007).
④ 李明德. 美国知识产权法[M]. 北京：法律出版社，2014: 141.
⑤ In re Seagate Technology, 497 F. 3d , 1360(Fed. Cir. 2007).
⑥ 136 S. Ct. 1923, 195 L. Ed. 2d 278, 118 U. S. P. Q. 2d(BNA)1761(2016).
⑦ 837 F. 3d 1268, 1279 (Fed. Cir. 2016).

侵权行为是"明显无理"或"毫无根据"的。然而，联邦最高法院在这个案件中裁定，这种严格的标准过于苛刻，使专利权人在寻求惩罚性赔偿时面临了不必要的困难。因此，联邦最高法院改变了标准，对专利惩罚性赔偿采取了更为宽松的标准。根据新的标准，专利权人只需证明侵权方的侵权行为存在"主观恶意"或"明显不关心专利权人的权益"，而无须再满足严格的"Seagate Test"要求。在 Stryker Corp. v. Zimmer, Inc. 案中，联邦最高法院进一步强调了对专利惩罚性赔偿的重新解释。联邦最高法院明确指出，即使侵权方有合理的非侵权理由，但如果其行为存在"主观恶意"或"明显不关心专利权人的权益"，仍可能被判处惩罚性赔偿。

在商标侵权领域，美国《兰哈姆法》第 35 条规定："在评估赔偿金时，法院可以判决已经认定的赔偿金额的任何数量的总和，但是不得超过该数量的三倍。"在商标侵权案件中，如果法院判令侵权人支付惩罚性赔偿金，也要求侵权人的侵权行为具有主观的恶意或故意为之。在一些法院中，如果法官发现该侵权行为有损被侵权人的良好商业信誉，则也可能判处惩罚性赔偿金。① 根据法律规定，即使法院根据案件判处了三倍的损害赔偿，也是基于填平原则的判决，与专利法所规定的惩罚性赔偿不同。因此，美国的《兰哈姆法》是不承认惩罚性赔偿的。但是这不表明在美国的商标法领域中没有惩罚性赔偿制度，在各州的普通法中，根据侵权行为法的规制，被侵权人都可以基于商标侵权行为而提起惩罚性赔偿，②而且州法对于未在联邦注册的商标也可以给予保护。

我们可以发现，在美国的传统版权领域中没有惩罚性赔偿金，却有法定赔偿，美国的专利和商标领域则刚好相反。美国学者认为："在版权领域，权利人的实际损失往往很难证明，法定赔偿可以在原告无须证

---

① Armstrong Cork Co. v. Armstrong Plastic Covers Co. ,434 F. Supp. 860(1977).

② 在 Big Tire Dealers, Inc. v. Goodyear Tire & Rubber Co., 561 F. 2d 1356 (10th Cir 1977). 案件中，原告根据科罗拉多州的普通法判给原告 1680 万美元的惩罚性赔偿金。

明实际损失的情况下,由法院判决一定的损害赔偿数额。这会促进权利人维护自身权利,同时也能够震慑侵权人。"此外,版权侵权行为的普遍性以及隐蔽性特征导致维权成本很高,因此通过法定赔偿给予版权权利人的赔偿可能会超出其实际损失,却能够为权利人提供维权的激励。版权侵权还有一个很不同的特点:单一的版权侵权行为,例如未经权利人许可复制了他人的一部作品(一篇文章、一首歌曲等),给权利人造成的实际损失很小,即使适用三倍的惩罚性赔偿,权利人根据实际损失获得的赔偿及相对应的惩罚性赔偿总数也很少,此时法定赔偿可以由法官自由裁量一定的赔偿数额,这更有利于保护权利人的合法权利。与之相对的是,在商标和专利领域,权利人发现侵权行为的成本较小但是获得的赔偿金额相对较高,商标权或专利权侵权所获得的赔偿数额要多于单一的版权侵权行为,所以商标和专利领域有相应的惩罚性赔偿而没有法定赔偿。①

(3)美国法适用惩罚性赔偿的程序机制

首先,由陪审团决定惩罚性赔偿的适用及赔偿数额。美国的普通法诉讼中,争议金额超过20美元的案件,就可以要求适用陪审团进行审理,并且经过陪审团认定的案件事实,不受其他任何美国法院的重新审查。陪审团的成员来自于普通民众,可以代表广泛的民意。陪审团的成员一般没有经过法学教育或培训,在裁决案件时,往往将一切综合因素考虑在内,其中也包含法律之外的因素。而惩罚性赔偿案件的事实判断,即是否应该适用惩罚性赔偿问题在美国是由陪审团成员决定的。陪审团制度是源于权力制衡的需要而产生的,陪审团可以对美国的司法权和行政权起到有效的制衡作用,从而防止行政权干预司法权,保持司法权的独立性。②"陪审制度可以让公民或至少一部分公民

---

① Blair, Cotter. Intellectual Property: Economic and Legal Dimensions of Rights and Remedies[M]. Cambridge University Press, 2005: 298.
② 张洁磊. 惩罚性赔偿的程序机理:以美国法为视角[D]. 烟台大学硕士学位论文, 2014.

参与到司法程序中,实质上是在一定程度上把管理社会的权力置于人民或这一部分公民之手。"① 美国陪审团的原始名单是由社会各个阶层的人员组成,既要考虑到当地公民的种族、年龄、性别和财产等组成情况,又要保证陪审团成员的中立性。②

美国法上,在有陪审团出席的侵权案件中,由陪审团决定是否给予惩罚性赔偿。在一些被判处巨额惩罚性赔偿金的案件中,人们对陪审团的决定往往颇有争议。人们认为陪审团对大企业的反感情绪及其专业能力的缺乏都是导致巨额惩罚性赔偿判决的原因。有时陪审团的判决也被认为是混杂着道德标准和报复的欲望所作出的结果,而与法律无必然的联系。③ 在陪审团决定惩罚性赔偿的数额时,一般考虑不法行为的非难性、受害人的受损害程度及不法行为人的经济能力等因素。

其次,法官可以适当调整惩罚性赔偿金的数额。有学者对美国1991 年至 2005 年之间判处惩罚性赔偿的案件作过实证分析,分析结果显示,在由陪审团决定惩罚性赔偿的案例中,其赔偿数额远高于由法官作出判决的惩罚性赔偿案例的数额。④ 在陪审团决定给予惩罚性赔偿后,如果法官认为判决的赔偿金额过高,可以依职权进行适当的调整,这也是美国法律赋予法官对陪审团权利的制衡权。⑤ 由于陪审员对于法律知识的认知不足,同时考虑到他们中的一部分人缺乏充分的理性,因此,美国法上给他们设置了一些限制,而这些限制一方面是源于法官对于陪审员的不信任,另一方面,法官不断接受新的判例法尤其

---

① 齐树洁. 美国司法制度[M]. 厦门:厦门大学出版社,2006: 99.

② 美国的陪审员选择已经形成了比较科学的跨区选择制度,即把一个地区分成若干陪审员选区,从每一个选区中选择相同人数组成陪审员,以保障其对地区人员的广泛代表性。如果在陪审团中把明显为一个较大的特殊人群中的某一类人,如女性、黑人从候选陪审员中整体排除,那么这样的陪审团会被认为违宪而导致整个审判无效。夏欣. 美国陪审团制度及其特点[J]. 法制与社会,2013,(33):14.

③ 曾世雄. 损害赔偿法原理[M]. 北京:中国政法大学出版社,2001: 16.

④ Eisenberg, Heise. Judge-Jury Difference in Punitive Damages Awards: Who Listens to the Supreme Court? [J]. Journal of Empirical Legal Studies, 2011, 8(2): 325-357.

⑤ 赵永英,孙自如. 产品责任中惩罚性赔偿在我国的引进[J]. 华东经济管理, 2005, 19(6): 85-87.

是联邦最高法院的影响,对法律制度的贯彻和吸收更为全面。① 有学者指出:"在确定惩罚性赔偿金时,无限的陪审团裁量权可能会导致极端结果,震撼人们的宪法敏感性。我们无需实际上也不能在合宪性和违宪性之间划出一条适用于每个案件的分界线。但是我们能够说,对于合理性的一般关注以及审理案件时法院对于陪审团的充分指导,已经纳入了宪法的合宪性审查之列。"②

最后,被告有权对判决提出上诉,包括对惩罚性赔偿的部分。在上诉过程中,法院可能会重新审视是否合理给予惩罚性赔偿,是否需要减少或取消惩罚性赔偿金。

4.3 大陆法系对惩罚性赔偿关注不断提升

虽然大陆法系对惩罚性赔偿持保守的态度,但是近年来,这一制度却越来越多地引发了大陆法系学者的高度关注。其中的原因值得我们关注。首先最直接的原因是公共执行(public enforcement)的有限性和私人执行(private enforcement)③,包括刑法、行政法在内的公共执行不能有效阻止侵权损害的发生。其中既是因为公共执行成本过高的原因,也是因为法律执行的资源有限性,例如警察、监狱等司法机构不能对每一个微小侵权行为进行及时的救济。因此,大陆法系的学者、立法者们试图去寻找可以有效制止侵权行为,同时执法成本又不像传统的公共执行那么高的法律救济途径,惩罚性赔偿从而进入人们的视野。

起初,大陆法系学者对私人执行这一概念并不关注,因为在大陆法系,人们对这一起源于英美法系的概念很陌生。在美国,私人执行这一概念是在执行例如消费者权益保护法、反垄断法和环境法等法律领域

---

① Hand. The Deficiencies of Trials to Reach the Heart of the matter[J]. Lectures on Legal Topics, 1921-1922, 1926: 89-105.

② Pacific Mutual Ins. Co. v. Haslip, 499 U.S. 1(1991).

③ W. H. Van Boom. Efficacious Enforcement in Contract and Tort[M]. DenHaag:Boom, Juridische Uutgevers, 2006: 137.

优先适用的法律执行方法。① 私人执行的一个重要目标在于补偿私主体,但是由于公共执行的有限性,私人执行的适用也可以达到公共执行的威慑目的。为何私人执行在英美法系盛行而对大陆法系学者来说相对陌生呢?原因在于英美法系不像大陆法系那样对于公法和私法有那么明确的划分。私法规范个人之间的法律关系,例如侵权法、合同法等,这些法律大多依靠私人执行。而公法规范更关注公共利益和政府管制之间的协调与平衡,其大多依靠公共执行机构(例如法院、警察等)完成公共执行。随着公法和私法界限的日益模糊,在传统的大陆法系国家,两者之间的重叠越来越多,因此大陆法系学者越来越多地开始关注运用私人执行的手段达到与公共执行相同的效果,从而节省公共资源,提高执行效率。

传统上,大陆法系始终坚持以"填平"作为民事损害的赔偿原则,因此在其立法及司法实践中都未出现"惩罚性赔偿"的概念。但随着各法域的发展,大陆法系和英美法系之间的差异逐渐弥合,且知识产权领域的发展日新月异,各国越来越重视对知识产权的保护,知识产权保护逐渐成为国家间合作的重要领域。在此背景下,大陆法系的一些法域开始对知识产权领域的惩罚性赔偿制度展现出有限接受的态度。尽管这些法域只对某些领域规定了一定程度的超出填平损害赔偿额的赔偿金,但是对于一直以来不存在惩罚性赔偿概念的大陆法系来说,即使只规定了部分具有惩罚性质的赔偿金,也可以认定其在一定程度上展现出了对知识产权惩罚性赔偿的认可。

其一是大陆法系立法中出现的惩罚性赔偿制度。随着大陆法系国家的经济发展和社会进步,对知识产权、消费者权益、环境保护等领域的侵权行为越来越重视。为了保护权益和维护社会公平,立法机构逐渐增加了惩罚性赔偿的法律规定,为受害者提供更强有力的救济手段。

---

① Landes, Posner. The Private Enforcement of Law[J]. The Journal of Legal Studies, 1975, 4(1): 1-46.

2019年7月9日生效的韩国《专利法》修正案以及《反不正当竞争和商业秘密保护法》修正案在其法律框架中针对侵害专利或商业秘密的行为作出了显著调整。修正案明确规定,对故意或恣意侵犯或不正当使用专利或商业秘密的行为,法院有权判处损害赔偿金,最高限额可达实际损害金额的3倍。这一规定的引入标志着韩国对知识产权的保护更加强化,强调了法律对于侵权行为的严肃态度。值得一提的是,在修正案实施之前,对专利权和商业秘密侵害的救济仅限于权利人索赔实际损失,而现在,法院可以更弹性地裁定损害赔偿金,为权利人提供更加有力的维权支持。与此同时,在法国通过第2007-1544号法律《知识产权法典》的进程中,对知识产权保护也进行了有益的探索和创新。特别是在对欧盟2004/48号指令的转化过程中,法国制定了第L.331-1-4条第4款,该款规定法院有权命令没收因假冒或侵犯著作权、邻接权、数据库制作者权而获取的全部或部分收入,并将这些款项交付给被侵权方。这一条款旨在通过强有力的制度安排,更有效地打击知识产权侵权行为,保护创作者和权利人的权益。然而,法院有权命令没收收入的这一措施并非单纯的赔偿性质,而是具有一定的惩戒意味。在某些情况下,交给被侵权方的部分可能超出其实际损失,使其成为一种"具有强烈的惩罚性赔偿金气息的处罚"。这表明立法者对于知识产权保护不仅关注被侵权方的实际损失,更注重对侵权行为进行有效的惩戒,以达到维护整个知识产权体系健康运作的目的。

其二是司法实践中出现的惩罚性赔偿责任,大陆法系国家在相关法律规定逐渐完善的情况下,对惩罚性赔偿的适用越发重视。法院在案件中对于惩罚性赔偿的裁定更显审慎,注重对恶意侵权行为的证据审查,以确保惩罚性赔偿金的公正和合理。在丹麦法律体系中,并未明确规定惩罚性赔偿这一概念,然而,在个别案件中,海事和商事法庭曾判决了类似惩罚性赔偿的赔偿金。以一宗案件为例,丹麦一名前雇员因抄袭瓶子外观被起诉违反丹麦《营销实践法》。虽然索赔人实际上并未遭受损失,依旧获得了少量赔偿。这表明即便在法律框架未明确规定惩罚性赔偿的情况下,法院仍可以在实践中通过其他法律条款的适用来裁定类似的赔偿责任。在荷兰法律体系中,损害赔偿被定义为一种补偿性质的赔偿。但是,在侵犯知识产权的案件中,法院有权对可能超过补偿性损害的赔偿金额进行"灵活"评估。此外,与其他民事案件不同的是,在牵涉知识产权的案件中,法院通常判决败诉方承担全部法律支出,这为保护知识产权提供了更为全面的法律保障。德国法律体系中并未设立明确的惩罚性赔偿概念。1992年,德国联邦最高法院驳回了一项外国的惩罚性赔偿裁决的执行,认为其违反了公共政策。但是在一件侵害音乐著作权的案件中,德国联邦最高法院判令侵权人支付双倍许可费的损害赔偿。[1]

总体而言,大陆法系国家逐渐意识到惩罚性赔偿在国际上的应用,尤其是在欧美国家,高额的惩罚性赔偿对于维护知识产权和保护消费者权益有着积极的作用。因此,这些国家开始吸取国际经验,将惩罚性赔偿制度引入自己的法律体系中。此外,公众对知识产权、消费者权益、环境保护等问题的认识逐渐提高,对于侵权行为的抵触情绪也日益增强。这使得社会对于侵权行为的打击要求更严格,促使立法机构和司法部门加大对惩罚性赔偿的关注。

4.4 英美法系对惩罚性赔偿的限缩适用

(1)惩罚性赔偿制度存在的缺陷

在英美法系国家,惩罚性赔偿的性质、功能、制度设计等存在较大争议。英国最高法院于1964年审理的 Rookes v. Barnard 案[2]堪称其惩罚性赔偿的里程碑案件,其中 Devlin 法官对惩罚性赔偿给予了经典论述。加拿大联邦最高法院也认为,惩罚性赔偿是民事诉讼中"不受

---

[1] 鲁竑序阳. 知识产权惩罚性赔偿制度的适用与完善:基于体系化的视角[J]. 苏州大学学报(法学版),2022,9(4): 103-114.

[2] See Rookes v. Barnard[1964]UKHL 1, p. 34-37.

控制和不可控制的幽灵"。① 英国最高法院基于其判例法和制定法,认为惩罚性赔偿的大部分功能可通过加重赔偿得以实现,而其他功能则一般可作为犯罪加以惩罚。由于惩罚性赔偿有助于维护法律的效力,这可支持论证将在逻辑上应属于刑事责任的情形纳入民事责任的合理性。但有时惩罚性赔偿对被告的惩罚要比刑事处罚还严重,因此通过刑事手段使原告获利而忽视被告的刑事法律保障的做法并不合适。② 加拿大联邦最高法院也认为:"除非受到严格控制,使(原告)个人受益的私人执法者概念令人担忧。"③惩罚性赔偿将侵权法的一部分转变为私人刑法,但缺乏与刑事司法系统相关的程序和证据规则,其适用可能导致不利后果。④ 侵权法的目的是补偿原告的损失,使其恢复至侵权未发生时的状态,而惩罚性赔偿却可能显著改变侵权法的正当功能。⑤

此外,惩罚性赔偿在各国实施过程中可能存在缺陷,包括金额过高或过低、法律的不确定性、标准不一致等问题。例如,在美国 2003 年的 State Farm v. Campbell 案⑥中,一名汽车保险公司因拒绝支付合理的赔偿金被判决支付高额的惩罚性赔偿。最高法院认为这一判决违反了宪法规定的尺度,超出了对惩罚性赔偿的合理限制。这表明在某些情况下,惩罚性赔偿制度可能因金额过高而失去其预防和制裁的平衡性。在澳大利亚的一些案例中,惩罚性赔偿的数额可能缺乏一致性和合理性。例如,2009 年的 CSR Ltd v. Amaca Pty Ltd 案⑦中,法院判决被告支付数百万澳元的惩罚性赔偿,然而这一金额可能超过了实际损失和制裁的合理范围。这可能导致法院在判决惩罚性赔偿时难以确定合适

---

① See Whiten v. Pilot Insurance Co., 2002 SCC 18, para. 1.
② See Rookes v. Barnard[1964]UKHL 1, p. 37–39.
③ See Whiten v. Pilot Insurance Co., 2002 SCC 18, para. 44.
④ See Whiten v. Pilot Insurance Co., 2002 SCC 18, para. 158.
⑤ See Whiten v. Pilot Insurance Co., 2002 SCC 18, para. 146–148.
⑥ State Farm v. Campbell, 998 So. 2d 1151 (Fla. Dist. Ct. App. 2008).
⑦ CSR Ltd v. Amaca Pty Ltd, 2016 VSCA 320; 62 VR 359.

的金额。因此，在实践中，如何平衡制裁、预防、合理补偿和公平竞争，以及如何确保惩罚性赔偿制度的稳定和可预测性，是一个需要仔细权衡的问题。

(2)英美法系对惩罚性赔偿的限缩适用

鉴于惩罚性赔偿的制度缺陷和风险，普通法系国家对其适用较为审慎。

英国最高法院将可适用惩罚性赔偿的案件归为三类：第一类是政府公务员的压迫性、任意性或违宪行为；第二类是被告无视原告权利、为牟取利益而算计的侵权行为，使其获利远超应支付给原告的赔偿；第三类是出于制定法的规定。类型化路径对英国的惩罚性赔偿具有指导意义。但加拿大联邦最高法院认为，英国将惩罚性赔偿的适用范围限定于某些类别案件的做法并不合理，加拿大、新西兰、澳大利亚等普通法系国家均未遵循英国在 Rookes v. Barnard 一案中关于惩罚性赔偿的论述，认为不应将惩罚性赔偿限定于某些类别的不法行为，而是应在具体案件中决定是否需要在损害赔偿之上再施加惩罚性赔偿。

加拿大联邦最高法院认为，惩罚性赔偿横跨民事法律(补偿)和刑事法律(惩罚)，须针对"显著偏离平常的正当行为标准的具有高度可责性的行为"。[①] 英国最高法院确立了"如果，仅仅如果"(if, but only if)标准，即惩罚性赔偿作为最后的民事救济措施，仅在损害赔偿不足以惩罚被告(而非补偿原告)的情形下才予考虑：陪审团或法官如果认为损害赔偿不足以表达其对不法行为的不满，不足以惩罚和威慑被告的恶意行为，就可判决惩罚性赔偿。[②]

加拿大联邦最高法院在比较英、澳、美等多个普通法系国家关于惩罚性赔偿的司法实践的基础上，提出了关于惩罚性赔偿的基本原则。惩罚性赔偿的裁决应更多地基于法律原则。除美国外，基本没有普通法系国家为惩罚性赔偿规定公式化的适用标准，如固定的上限、惩罚性

---

① See Whiten v. Pilot Insurance Co., 2002 SCC 18, para. 36.
② See Rookes v. Barnard[1964]UKHL 1, p. 38.

赔偿与损害赔偿之间的倍数关系等。"合适的焦点不是聚焦于原告的损失而是被告的不法行为。机械的或公式化的路径不允许充分考虑在实现公正裁决时应考虑的多种因素。"①

此外,在美国加州地区法院所审理的全部侵权纠纷案件中,适用惩罚性赔偿的案件只占到了全部侵权纠纷的 1%。② 这种限缩适用的例子在美国联邦立法文件③中和美国联邦最高法院的判决④中清晰可见。越来越多的州正在通过立法或司法的形式来限制惩罚性赔偿的适用范围,许多州通过规定赔偿上限或者赔偿倍数的方式来限缩其适用范围。⑤ 在 BMW of North America Inc. v. Gore 一案⑥中,美国联邦最高法院以争议很大的判决(4 票反对)的结果推翻了亚拉巴马州最高法院的判决,降低了 40 万美元的惩罚性赔偿数额。惩罚性赔偿的数额虽然是由陪审团来决定的,但是在陪审团作出裁决后,法官可以因为其超过合理限度为由降低其判罚数额。美国联邦最高法院对于惩罚性赔偿数额的限制问题从未停止过关注。在 Aetna Life Insurance Co. v. Lavoie 一案⑦中,法院认为,惩罚性赔偿超过了合理限度时必须予以纠正。在 TXO Production Corp v. Alliance Resources Corp 一案⑧中,法官认为,在赔偿数额被认为是"明显过多的"(grossly excessive)情况下,是违反了《宪法》第十四修正案的合理程序条款的。在接下来的 Cooper Industries, Inc. v. Leatherman Tool Group, Inc. 案中,法院延续了这一判决精神,限制惩罚性赔偿的数额。在美国专利法修改期间,有关惩罚性

---

① 刘银良. 知识产权惩罚性赔偿的比较法考察及其启示[J]. 法学,2022,(7): 131-148.

② 刘平,谭嘉颖. 对我国知识产权法引入惩罚性赔偿的质疑[J]. 科技与经济,2013,26(4): 41-45.

③ 42 U. S. C. 1981(a)(b)(3)(1994).

④ BMW, 517 U. S. at 614; Cooper Industries, Inc. v. Leatherman Tool Group, Inc. , 532 U. S. 424, 433 n. 6(2001).

⑤ Rustad & Koenig, The Historical Continuity of Punitive Damages Awards: Reforming the Tort Reformers [J]. American University International Law Review, 1993: 1298-1304.

⑥ BMW, 517 U. S. 563(1996).

⑦ 475 U. S. 813 (1986).

⑧ 509 U. S. 443 (1993).

赔偿制度的去留以及适用问题也成为讨论的焦点之一。为了尽快获得通过该法，美国《发明法》删除了2009年《专利法》修改法案中限定惩罚性赔偿适用的条款，但这也反映出立法机关对于惩罚性赔偿制度进行抑制并加以改革的态度。① 从司法判例来看，法院惩罚性赔偿适用的"恶意"的认定标准也不断地变化：从水下装备案②确立的"合理注意"标准到瑟格特案③确立的"客观轻率行为"标准，再到全球科技电器公司案④确立的"恶意视而不见"标准。美国法院，特别是美国联邦最高法院在逐渐提升"恶意"认定的标准，旨在限制惩罚性赔偿的适用。对于自1985年以来被判处惩罚性赔偿金的案例的调查显示，授予惩罚性赔偿金的案件仅仅占到所有案件的1%—5%，而且近些年来争讼案件中授予惩罚性赔偿金的比例也没有显著增加。⑤

美国宪法上的程序正当条款限制对惩罚性赔偿金的适用。为了限制惩罚性赔偿金额过高的问题，美国联邦最高法院通过《宪法》第十四修正案中的正当性程序条款(Due Process Clause of 14th Amendment)来平衡联邦与州之间对于该问题的分歧。在上诉到美国联邦最高法院的全部案例中，约有40%的案例是与这一宪法条款有紧密关系的。⑥ 在1791年《宪法》第五修正案中首次出现了程序性正当条款，该条款的内容是："未经正当法律程序，任何人的生命、财产不得非法剥夺。"这一条款的目的在于保证每个人能够得到平等的法律程序的对待。1886年，美国国会提出了《宪法》第十四修正案，对美国法上的程序性正当赋予了两层含义，即程序上的正当程序和实体上的正当程序，指出了

---

① 李晓秋. 专利侵权惩罚性赔偿制度：引入抑或摒弃[J]. 法商研究, 2013, 30(4): 136-144.

② Underwater Devices Inc. *v.* Morrison Knusen Co., 970 F. 2d 816(2nd1992). Global-Tech Applicaces, Inc. *v.* SEB S. A., 131 S. Ct. 2060(2011).

③ In re Seagate Technology, LLC. 497 F. 3d 1360(2007).

④ Global-Tech Applicaces, Inc. *v.* SEB S. A., 131 S. Ct. 2060(2011).

⑤ Eisenberg, Heise. Judge-Jury Difference in Punitive Damages Awards: Who Listens to the Supreme Court? [J]. Journal of Empirical Legal Studies, 2011, 8(2): 325-357.

⑥ 焦洪昌,李树忠. 宪法教学案例[M]. 北京：中国政法大学出版社, 1999: 68.

"所有合众国出生并受其管辖的人,都是合众国的和其居住州的公民。任何一州,都不得制定和实施限制合众国公民的特权或豁免权的任何法律;非经正当法律程序,不得剥夺任何人的生命、自由和财产;在州管辖的范围内,也不得拒绝给任何人以平等的法律保护"①。如果州政府非经正当法律程序而剥夺了其公民的财产、自由等,联邦政府有司法审查权,可以对州的判决内容进行变更。② 最早因为惩罚性赔偿金额过高而被认为违反了程序性正当条款的是 1986 年 Aetna Life Insurance Company v. Lavoie 案③。在该案件中,联邦最高法院的法官既没有明确表示接受也未明确表示反对认为过高的惩罚性赔偿金违反了《宪法》第十四修正案,只是在其判决中认为这个问题是必须要解决的重要问题。5 年后,在 Pacific Mutual Life Insurance Company v. Haslip 案④中,绝大多数法官接受了法官可以基于《宪法》第十四修正案而纠正过高的惩罚性赔偿金数额的做法。这是美国首次在司法判决中承认该《宪法》条款可以限制惩罚性赔偿金额。但是法院并未给惩罚性赔偿金额赋予具体的数额限制,只是说明法官应该使得判决金额在合理和可接受的范围内。⑤ 在接下来的 TXO Production Corporation v. Alliance Resources Corporation 案⑥中,法院将初审法院判处的惩罚性赔偿金额从补偿性赔偿的 526 倍改为了 10 倍。最后,1996 年 BMW of North America, Inc. v. Gore 案⑦中,法院首次以过高的惩罚性赔偿金额侵犯了被告的实体程序正当权利为由,减少了最终的处罚金额。

---

① 〔美〕卡尔威因,帕尔德森. 美国宪法释义[M]. 徐卫东,吴新平译. 北京:华夏出版社,1989: 237.
② 夏亮. 论美国法下民事诉讼中的"对物管辖"与"对物诉讼"[J]. 金陵法律评论, 2014,(1): 86-98.
③ 475 U. S. 813, 828(1986).
④ 499 U. S. 126(1991).
⑤ D. W. Motron-Bentley. Law, Economics, and Politics: The Untold History of the Due Process Limitation on Punitive Damages[J]. Roger Williams UL Rev., 2012, 17: 791.
⑥ 509 U. S. 443 (1993).
⑦ 517 U. S. 559(1996).

Stevens 法官认为:"宪法上的公平理念不仅仅要求个人收到其将会被处罚的合理通知,而且要求该处罚的力度适当。"①美国联邦最高法院在判定惩罚性赔偿是否违反程序正当性的依据在于陪审团是否得到了充分的指示,以防止陪审团以武断和不合理的方式适用惩罚性赔偿。此外,对于惩罚性赔偿是否违反了实质性正当的判断标准在于惩罚性赔偿的数额是否过高而导致其与补偿性赔偿的比例是否存在不合理的问题。

在美国法上,过高的惩罚性赔偿金而导致的问题饱受学者诟病。有学者认为过高的惩罚性赔偿金可以使得原告获得不当利益。此外,在由侵权行为人的同一侵权行为引发的侵权案件中,如果先起诉的被侵权人获得了高额的惩罚性赔偿金,会导致后起诉的被侵权人因侵权人的财产枯竭而无法获得赔偿等问题。② 针对该问题,美国法上对惩罚性赔偿金的分配在一些州出现了解决该问题的新模式。到目前为止,有不少于 8 个州通过立法的形式要求原告将其获得的补偿性赔偿金与州政府或公共基金进行分享。具体做法是将被侵权人所应该获得的补偿性赔偿金及诉讼费用归其所有,而将惩罚性赔偿金部分划归州政府或公共基金。③ 但是这种立法改革建议也存在问题。一方面,在知识产权侵权案件中,被侵权人应获得的那部分补偿性赔偿的数额很难准确衡量,因此在惩罚性赔偿金判处之后,如何将补偿性赔偿和惩罚性赔偿的数额进行准确区分是摆在司法实践者面前的又一难题。另外,惩罚性赔偿制度的设计目的之一在于通过惩罚性赔偿金的获得激励被侵权人积极主动地通过诉讼方式维护自身合法权利,从而打击侵权行为。如果通过这种分流模式将惩罚性赔偿与补偿性赔偿金区分后

---

① L. J. Hines, N. W. Hines. Constitutional Constraints on Punitive Damages: Clarity, Consistency, and the Outlier Dilemma[J]. Hastings LJ, 2014, 66(5): 1257.

② Toy. Statutory Punitive Damage Caps and the Profit Motive: an Economic Perspective[J]. Emory LJ, 1991, 40: 303.

③ An Economic Analysis of Plaintiff's Windfall from Punitive Damages Litigation[J]. Harvard Law Review, 1992(105): 1911.

归不同人所有,那么必然会挫伤被侵权人的维权积极性,从而变相放任了侵权行为的发生,不利于良好的社会市场秩序的构建和知识产权的保护。

4.5 小结

惩罚性赔偿制度是英美法系与传统大陆法系最重要的区别之一,不过近些年两大法系中各国司法实践的发展促使该差距正在逐渐缩小。大陆法系国家,例如德国在司法实践中发现在某些情形下(如知识产权侵权案件中),惩罚性赔偿也承担了一部分补偿性功能,不得不承认其存在的重要意义及现实要求。与此同时,以美国为代表的英美法系国家也正经历着重大的司法变革。例如,美国的一些州规定只有在成文法明确授权的情况下才可以判处惩罚性赔偿金,在惩罚性赔偿金的具体数额上也有具体的限制,防止其过高。①

从19世纪开始,损害赔偿法的目标应该是多元化的还是仅以补偿被侵权人为目标,一直是两大法系不断争论的话题。直到20世纪初期,两大法系才逐渐朝着各种确定的方向发展。在英美法系,补偿被侵权人同时惩罚和遏制侵权行为的多元目标得以确立,而大陆法系也确定了以补偿被侵权人损失为目标的填平原则。损害赔偿金不应当使得被侵权人获利或者使得被侵权人的财产得以增加,这条原则是填平原则的宗旨。传统的大陆法系学者认为授予的损害赔偿金是为了补偿受害者的损失而使其恢复到初始状态,并在社会中提供交换正义。这与其说是学者们认为的法律的内在逻辑,不如说是一个政策性问题。接受还是拒绝惩罚性赔偿金,取决于一种法律体系认为的侵权法或民事

---

① Mont. Code Ann. 27-1-220(2)(2001); N. H. Rev. Stat. Ann. 507. 16(1997); S. D. Codified Laws 21-1-4(Michie. 1987); Interrational Harvester Credit Corp v. Seale, 518 So. 2d 1039,1041 (La. 1988); USM Corp v. Marson Fastener Corp., 467 N. E,2d 1271, 1284(Mass. 1984); Barr v. Interbay Citizens Bank of Tampa, Fla.,635 P. 2d 441. 443(Wash. 1981).

责任法在社会中所扮演的角色和所发挥的功能。理论上为了保持私法结构的一致性，必然会选择拒绝接受惩罚性赔偿，但是我们也不能忽视私法在整个社会中的积极角色，即一种功能性路径，也就是通过将惩罚性赔偿作为一种预防性的有效工具而加以利用，其在社会法律体系中的积极作用会不断显现。从填平原则到惩罚性赔偿，大陆法系正在一步步向接受的方向不断尝试，而英美法系对于惩罚性赔偿也在逐渐限缩其适用的金额和比例。我们可以看出两大法系在这一制度上的不断靠近，也正是这种尝试使得私法和公法在发挥社会功能方面正在作出方向一致的努力。

4.6 我国知识产权法对大陆法系填平原则的继受与惩罚性赔偿制度的吸收

4.6.1 我国知识产权法对大陆法系填平原则的继受

我国在总体上受大陆法系影响颇深。

从立法层面来看，中国于2020年颁布了《民法典》。在总则中，完全赔偿原则被明确地确立下来。根据《民法典》第179条的规定，侵权行为造成损害的，应当依法承担责任。承担责任的方式包括消除危险、排除隐患、恢复原状、修理、赔偿损失、支付利益等。这一条款明确了侵权行为责任的全面承担，并规定了多种赔偿方式，包括完全赔偿实际损失、支付利益等。

从司法实践层面来看，随着《民法典》的颁布实施，中国的法院在侵权纠纷案件中逐渐采用完全赔偿原则。法院在处理侵权案件时，会依据法律规定，全面考虑双方的权益，判决合理的赔偿金额。

通过立法和司法实践的继受，中国将完全赔偿原则纳入了法律体系，并在实践中得到具体应用。这样的举措有助于保护受害人的权益，维护社会公平正义，促进社会公共利益的实现。同时，也提高了侵权行为的成本,增加了侵权人对侵权行为的风险意识,进一步促进了侵权防范。

4.6.2　我国知识产权法对惩罚性赔偿制度的吸收

随着社会的不断发展,法律发展也呈现出公法与私法界限逐渐变得模糊的趋势。出于从更高层面对公共利益进行保护的考量,在私法领域引入具有公法性质的政策反而能够加强对私权的保护。如今,我国民法的侵权领域已然超越了填补性赔偿的局限。自2013年在《商标法》中首次引入知识产权惩罚性赔偿制度开始,我国随后逐步在知识产权领域的几部单行法修订时逐渐引入知识产权惩罚性赔偿制度。2021年1月1日开始实施的《民法典》中也对知识产权惩罚性赔偿制度进行概括性规定,标志着我国知识产权惩罚性赔偿制度在立法层面的全面确立。而我国知识产权惩罚性赔偿制度的历史演变也呈现出阶段性特征,主要可以划分为探索阶段、立法发展阶段及适用阶段。

探索阶段的主要标志是1993年颁布的《消费者权益保护法》。该法在第49条中将"退一赔一"的双倍赔偿规定为责任承担方式的一种。[①] 在该条文中,虽然没有明确使用"惩罚性赔偿"这一概念,但"具有欺诈行为的经营者增加一倍的赔偿金额"这一规定明显具有一定的惩罚性,与源自英美法系国家的惩罚性赔偿制度的功能有着相似性,打破了我国奉行的"填平原则"这一传统。此后,我国学界对惩罚性赔偿的关注逐渐增加,而随着我国针对知识产权保护观念的转变,学界和实务界有关知识产权惩罚性赔偿制度的讨论也逐渐增多,不少学者开始探索在知识产权领域增设惩罚性赔偿制度的可能性,以期更加有效地

[①] 《消费者权益保护法》(1993年)第49条规定:"经营者提供商品或者服务有欺诈行为的,应当按照消费者的要求增加赔偿其受到的损失,增加赔偿的金额为消费者购买商品的价款或接受服务的费用的一倍。"

加强对知识产权的保护。[1]

立法发展阶段的首要标志是 2013 年《商标法》的修订。如前文所说,我国在 2013 年修正《商标法》时首次引入了知识产权惩罚性赔偿制度,在第 63 条第 1 款规定"一倍以上三倍以下确定赔偿数额",明确了知识产权惩罚性赔偿的适用范围和计算方法。继 2013 年修正《商标法》后,我国在 2015 年修订的《种子法》中再一次引入惩罚性赔偿,这也是我国首次在种子法上确立惩罚性赔偿制度。此后,2019 年《反不正当竞争法》中也规定了惩罚性赔偿制度,首次在竞争法领域引入惩罚性赔偿,并在同年修正的《商标法》中将惩罚性赔偿的倍数由"一倍以上三倍以下确定赔偿数额"改为"一倍以上五倍以下确定赔偿数额",再次提高了惩罚性赔偿的上限倍数。2020 年颁布的《民法典》中,在侵权责任编项下第 1185 条确立了针对侵害知识产权的行为适用惩罚性赔偿的民法依据,标志着我国知识产权领域实现惩罚性赔偿的全覆盖。2020 年 10 月 17 日,第十三届全国人大常委会审议通过了关于修改《专利法》的决定,《专利法》最新修正案采纳了草案中关于惩罚性赔偿的修改意见[2]。2020 年修正的《著作权法》在第 54 条第 1 款也规定"一倍以上五倍以下给予赔偿"。《民法典》和新修改的《专利法》及《著作权法》的正式实施,标志着中国已经从立法层面构建了知识产权惩罚性赔偿制度体系。

随着我国知识产权惩罚性赔偿制度立法的逐步完善,该制度开始走向适用阶段。虽然在立法层面一再试图加大对侵权行为的惩罚力度,但多年来我国法院却极少适用商标侵权的惩罚性赔偿条款。直至 2019 年 9 月,上海首例商标侵权惩罚性赔偿案件[3]才得以在浦东法院宣判,继而江苏省高级人民法院于 2019 年 12 月在"小米诉奔腾

---

[1] 庄秀峰. 保护知识产权应增设惩罚性赔偿[J]. 法学杂志,2002,23(5): 58-59.
[2] 《专利法》(2020 年)第 71 条第 1 款规定:"……对故意侵犯专利权,情节严重的,可以在按照上述方法确定数额的一倍以上五倍以下确定赔偿数额。"
[3] 参见上海市浦东新区人民法院(2018)沪 0115 民初 53351 号民事判决书。

案"①中第一次明确适用了惩罚性赔偿制度,该案也成为迄今为止惩罚性赔偿判赔金额最高的商标侵权案件。2020年3月,杭州互联网法院也在"抖音"商标侵权案②中作出了惩罚性赔偿判决。③

---

① 参见江苏省高级人民法院(2019)苏民终1316号民事判决书。
② 参见杭州互联网法院(2019)浙8601民初1611号民事判决书。
③ 孙玉荣,李贤. 我国知识产权惩罚性赔偿制度的法律适用与完善建议[J]. 北京联合大学学报(人文社会科学版),2021,19(1): 101-109.

第五章　知识产权惩罚性赔偿与其他类型的赔偿制度比较

5.1　知识产权惩罚性赔偿与法定赔偿的关系

5.1.1　法定赔偿的源起与定义

法定赔偿概念可追溯至英国《安娜法》中的"单页罚则",美国以此为范本制定"单页救济规则"。知识产权法中法定赔偿的定义,最早见于《与贸易有关的知识产权协定》(以下简称《TRIPS 协定》)第 45 条第 2 款"在适当的情况下,各成员可以授权司法机关责令其退还利润或支付法定的赔偿(pre-establisheddamages)"。

在我国知识产权领域的立法中,同样有着关于法定赔偿的规定,见于现行《著作权法》第 54 条第 2 款、现行《专利法》第 71 条第 2 款、现行《商标法》第 63 条第 3 款。三者的适用条件都是当权利人的损失、侵权人获得的利益和许可使用费均难以确定的,人民法院可以根据权利的类型、侵权行为的性质和情节等因素,给予法定幅度范围内的赔偿。不同的是,《著作权法》规定的法定赔偿范围在 500 元以上 500 万元以下,《专利法》规定的法定赔偿范围在 3 万元以上 500 万元以下,《商标法》规定的法定赔偿范围在 500 万元以下且未规定下限。这是根据知识产权不同的权利属性和经济价值所确定的,当然在未来我国的法定赔偿数额也会随着实践的发展而不断调整完善。

我国知识产权法定赔偿制度的确立,源于对知识产权现实保护需求的回应。在实践中,依靠损害赔偿准确认定的三种计算规则存在诸多困难,当事人常常面临举证不能的问题,同时也降低了知识产权司法审判的效率。因此,我国尝试引入法定赔偿制度。在1997年2月,上海市高级人民法院发布《关于进一步加强知识产权审判工作若干问题的意见》,首次对知识产权案件的定额赔偿制度作出规定。1998年7月,最高人民法院《关于全国部分法院知识产权审判工作座谈会纪要》发布,正式确立定额赔偿制度。随后一系列司法解释相继出台,进一步明确定额赔偿方法的适用,如2000年《关于审理涉及计算机网络著作权纠纷案件适用法律若干问题的解释》第10条、2006年《关于审理不正当竞争民事案件应用法律若干问题的解释》第17条等。在理论证成与实践经验皆已完备之时,2001年《商标法》《著作权法》和2008年《专利法》修正时正式引入法定赔偿制度。由于立法者采用"法定赔偿"这一表述,"法定赔偿"取代"定额赔偿",成为法定术语。

根据《元照英美法词典》的解释,法定赔偿是由制定法规定的,当一方当事人的行为使另一方当事人的人身、财产或权益受损时,前者向后者支付用以赔偿或补偿的金钱,以期恢复到没有违约行为或侵权行为时的状态。[①]

知识产权法定赔偿,是在知识产权权利人因侵权行为所遭受的实际损失或侵权人因侵权获得的利益以及许可使用费等数量计算方式都难以确定赔偿数额时,在法律规定的赔偿金额幅度内确定赔偿数额的一种特殊的赔偿方法。

5.1.2 法定赔偿的性质与功能

法定赔偿具有法定性,即法定赔偿的适用条件、适用顺序、考量因素、赔偿数额都要依据法律的明文规定。在适用条件和适用顺序上,只有当实际损失、侵权所得、许可使用费这三种具体数额计算方式存在举证不足的困难时才可适用法定赔偿,以防止当事人怠于举证、浪费司法

---

① 薛波. 元照英美法词典[M]. 北京:法律出版社,2003: 1292.

资源。在考量因素上，法院往往会参照相关司法解释，对与案件相关联的惯常因素进行考虑。对于赔偿数额，《著作权法》《专利法》和《商标法》都明确规定了限额。赔偿数额应与现有证据、法定考量因素相符，不得突破法定赔偿的数额范围，不得由当事人之间约定。

法定赔偿具有补偿性。法定赔偿也称定额赔偿、固定赔偿，在本质上是一种补偿性的赔偿。规定法定赔偿的目的，是在权利人无法通过实际损失、侵权获利、许可使用费三类具体计算规则主张赔偿时，可以通过法定赔偿在法定幅度内确定赔偿数额，维护自身的合法权益。法定赔偿作为一种兜底性、替代性的赔偿方案，主要目的在于救济权利人合法利益，填平权利人所受损害。

法定赔偿具有裁量性。法定赔偿与实际损失和侵权获利等计算方法不同，其计算方法并非基于现实且准确的证据而是依靠法官的自由心证和合理裁量，其在适用的过程中需要法官综合考量案件相关因素并且结合自己的专业判断作出具体数额的认定。

(1) 法定赔偿具有补偿性功能

填平原则是法定赔偿制度的重要原则，补偿性功能是法定赔偿制度的首位功能。由于赔偿数额是法律规定的而不是当事人约定的，因此如果不对法定赔偿加以限制将会导致制度的滥用，从而加剧侵权人一方的不正当利益，有悖于公平公正。

法定赔偿具有弥补知识产权人实际损失的功能，是指使权利人的状况恢复到侵权行为发生之前，用于填平权利人因侵权行为而遭受的损失。法定赔偿的赔偿数额在法定幅度内大致相当于按照权利人因被侵权所受到的实际损失或者侵权人因侵权所获得的利益（违法所得）确定，权利人的损失或者侵权人获得的利益（违法所得）难以确定的，参照许可使用费或其倍数合理地确定。赔偿数额包括权利人为制止侵权行为所支付的合理开支。

法定赔偿以补偿性功能为主，也是其区别于惩罚性赔偿的重要特点。对于主观恶性不大的普通知识产权侵权案件，法官可以适用法定赔偿填补权利人遭受的损失,且权利人不能主张获得超额利益。其初衷在于维护私主体法律关系的稳定,使法律的运行能够平衡各方当事人利益,在合理的限度内发挥规范作用。

(2)法定赔偿具有惩罚性功能

对于法定赔偿,赔偿金的作用不仅限于填平权利人的损失,还可实现对故意侵权人的惩罚。这也就意味着在其他因素相同的情况下,不同的侵权人主观上过错的差异将明显影响法定赔偿金的数额,故意侵权人应支付的法定赔偿金将高于过失侵权人应支付的法定赔偿金。

从我国 2019 年修正的《商标法》将法定赔偿的上限提高到 500 万元,再到 2020 年《专利法》和《著作权法》分别提高法定赔偿的上限至 500 万元、提高专利法定赔偿的下限至 3 万元以及新增著作权法定赔偿的下限 500 元的规定来看,我国知识产权法定赔偿制度已经具备了显著的惩罚性功能。

在未来的法律实施过程中,著作权法定赔偿下限制度的引入是否会导致滥诉获利行为还尚未可知,但从目前的司法实践来看,对于侵犯著作权情节显著轻微的行为,如果单个作品的价值不足 500 元,而权利人主张法定赔偿 500 元,此时法定赔偿额对于侵权人来说具有惩罚和威慑作用,能够防止该类行为的再次发生,具有防微杜渐的作用,进而使得行为人内心知晓"不以恶小而为之"。

(3)法定赔偿具有提高诉讼效率的功能

法定赔偿在知识产权侵权损害计算方面起到兜底保护的功能,当权利人或侵权人不能举证时,法定赔偿为保护权利人提供最后一道防线。法定赔偿的考量因素由丰富的类案经验总结而来,为当事人最大限度地提供证据指明方向,可以极大地节省当事人举证质证的时间成本,提高诉讼效率。并且引入法定赔偿之后,可以解决因为精确计算方式无法确定而使得庭审无法正常进行并作出最终判决的问题。作为从属于民事权利的知识产权,在进行侵权诉讼的过程中也应遵循相同的举证原则,正因如此,案件的原告应尽力提供证据支持自己的诉求。然而,基于知识产权无形性的特征再加之随着科技进步导致侵权行为越发隐蔽的原因,不但权利人举证比较困难,法院在最终确定具体的损失数额上也存在一定的难度。法院在对诉讼双方提供的证据真实性进行审查和依职权调取证据、对证据或财产进行保全的过程中不仅需要付出一定的金钱成本,时间成本也不容忽视。知识产权法定赔偿的确立恰好可以解决知识产权案件的诉讼效率问题,作为实际损失和侵权获利等计算方式的替代选择,法官可以依据法定赔偿的相关规定结合案件的具体情况裁量出合理的赔偿数额,使得诉讼可以尽快结案,缩短了诉讼时间的同时也大大节约了司法成本。

5.1.3 我国知识产权侵权案件法定赔偿存在的问题

(1)知识产权法定赔偿的泛化间接影响惩罚性赔偿的适用

随着《民法典》正式施行,我国已成功实现知识产权惩罚性赔偿制度的体系化构建。尽管如此,从我国《商标法》于2013年引入该制度,迄今有效适用惩罚性赔偿的案例并不多见。诚然,惩罚性赔偿是例外性制度,司法实践应当审慎适用,但现有情况表明,这一例外性制度未能发挥应有作用。究其原因,很大程度上在于惩罚性赔偿的基数认定困难。一方面,知识产权损害赔偿计算规则要求较为严格、司法裁判理念存在高精度期待等情况,使得数量计算规则适用较难。另一方面,法定赔偿可以避开精确计算这一司法难题,不仅减轻了当事人证明损害事实的举证责任、减少了法官在审查认定赔偿金额上的负担,还加快了案件审判节奏、缩短了诉讼周期、降低了诉讼成本、提高了诉讼效率,促使司法裁判大量转向这一替代性方案。本属兜底性规则的法定赔偿,却逐渐走向前台,适用日趋普遍并最终泛化,一定程度上挤压了数量计算规则的适用空间,进而间接影响到近年来惩罚性赔偿的适用。两种情况导致同种结果,那便是惩罚性赔偿基数无从确定,制度难以适用。[①]

[①] 刘军华,叶明鑫.知识产权惩罚性赔偿与法定赔偿的协调适用[J].中国应用法学,2021,(1):115-116.

(2) 法定赔偿的判赔金额远远低于权利人的索赔金额

司法实践中法定赔偿比例畸高带来的问题之一是法院的判赔金额远远低于权利人的索赔金额。由于知识产权侵权纠纷领域举证难度大,在法定赔偿成为确定侵权赔偿数额的方法之后,大量知识产权案件的当事人怠于举证,径直要求法院适用法定赔偿进行判决。法院在缺乏相关证据佐证的情况下,只能依靠有限的司法资源和最高人民法院的司法解释进行判案,导致判赔金额与案件实际和权利人请求索赔的金额相差较大。据统计,2012—2015 年间我国著作权、商标权、专利权侵权案件的平均判赔金额分别为 2.8 万元、3.2 万元和 9.8 万元,远远低于权利人请求的索赔金额。判赔数额偏低的情况在一定程度上表明法定赔偿并未充分实现填平损失的功能,更不必说发挥惩罚、警示的法律效用了。①

(3) 存在突破法定赔偿上下限额的案件

法定赔偿具有法定性和固定性,由于法律明确规定了其适用限额,法官须在规定的赔偿限额之内确定赔偿数额。然而现实中存在不少突破法定赔偿限额的案件。最典型的领域是著作权纠纷领域,单部作品的价值可能低于著作权法定赔偿的最下限。另外,在商标侵权领域,对于国际知名品牌而言,其损失可能远远突破了法定赔偿的上限。此时应当如何依据法定赔偿确定赔偿数额成为困扰司法裁判的重要难题。实践中往往结合了这些特殊情形进行数额上的酌定,但是这已经突破了法定赔偿属于"定额赔偿"的应有之义。严格意义上的法定赔偿应当在限定的范围内确定损害赔偿数额,突破法定赔偿上限或下限的案件就必须在适用时审慎地进行限制与详尽的解释,不能任由其突破法定赔偿的限额。

(4) 法定赔偿的计算单位无法通过文义解释清晰获知

如在"云南虫谷案"中,法院适用法定赔偿条款,综合考虑涉案作

---

① 孙玉荣,李贤. 我国知识产权惩罚性赔偿制度的法律适用与完善建议[J]. 北京联合大学学报(人文社会科学版),2021,19(1):101-109.

品类型、制作成本、知名程度等十余个因素后,认定《云南虫谷》著作权人平均每集网络剧损失为 200 万元,16 集共产生经济损失 3200 万元。①

我国《著作权法》第 54 条第 2 款规定:"权利人的实际损失、侵权人的违法所得、权利使用费难以计算的,由人民法院根据侵权行为的情节,判决给予五百元以上五百万元以下的赔偿。"根据文义解释,该条款所规定的 500 元至 500 万元的赔偿范围并没有明确的计量单位,其范围的限定对象是针对一个诉讼还是一个被侵权作品,抑或是其他,无法从字面上清晰获知。这一问题的厘清直接关系到西安市中级人民法院"每集损失×集数"做法的合法性与合理性。

5.1.4 我国知识产权惩罚性赔偿与法定赔偿的关系

近年来,我国出台了多个文件指明我国知识产权法律制度在解决侵权损害赔偿方面的不足,同时也明确了未来我国知识产权法律制度中提高侵权损害赔偿数额,建立惩罚性赔偿制度的必要性。从我国的立法情况来看,《民法典》第 1185 条明确规定:"故意侵害他人知识产权,情节严重的,被侵权人有权请求相应的惩罚性赔偿。"该条款为知识产权侵权行为适用惩罚性赔偿奠定了基础,但《民法典》中对知识产权惩罚性赔偿制度的引入仅为指导性条款。2021 年 3 月 3 日起实施的《惩罚性赔偿司法解释》对于惩罚性赔偿和法定赔偿的关系在未来的司法实践中应如何处理给予了一定程度上的释明,但仍有必要从两个制度本身的功能及具体适用条件的约束等方面进行更为详细的考察。

从几部单行的知识产权立法情况来看,2019 年第四次修正《商标法》时,第 63 条将惩罚性赔偿额由"一倍以上三倍以下"修改为"一倍以上五倍以下",但是其中的第 1 款与第 3 款的关系并没有作修改,保

---

① 参见陕西省西安市中级人民法院(2021)陕 01 知民初 3078 号民事判决书。

留了法定赔偿条款与惩罚性赔偿条款相互独立,也就是说在《商标法》语境下选择法定赔偿与选择惩罚性赔偿是两种不同的路径,彼此之间不能相互交叉。与《商标法》修正相一致,在 2020 年修正的《著作权法》《专利法》中,法定赔偿条款与惩罚性赔偿条款同样相互独立,法定赔偿的上限和下限都有所提高。但是,在司法实践中,存在着法定赔偿条款被过度运用、当事人主动要求适用法定赔偿条款、惩罚性赔偿条款司法适用过少等情况。此外,由于新修正的《著作权法》《专利法》都分别提高了法定赔偿的下限,如何解决行为人滥诉获利的潜在风险,需要从两者的性质认识出发,从制度层面规范其适用条件,使两者能够相区分,才能更好地指导我国未来的司法实践,真正提高知识产权侵权损害赔偿数额,达到合理补偿被侵权人、惩罚侵权人的立法目的。

以《商标法》为例,其用语是"可以在按照上述方法确定数额的一倍以上五倍以下确定赔偿数额"。此处的上述方法应当是指《商标法》第 63 条第 1 款中规定的权利人的实际损失、侵权人的获利或者参照该商标许可使用费的倍数所合理确定的损失数额。从法条字面含义解释上看,此处不包括法定赔偿确定的数额,即如果法院依职权适用法定赔偿后不能再适用惩罚性赔偿。法律之所以规定法定赔偿与惩罚性赔偿不能并用,原因就在于两者在性质和功能上有重叠之处,即在侵权人具有主观恶意的情况下确定的赔偿数额,无论是基于补偿性赔偿的数额基数再乘以惩罚性赔偿的倍数,还是直接适用法定赔偿确定的损失金额,都具有惩罚的功能。两者在功能上有相同之处,但是侧重点不同,惩罚性赔偿更加侧重惩罚性因素,而法定赔偿更加侧重补偿性因素。

知识产权惩罚性赔偿与法定赔偿原本各司其职,前者侧重惩罚侵权、预防再犯,后者意在填平损失、兜底救济。然而实践中,法定赔偿适用泛化使得数量计算规则适用较难,间接影响惩罚性赔偿获取计算基数。

5.1.5 法定赔偿与惩罚性赔偿不同路径选择的法律分析

关于法定赔偿制度与惩罚性赔偿制度的关系,可以将其总结归纳为以下不同的路径:其一,单一的替代路径。这里的替代方式有两种方案。第一种是由法定赔偿替代惩罚性赔偿来行使其相应的功能。第二种是消灭法定赔偿,仅在立法中规定补偿性赔偿加惩罚性赔偿。①

其二,法定赔偿与惩罚性赔偿的融合路径,即法定赔偿可以与被侵权人的损失、侵权人的实际获利、许可使用费的合理倍数一起作为惩罚性赔偿的计算基数,在此基础上再根据行为人的主观恶意情况确定惩罚性赔偿的倍数和金额。主张并用惩罚性赔偿与法定赔偿的逻辑起点在于及时化解当下困境。目前,惩罚性赔偿适用难而法定赔偿适用广泛,在现阶段社会诚信体系、企业财会制度尚未健全的现实下,将法定赔偿视为一种特殊的惩罚性赔偿符合现实。而且,法定赔偿丰富的适用经验可为惩罚性赔偿的制度适用提供辅助,二者并用可更好地发挥惩罚、预防的功能。此外,法定赔偿与实际损失等数量计算规则同属于补偿性赔偿范畴,将其作为惩罚性赔偿的计算基数理论上并无不当。只不过,当考虑纳入法定赔偿为惩罚性赔偿计算基数时,不应再对其添加惩罚性因素,而是强化法定赔偿的规范功能、还原其补偿性规范的本质,从而化解重复责罚等质疑。反之,如果强行要求法定赔偿与惩罚性赔偿完全割裂,造成法定赔偿缺位于惩罚性赔偿的制度构建,无异于架空惩罚性赔偿机制,难以圆满实现其预期的立法目标。

其三,分立路径,即法定赔偿条款与惩罚性赔偿条款并列,法定赔偿数额不能作为计算惩罚性赔偿的基数。② 有学者主张我国知识产权损害赔偿制度设计应采取融合模式,从而形成法定赔偿和其他三种计算方式专门填平权利人的实际损失,惩罚性赔偿专司惩罚恶意侵权人的知识产权损害赔偿二元体系。本书对此并不赞同。实际上,我国知识产权的立法方向恰恰走向了分立路径。为什么我国的立法修改选择

---

① 袁秀挺,凌宗亮. 我国知识产权法定赔偿适用之问题及破解[J]. 同济大学学报(社会科学版),2014,25(6):117-124.
② 焦和平. 知识产权惩罚性赔偿与法定赔偿关系的立法选择[J]. 华东政法大学学报,2020,23(4):130-143.

了分立路径,未来我们也应继续坚持分立路径并在司法实践中明确贯彻该思路,具体理由如下。

(1)融合模式存在重复评价侵权行为的问题

在融合模式下,法定赔偿作为计算惩罚性赔偿的基数,会对侵权人的侵权行为作出重复评价。人民法院须综合考虑权利、行为、过错、后果、因果关系等因素,体现案件之间的相同点和不同点,合理确定赔偿数额。从司法实践来看,法官在确定法定赔偿的数额时,侵权行为人的主观状态是重要的考虑因素。而《民法典》第1185条和三部知识产权单行法中都强调应具备主观故意或恶意才能适用惩罚性赔偿。如果将法定赔偿作为计算惩罚性赔偿的基础,再乘以相应的惩罚性倍数,无疑是对行为人一个行为的主观方面进行了两次法律处罚。这样的法律制度安排既不符合法律逻辑①,也不利于实现司法公正。

(2)融合模式下法官的自由裁量权空间过大

法定赔偿的适用,本身就是法官运用自由裁量权在法定幅度上下对权利人的损失给出的一种"司法定价"。在无确切的证据证明的情况下,法官的判断也只能是基于自由心证,其参照物是同类型案件或类似案件。但是,个案的差异受诸多因素影响,这种司法裁量对于当事人来说本身就有很大的讨论空间。如果在这种不确定的裁量基础上,再乘以相应的酌定倍数,那么当事人对于侵权损害可能获得赔偿的预期的不确定性大大增加。两种都需要法官自由裁量的制度如果相叠加,其产生的法律效果必然是司法的不一致性和随意性,进而违背我国知识产权法体系下构建损害赔偿制度的初衷。另外,惩罚性赔偿在举证责任等层面的要求高于法定赔偿,将两者混为一谈有降低惩罚性赔偿适用标准之嫌。

(3)分立模式有利于鼓励当事人积极举证

在分立模式下,如果权利人选择"补偿性赔偿+惩罚性赔偿"的模

---

① 姜广瑞.惩罚性赔偿在专利侵权损害赔偿中的引入及适用[J].人民司法(应用),2018,(25):92-96.

式,势必要对自己的损失或侵权人的获利等内容积极地进行举证证明,在此基础上再证明侵权人的主观过错,从而适用惩罚性赔偿获取高额判赔。虽然司法实践中适用惩罚性赔偿获取高额赔偿的案件近些年并不多,但是也涌现出了"小米"商标侵权案、"格力"专利侵权案、"热血传奇"游戏侵权案、"梦幻西游"游戏侵权案、"英利"商标侵权案等一系列高额赔偿案件,最终的判决金额都在千万元级别。而仔细分析可知,这些高额判决都是在当事人举证证明自己的损失或被告的违法所得基础上,法院再乘以相应倍数确定惩罚性赔偿的结果。可见,高额判赔的确定,有赖于权利人的明确证据证明,而权利人在高额判赔的激励下,也有动力努力收集证据,从而为获得惩罚性赔偿打下良好的计算基数基础。可见,当事人并非没有途径进行举证。在目前的网络环境下,虽然因侵权的隐蔽性增强,给当事人的证据收集等带来了挑战,但是区块链、人工智能大数据分析等新兴技术的发展,也为当事人提供了更多的证据固定和收集的科技手段。因此,鼓励当事人自己进行证据的收集和举证,减少法定赔偿的运用,是未来我国知识产权侵权损害赔偿案件发展的必然方向。

5.1.6　我国知识产权惩罚性赔偿与法定赔偿司法适用改造

1. 二元损害赔偿体系的构建

补偿性赔偿与法定赔偿共同构成我国知识产权侵权损害赔偿的体系,但是两者在司法中的适用顺序问题一直被学界所讨论。有的学者主张知识产权作为一项民事权利,应当遵从当事人的意思自治,可以由权利人自由选择适用顺序,原告可以在初审法院作出最终判决前随时主张法定赔偿。① 其理由是借鉴美国《版权法》第504条和美国《兰哈姆法》第35条的相关规定,没有相关的顺位规定,原告可以在初审法院作出最终判决前随时选择、主张法定赔偿。司法实践的情况是,无论当

---

①　吴汉东.知识产权侵权诉讼中的过错责任推定与赔偿数额认定:以举证责任规则为视角[J].法学评论,2014,32(5):124-130.

事人还是法官都倾向于运用法定赔偿解决相关纠纷,有的权利人甚至在不提供任何损失证据的情况下,就在诉讼请求中直接要求被告赔偿高额的经济损失,要求法院适用法定赔偿进行裁判。①

从补偿性赔偿与法定赔偿的关系来看,由于两者具有部分重合的功能,其适用上应按照一定的顺序进行司法适用。补偿性赔偿通常是依照当事人的主张进行的,其请求权基础为知识产权的基础权利,而目前我国三部知识产权单行法规定了三种补偿性赔偿的计算方式,这三者应该可以由当事人根据自己的实际经营情况和证据掌握程度进行选择适用。同时,在三者选择其一进行举证证明的基础上,如果侵权人是故意侵权且情节严重,那么当事人也可以在此基础上主张适用惩罚性赔偿,以达到遏制侵权行为再次发生、威慑其他潜在侵权人的目的。那么,在如图 13 所示的补偿性赔偿计算的路径一的情况下,权利人可以单独主张 A、B、C 三种计算方式之一或者以三者之一为基数,在此基础上主张适用惩罚性赔偿,即 A+D、B+D、C+D 的组合模式。

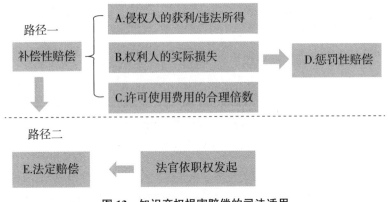

图 13　知识产权损害赔偿的司法适用

在权利人对于补偿性赔偿的三种方式都无法完成举证或举证的证据不足以证明其所主张的要求时,法官才可以依照职权主动适用法定

---

① 袁秀挺,凌宗亮. 我国知识产权法定赔偿适用之问题及破解[J]. 同济大学学报(社会科学版),2014,25(6):117-124.

赔偿,也即运用图13所示的路径二进行法定赔偿的裁判。目前业界普遍认为我国的法定赔偿在司法实践中是被过度运用的,其适用比例高达90%以上。① 如何限缩其适用,使得补偿性赔偿发挥其在侵权损害赔偿计算时的主要作用,就必须对法定赔偿的适用顺序以及适用条件作出限制,才能给予其必要的约束,防止补偿性赔偿加惩罚性赔偿的计算模式被束之高阁。在适用顺位上,只有路径一无法实现时,法官才能依其职权选择路径二的法定赔偿方式确定损害赔偿数额。这种法定赔偿数额的确定实际上是一种"司法定价",法官遵循相关产业或行业的交易惯例来确定反映知识产权市场价值的赔偿额。②

图13所示的这两条损害赔偿的救济路径,对于被侵权人来说,其实现的方式不同,其获得的损害赔偿的结果也不尽相同。第一种实现路径需要被侵权人积极主动提供证据资料,证明自己的损失或侵权人的获利,或者提供类似产品的许可使用费以供参考。但现实情况是由于知识产权侵权的无形性的特征,权利人在发生侵权行为时往往难以举证,或者能够证明的损失部分远远小于自身遭受到的损失。这时如果法院以被侵权人可以举证证明的部分作为补偿性赔偿的基础,在此基础上再乘以相应的惩罚性赔偿的倍数,被侵权人的损失可能尚不足以填补其实际损失。而第二种实现路径,在权利人无法举证或怠于举证的情况下,由法官依职权确定相应的法定赔偿数额,在此基础上如果有加重或减轻情节,可以通过酌定赔偿的方式向上或向下进行突破。该路径对于被侵权人来说,更便于实现损失的赔偿,同时举证证明的责任也相对较轻。但是其弊端是法定赔偿的上限或下限不能随意突破,被侵权人能够获得的损害赔偿数额存在限制,不利于保护合法权利。

需要明确的是路径二的法定赔偿的计算方式得出的损害赔偿数额

---

① 谭东丽. 专利侵权损害法定赔偿研究[M]. 长春:吉林大学出版社,2020: 90.
② 胡晶晶. 专利侵权损害赔偿额之确定:中德日比较研究[M]. 武汉:华中科技大学出版社,2019: 68.

不能作为计算惩罚性赔偿的基数。最高人民法院在《惩罚性赔偿司法解释》第5条前两款明确指出惩罚性赔偿的计算基数仅包括实际损失数额、违法所得数额、因侵权所获得利益以及权利许可使用费的倍数,而没有法定赔偿。在2018年的"无锡国威陶瓷电器有限公司等诉林芝电热器件等侵害实用新型专利纠纷案"中,法官认为:"如果既存在可以较为精确计算权利人损失或者侵权人获利的部分,又存在难以计算权利人损失或者侵权人获得部分,可以对前者适用以权利人损害或者侵权人获益计算赔偿数额,对后者适用法定赔偿,以两者之和确定损害赔偿数额。"[1]仔细分析该案可以得知,该案的损害赔偿的计算实际上可以拆分为两个部分来分析,第一部分适用的是A种方式进行损失的精确计算,第二部分是法官运用法定赔偿E方式进行了损失的估算,实际上是两条平行路径的分别运用。该案的特殊之处在于权利人的损失可以被拆分为多个类型的专利产品各自对应的损失,其可以看作是几个侵权案件的合并,因此,实际上也是路径一和路径二的分别应用,而非混合适用两种路径。2020年北京市高级人民法院出台的《关于侵害知识产权及不正当竞争案件确定损害赔偿的指导意见及法定赔偿的裁判标准》第1.5条第1款明确提出:"原告仅提出赔偿数额,经释明后仍未提出具体赔偿计算方法且未提供相应证据的,对于其举证责任转移的主张,一般不予支持。"也就是说,如果原告选择路径一进行举证,那么对于其能够举证证明的部分法院应予以支持,但是对于其不能举证证明的部分法院应不予支持,此时人民法院不能对原告不能证明的部分损失再主动适用法定赔偿进行计算。否则,不仅会促进原告形成怠于举证证明的心理,也不利于对原告的损失进行精确计算和衡量。

2. 惩罚性赔偿司法适用的约束

我国虽然在立法中已经明确引入了惩罚性赔偿制度,但是对于该

---

[1] 最高人民法院知识产权审判庭. 中国知识产权指导案例评注(第十一辑)[M]. 北京:中国法制出版社,2020: 367.

制度的适用应进行严格的条件约束,防止其被滥用,以至于沦为权利人以此谋利的制度性工具。即便在惩罚性赔偿制度发源地的英美法系国家,对于惩罚性赔偿的司法适用也出现了限缩的趋势。有学者统计,美国适用惩罚性赔偿的案件仅占所有案件的 1%-5%,且近年来这个比例也没有增加。① 这种限缩适用的例子在美国联邦立法文件中和美国最高法院的判决中清晰可见。美国越来越多的州正在通过立法或司法的形式来限制惩罚性赔偿的适用范围,许多州通过规定赔偿上限或者赔偿倍数的方式来限缩其适用范围。

(1)惩罚性赔偿须在起诉时明确提出

惩罚性赔偿的计算是在补偿性赔偿的基础之上再乘以固定的倍数,其前提是补偿性赔偿。如果权利人在法庭辩论终结之前没有提出惩罚性赔偿的请求,之后能否再提出适用惩罚性赔偿呢?有学者认为权利人有权在法庭辩论终结之前将赔偿确定方法从法定赔偿变为惩罚性赔偿或者相反。②《惩罚性赔偿司法解释》第 2 条明确了惩罚性赔偿的提出必须在起诉时、最晚应在一审法庭辩论终结前增加。从最高人民法院的文本中我们也能得出,惩罚性赔偿的适用应具有严格的前置条件,也即依附于补偿性赔偿的诉讼请求。如果补偿性赔偿的诉讼请求被驳回或无法证明补偿性赔偿,权利人提出的惩罚性赔偿的诉讼请求也必然会随之被驳回。惩罚性赔偿请求权的确立,以有可请求的补偿性损害赔偿为要件。在我国台湾地区的知识产权司法实践中,当事人如果先请求补偿性损害,再主张惩罚性赔偿的,不成立诉之追加。

(2)惩罚性赔偿适用主观构成要件的统一

从我国目前的立法文本和学者的观点来看,故意包括恶意(直接故意)这种结果极为严重的主观心理状态,但是否包括放任结果发生的间接故意,目前立法者没有给出结论。本书认为不应将间接故意的主观

---

① 王泽鉴. 损害赔偿[M]. 北京:北京大学出版社,2017: 365.
② 张广良. 知识产权损害赔偿惩罚体系的构建[J]. 法学,2020,(5):119-132.

情形纳入知识产权惩罚性赔偿适用的主观"故意"的范畴。美国法上,在具体适用惩罚性赔偿的"恶意"标准时,各州的标准并非完全一致,而是通过各州的判决加以确立,例如"有意默示后果""邪恶心态,可能会产生邪恶行为,恶意动机,残暴行为从而形成严重伤害的实质风险"。此外,美国马里兰州高等法院裁定惩罚性赔偿金时,要求原告证明有实质损失的发生而非仅仅是默示恶意。而在该院的裁决中,法官也指出实质恶意指具有邪恶动机或者伤害或欺骗意图的行为。是否包括间接故意的情形留待法官进行自由心证。我国作为大陆法系国家,在知识产权领域全面引入惩罚性赔偿制度之后,不可放宽其适用条件,而应严格限制。如果将间接故意情形纳入其中,可能会出现被侵权人利用该制度进行滥诉从而为自身谋利等情形,违背该制度立法的初衷。

(3)惩罚性赔偿适用证明标准的提高

我国对于民事案件采用了"高度盖然性"证明标准。根据此条规定,在双方当事人对同一事实举出相反证据且都无法否定对方证据的情况下,一方当事人的证明力较大的证据所支持的事实具有高度盖然性,人民法院应当依据这一证据作出判决。正所谓:"法无精确之定义,而委诸善良人之判断。"但是知识产权侵权案件在适用惩罚性赔偿时,是否应该与一般的民事侵权案件一样,适用我国民事诉讼法中所规定的高度盖然性标准呢?

虽然我国在惩罚性赔偿制度的安排上引入了举证妨碍等内容,但是在惩罚性赔偿适用的证明标准上尚没有特别的制度建构。与补偿性赔偿金相比,惩罚性赔偿金有更多的惩罚和威慑功能,在美国法上,对惩罚性赔偿金所要求的证明标准采用的是"明确且令人信服"(Clear-and Convincing Evidence)标准。这种证明标准介于民事的"优势证据"标准与刑事案件的"排除合理怀疑"标准之间。美国已经有35个州采用了这种证明标准。对于适用惩罚性赔偿金时举证责任的提升,以及法律标准的模糊,反映了美国司法系统担心宽松的标准可能会导致被告的过度赔偿及惩罚性赔偿金滥用的问题。我国在惩罚性赔偿的证明标准方面应较之一般的民事侵权案件适当提高,须在权利人举证证明时对于被告的主观状态、给原告造成的损失等方面有明确且清晰的证据时才能适用。

(4)通过优化举证程序缓解数量计算规则的高精度期待

虽然适用惩罚性赔偿需要较高的证明标准,但较高的标准针对的是具有恶意主观状态的被告给原告造成了损失这一主张。而对于赔偿数额的计算与确定,不宜过度赋予其高精度期待。因为知识产权的客体具有无形性,其不同于有形物可以通过明确的社会必要劳动时间确定价值,知识产权产品或服务的真正价值基本上难以准确估定。

惩罚性赔偿适用的难点和痛点就在于赔偿金额基数的计算,如果一直拘泥于要求原告提供高精度的举证,则难以盘活知识产权惩罚性赔偿制度。可以通过程序法的灵活设置来突破这一困境,将矛盾重心从"举证内容"转移到"举证主体"上来,充分调用举证妨碍规则、重塑因果关系推定相关制度。如果原告已经证明"能够确定赔偿数额的证据在被告手中",则无须苛求原告就其赔偿数额的诉求进行举证,而是将举证的负担转移到被告手中。如果被告在无正当理由(如被告证明其确实不可能获取相关证据)的情况下不能出示相关证据或不愿提供相关证据,应该参照原告提出的赔偿数额主张,结合案情实际进行惩罚性赔偿基数的确定。举证责任和程序的优化能够有效解决惩罚性赔偿适用中怠于举证的问题。如果原告连"能够确定赔偿数额的证据在被告手中"的主张都无法证明,则直接转化为法定赔偿,不在惩罚性赔偿的适用范围内。此外,还可以在程序上引入专家辅助人。知识产权权利的市场价值估算是一项具有专业性质的工作。法官并不是此项工作的专家,因此可以引进专家辅助人帮助法官确定市场价值,也可以规避法官对惩罚性赔偿数额基数在高精度计算上的困难。

3.法定赔偿司法适用的改造

对于法定赔偿,有必要规定相应的适用条件,防止其过度适用。如上所述,法定赔偿兼具补偿性和惩罚性,我国私法体系受传统大陆法系影响,也应当保持损害赔偿中的基本原则,即填平原则。那么,对于在私法体系中出现的具有惩罚性质的处罚,应加以谨慎适用。法定赔偿在适用上有最高限额,导致了权利人为了获得更多的赔偿而采取分案诉讼的方式提高自己获赔的数额。当有些公司发现通过分案诉讼的方式可以获得更多赔偿时,就可能利用诉讼本身营利,加大诉讼的数量。这种现象的存在可能导致司法资源的浪费和权力的寻租。

这一现象在版权法和专利法领域具体体现为"版权蟑螂"和"专利蟑螂"的涌现。美国学者曾对美国版权法上法定赔偿的司法适用情况进行过相关数据(2001-2014年)的实证分析[1],其指出,著作权侵权法定赔偿制度的滥用和宽松的联合诉讼制度是造成"版权蟑螂"的罪魁祸首。可见,应对现有的法定赔偿制度加以必要限制,使其真正发挥应有的制度功能,防止滥用和其他法律制度的空置,从多维度进行制度改造。本书提议设置四个限定适用的条件。

第一,法定赔偿的启动主体必须是司法裁判者。我国现行的涉及知识产权的法律对于法定赔偿是否可以由案件当事人启动并没有给出明确的答案,但是最高人民法院在两个司法解释中给出的答案是"人民法院可以依照当事人请求或依照其职权适用《著作权法》和《商标法》的法定赔偿条款"。此外,在大量司法案例中也是由当事人主动请求适用的法定赔偿。

第二,法定赔偿的适用必须是在权利人无法完成补偿性赔偿的举证证明或难以证明补偿性赔偿的情况下才能适用。目前的司法实践是三种补偿性赔偿计算方式和法定赔偿计算方式成为法官可以自由选择的损害赔偿计算方式,这也导致了我国法定赔偿被广泛运用。上文中强调两者的适用在选择上有顺序,不能跨过前者而直接适用后者,也不能在当事人没有进行举证证明的情况下直接适用法定赔偿的方式。法定赔偿的法律性质决定了我国应当谨慎适用,使得私法保留着其填补

---

[1] M. Sag. Copyright Trolling, An Empirical Study [J]. Iowa Law Review, 2015, 100(3): 1105-1147.

损失的基本功能。

第三，若无特殊理由，法定赔偿的适用不能突破上限和下限的规定。我国新修正的《专利法》和《著作权法》分别将专利和著作权的法定赔偿下限和上限提高至 3 万元到 500 万元、500 元到 500 万元，较修正之前的专利法定赔偿 1 万元到 100 万元，下限提高了三倍，上限提高了五倍之多，而著作权法定赔偿的上限则提高了十倍。这反映了我国通过立法修改增加知识产权侵权损害赔偿数额，增强打击侵犯知识产权行为力度的严格知识产权保护的政策思想。如果法定赔偿可以由法官在司法裁量过程中任意突破上下限的规定，那么无疑是将法定赔偿与酌定赔偿相等同，赋予法官更大的司法裁量权，法定赔偿额上下限的规定将没有存在的价值。"酌定"应当是在法定赔偿上下限之内浮动，根据案件的具体情节进行的司法定价。

"特殊理由"下突破法定赔偿的上下限，必须要有明确的事实依据。最高人民法院在审理北京奇虎科技有限公司、奇智软件有限公司与腾讯科技(深圳)有限公司不正当竞争纠纷案中指出："当事人的行为给对方造成的损失已经明显超过了法定赔偿的最高限额，可以在法定赔偿最高限额上合理确定赔偿额。"[①]"特殊理由"的说明必须明确具体，有可信服的证据加以证明。在"达索系统股份有限公司诉上海知豆电动车技术有限公司侵害计算机软件著作权纠纷案"中，涉案软件单位利润无法查明，但文化执法总队行政执法期间，双方已经就被告 8 套软件侵权行为达成总计 140 万元的软件销售合同。如果以行政执法期间双方确认的 8 万元每套的最低单价计算，73 台计算机安装的盗版软件总价款接近 600 万元，由此可见本案中权利人的损失明显超过法定赔偿的最高限额。[②] 如果是突破法定赔偿的下限，在司法实践中也

[①] 刘德权，王松．最高人民法院司法观点集成(知识产权卷 I)[M]．北京：中国法制出版社，2017: 487.

[②] 最高人民法院知识产权审判庭．中国知识产权指导案例评注(第十辑)[M]．北京：中国法制出版社，2020: 289.

有个别专利案例,但是这些案件中的涉案专利价值普遍较低,侵权情节显著轻微,被告主观过错较小,获利能力较差,同时证据可以证明其侵权行为的获利明显低于法定赔偿最低限额。综上,能否突破法定赔偿的限制,必须受到证据的严格限制,取决于案件证据的证明程度。没有特殊的理由和扎实的证据,不能突破法定赔偿的限制。

第四,在确定法定赔偿的数额时,法官必须给出充足的理由说明裁判的标准和依据。在确定知识产权侵权损害赔偿数额时,法官应谨慎决定赔偿数额。从美国的专利诉讼的司法实践来看,专利市场的转让价格或许可费的价格很大程度上取决于近两年相关专利产品诉讼的赔偿金额,也就是说专利诉讼的结果对专利交易市场有很强的指示效应。因此,司法裁判不仅仅具有事后制裁的功能,也有引导市场交易价格的指示性功能。北京市高级人民法院在《关于侵害知识产权及不正当竞争案件确定损害赔偿的指导意见及法定赔偿的裁判标准》第1.11条和1.12条都指出,法定赔偿数额的确定应当综合考虑权利、行为、过错、后果、因果关系等因素,体现案件的相同点和不同点,合理确定赔偿数额。同时,该标准对于不同类型的作品——音乐作品、美术作品、摄影作品等分别确定了不同的法定赔偿的数额标准。这样的标准更加清晰和具有可操作性,是未来立法改革的方向之一。

5.2　知识产权惩罚性赔偿与酌定赔偿的关系

5.2.1　酌定赔偿的概念

在司法实务中,经常会遇到无法依据实际损失、侵权获利、许可使用费这三种具体计算方法确定赔偿数额的情况,需要法院适用法定赔偿的方法和标准进行确定。但如果有证据可以证明或者依据常理可以判断,实际损失或侵权获利有可能高于法定赔偿的上限或低于法定赔偿的下限,此时如果仅按照法定赔偿的范围来确定赔偿金额,显然是不公平的。对此,最高人民法院的司法政策允许法院综合考虑被诉侵权行为的表现形式、被诉侵权复制品或产品的销售时间和销售范围等因素,在法定赔偿最高限额以上酌情确定赔偿数额。

由于酌定赔偿是在我国知识产权司法实践过程中逐渐形成的,不是立法规定的赔偿方式。因此,学术界对于"酌定赔偿"的概念和定位存在着较大的争议。目前学界存在三种认识倾向:第一种观点认为酌定赔偿是一种独立的赔偿制度,第二种观点认为酌定赔偿是依附于法定赔偿的制度变种,第三种观点认为酌定赔偿从根本上不能称为制度而只是计算方法。为了维护我国法律的确定性,保证法定赔偿的内涵不被肆意地扩大,采取第二种观点更加合理。

因此,关于酌定赔偿比较科学的定义是:酌定赔偿是一种在司法实践过程中逐渐形成的,因无法适用实际损失或侵权获利或能参照的许可使用费的方法确定赔偿金额且有证据证明或依据商业惯例、常理可以判断在法定赔偿范围内确定赔偿金额明显不当的,法院须综合考虑各种因素,通过行使自由裁量权以酌定的方式认定损害赔偿数额,实现对法定赔偿数额范围上下限的合理突破,使之更加符合个案正义与公平的赔偿方式。

5.2.2 酌定赔偿的合理性

(1)知识产权案件难以精确计算赔偿数额

通过对既有案例的梳理与分析,法院适用酌定赔偿的前提往往是当事人之间无法举证证明实际损失、侵权所得和许可使用费,只能通过法定(酌定)的方式确定赔偿数额。由此可见,酌定赔偿适用的前提是案件事实不清特别是关于赔偿数额方面的事实具有模糊性。酌定赔偿是在当事人举证能力欠缺的背景下,追究法律责任、适用法律救济的最后一道防线。

酌定赔偿不是我国法律明文规定的赔偿方式,是在司法实践中形成的"惯例"。虽然其缺乏法律基础,但是其存在的意义就是对法定赔偿不合理之处进行变通与突破,使酌定赔偿的结果更加符合实际情况。

因此酌定赔偿在计算方法上也不会像法定赔偿一样有迹可循,而是需要结合个案,综合考量各种因素给出合理范围内的赔偿标准。并且法院在适用酌定赔偿时,通常只列明考虑的因素,而不会详细地论证计算的方法和公式。因此,酌定赔偿重在定性而非定量,重在模糊性计算而非精确性计算。

在 2020 年最高人民法院发布的知识产权典型案例中就有适用酌定赔偿的示范。如源德盛公司诉晨曦通讯部实用新型专利权侵权纠纷案①,本案是权利人在全国范围对众多零售商提起的系列诉讼,权利人难以统计和证明实际损失,且各地零售商实际侵权获利数额难以查清、获利水平不尽相同,不能简单以其他案件的判赔数额作为本案的判决结果。在这种情况下精确性计算就遇到了巨大的阻碍,或是需要付出极高的经济成本才能证明,不符合维权的经济效益原则。因此,在本案中法院结合具体案情,综合考虑了侵权行为的性质和侵权情节等多方面因素酌定赔偿。这一酌定方式,不仅体现了落实专利严格保护、维护公平有序的市场竞争秩序的决心,还考虑到了侵权人的合法权益,合理确定侵权人承担与之相适应的法律责任。这样做既让侵权人付出了代价,又避免了合理维权开支等损害赔偿叠加导致权利人多重得利,使裁判结果符合司法公平正义的要求。

(2)新业态的发展对赔偿数额的计算构成挑战

随着互联网技术的飞速发展,知识产权侵权形式愈加隐蔽。数字版权、人工智能生成物、互联网商业数据竞争等新业态、新领域的出现,突破了传统知识产权的常规规制思路。② 尤其是互联网环境下的证据收集和损害赔偿证明,给当事人的维权带来了前所未有的困难。

以互联网不正当竞争类案件为例,由于网络经济仍处在新生期,无论是从经济业态、行业规范上,还是从国家政策、法律制度上,都是在实

---

① 参见最高人民法院(2020)最高法知民终 376 号民事判决书。
② 杜颖. 裁量性赔偿的裁量前提与量化计算[EB/OL].(2023-07-16)[2023-08-11]. https://zhuanlan. zhihu. com/p/644541661#% E6% A6% 82% E8% A7% 88。

践中不断探索和调整。当权利人主张自身合法权益受到侵害时,往往要证明其维权的合理性。从反面来讲,这些新情况要求法律考虑所谓侵权行为是否应该因为"经济发展的合理例外"而受到容忍。因此赔偿数额的多少很大程度上取决于权利人主张的诉求和提供的证据,这无疑加重了权利人的诉讼负担。当面临举证不能的困境时,权利人将无法避免地遭受损失,无法运用法律的武器保护自身合法权益,从而也会导致互联网营商环境的恶化。

根据我国《反不正当竞争法》的规定,在确定赔偿数额时,有些法院仅以不正当竞争行为所造成的实际损失为限,而少有考虑到潜在损失的问题,这对于互联网行业这一新业态而言并不合理。同时,《反不正当竞争法》规定,当原被告双方对于损失数额均不能举证时,根据情节给予500万以下的法定赔偿,但是并没有进一步列明法院应当考虑哪些不正当竞争的情节,导致在实践过程中各地法院所依据的标准不尽相同,使原告面临巨大的维权成本,但是维权收益却相对较低,严重影响了企业经营者的合法权益。如女装网诉中服网不正当竞争纠纷案[①],虽然原告提出了200万元的补偿请求,但是法院仅以侵权持续时间和原告产品的基本会费为计算依据,最终只支持了35万元的赔偿诉求。法院并不认可原告提交的证据以及主张的实际损失计算方法,适用的是法定赔偿。但是法院考量的因素欠妥,忽略了侵权行为导致权利人交易机会的丧失。对于互联网行业而言,信息数据一旦被获取,其利益价值就会大打折扣,甚至会出现一次用尽的情况。只依靠现有法律制度和法定赔偿计算方式,难以周全保护权利人利益。并且,互联网领域的知识产权侵权,其造成的经济损失往往比著作权侵权行为等更严重。如果不能妥善解决此类纠纷,将会严重影响市场竞争秩序。因此,对于新业态的出现,需要结合互联网行业发展实际,结合经济专家、行业专家的意见进行充分的酌定。

---

① 参见杭州铁路运输法院(2018)浙8601民初956号民事判决书。

(3) 法定赔偿设置范围上下限存在不合理局限

法定赔偿在自身的价值取向和制度设计之间存在着矛盾。一方面，法定赔偿追求发挥补偿性功能，以填平原则作为价值取向。在具体的制度构建方面为了限制侵权人的责任负担，《著作权法》《专利法》和《商标法》均规定了赔偿数额的上下限。但是在实践中很多案件的实际涉案数额可能并不在法定赔偿的范围之内，如著作权侵权案件中，单部作品的价值可能达不到法定赔偿的下限基准；商标权侵权案件中，市场中的实际损失可能远远高于法定赔偿规定的上限。如果严格遵循填平原则，法院应当依据实际发生的损失，或高于法定赔偿的上限或低于法定赔偿的下限确定赔偿金额。如果仍然严格依照法定赔偿的标准，判赔金额会存在范围局限，既不符合民法填平原则的要求，无法填补权利人的实际损失，亦无法有效涵盖所有的知识产权侵权案件，保障权利人的正当权利。如在 SAP 公司诉朗泽公司侵害计算机软件著作权纠纷案[①]中，法院认为应当在侵权赔偿责任确定中切实贯彻全面赔偿原则，在已有证据可以证明著作权人因侵权所受到的损失已超过当时的法定赔偿最高限额 50 万元的情况下，需要综合全案的证据情况，在法定赔偿最高限额之上酌情合理确定赔偿数额，最终判赔 118 万元。

5.2.3　酌定赔偿与法定赔偿的关系

(1) 自由裁量权的价值取向不同

法定赔偿和酌定赔偿虽然都是确定知识产权侵权赔偿数额的兜底方法，但是这两种赔偿方式在制度设计上却有截然不同的价值取向。

法定赔偿具有法定性，无论是适用条件、考量因素还是数额范围都有明确的法律规定，其目的是限制法官自由裁量权的行使，有利于防止司法腐败问题。而酌定赔偿则突破了法定赔偿数额范围的上下限，是对法官"自由心证"的鼓励，在分析考量因素时也更加看重相关因素的

---

① 参见上海知识产权法院(2015)沪知民初字第 191 号民事判决书。

关联性和重要性,对法定赔偿的规定进行灵活变通和自由取舍。其目的在于增强法律适用与司法裁判的灵活性,促进个案公平与正义的实现。

从这一层面上看,法定赔偿的价值取向与酌定赔偿的价值取向似乎存在着天然的矛盾。其实这对矛盾很容易化解,我们首先需要在法理层面理解法定赔偿和酌定赔偿的性质,然后对两者的适用条件进行清晰地限制,厘清适用的先后顺序,就可以实现法定赔偿权威性、稳定性和酌定赔偿灵活性之间的平衡。

法理层面上,法定赔偿和酌定赔偿在性质和功能上具有差别。知识产权法是私法,因此知识产权项下的法定赔偿具有私法性功能。对于私主体来说,因侵犯他人知识产权而被判处高额的赔偿是难以承受的,严重来说会限制企业的发展和生存,所以法定赔偿设定最高额就是为了对私主体赔偿设置上限,防止过度惩罚以实现各方利益的平衡。而惩罚性赔偿具有一定的公法的性质。因为酌定赔偿和惩罚性赔偿相似,都考虑主观恶性而因此决定判赔的高低,所以酌定赔偿也应具有公法性考量,其更注重对公共利益的维护。如果法定赔偿对于私主体的保护已经不当或不公平地侵害到了公共利益,就有必要在法定赔偿范围上下进行酌定。由于酌定赔偿方式是对私主体尤其是侵权人的不利负担,因此在适用顺序上需要将法定赔偿优先适用,而酌定赔偿可因特殊情况靠后适用。

(2)酌定赔偿是对法定赔偿范围的突破

我国《著作权法》规定的法定赔偿金额为500元以上500万元以下,《专利法》规定的法定赔偿金为3万元以上500万元以下,《商标法》规定的法定赔偿金为500万元以下。除《商标法》目前只规定了赔偿上限之外,其余两部法律均有上下限额。而法院在司法裁判时,会遇到实际价值低于下限或高于上限的情况,往往需要结合具体案情,确定相对合理的赔偿数额。因此,酌定赔偿没有数额的限制,其有可能在法定赔偿的范围之内,也有可能突破法定赔偿确立的范围。

(3)两种赔偿的适用方法存在差异

法定赔偿对知识产权侵权行为进行最基础的责任判定。因其具有法定性、固定性的特征,法定赔偿计算时考虑的往往是此类案件的共性因素。而酌定赔偿则需要基于侵权案件发生的实际情况,依据法官拥有的自由裁量权来确定责任的轻重,因此需要在法定赔偿的基础之上,考虑侵权人主观恶性的轻重等与案件关联性更大、因果性更强的个性因素。并且从目前我国知识产权的司法实践经验来看,酌定赔偿的适用范围更广,不仅仅以法定赔偿作为计算的基础。对知识产权侵权体现"酌定"的判决书,也有可能是根据权利人的实际损失、侵权人的侵权所得、参考许可使用费再加酌定而来,更有法院用酌定赔偿来代替惩罚性赔偿。

5.2.4 酌定赔偿与惩罚性赔偿的关系

酌定赔偿与惩罚性赔偿的共同点是都涉及对侵权人主观恶意的判断,两者都体现惩罚性功能。但是两者在赔偿数额的计算方法上存在差异:惩罚性赔偿注重惩罚性,是侵权人的不利负担,因此在适用的时候需要依靠准确的证据来支持判决。在司法实践中,法院的通常做法是:确定"赔偿数额计算基数",再乘以"惩罚倍数"。只有对这两部分进行了充分且深入地分析论证,才能使得惩罚性赔偿的适用具有合法性和合理性基础。在确定计算基数的时候,法院执着于精确性计算,因为错误的基数很可能因为惩罚倍数的扩大而发生"乘数效应",加重侵权人的不利负担。因此,惩罚性赔偿在司法适用时通常在第一步就遭遇了较大的阻碍:无法通过当事人之间的举证质证或法定赔偿来确定准确的赔偿基数。酌定赔偿注重填平性、补偿性,也会根据侵权人主观恶性等其他因素进行惩罚性方面的衡量。酌定赔偿突出"酌定",即采用模糊性的、定性的计算方法。通过对既有案例的梳理,法院在判决时通常不会对酌定计算的过程进行论证说理,只是简要地列明考虑的因素,而不会展示定量的计算。

惩罚性赔偿精确性计算和酌定赔偿模糊性计算都有其背后的法理考量。如何协调这两种计算方式,也是我们必须要解决的问题。首先要明确的是,在这一问题中,二者并不是矛盾的关系。与前文所述惩罚性赔偿和法定赔偿的关系一样,惩罚性赔偿与酌定赔偿也是二选一的方式,是相互独立的并行路线。从司法实践的现实情况来看,惩罚性赔偿的判赔额相较于酌定赔偿而言更多。虽然惩罚性赔偿的举证证明责任较重,但是对于维护当事人合法权益来说却最有效、最充分,因此惩罚性赔偿主张精确计算,不仅是为了防止对侵权人造成不当的负担,还是在鼓励当事人主动举证、积极维护自身的正当权益。而酌定赔偿这一路径更多承担的是兜底救济的功能,在当事人举证不清、法庭调查能力有限的情况下,对权利人提供最大限度的救济。当然酌定赔偿模糊性计算的缺点就是权利人要负担因为怠于举证或举证不能而导致判赔额相对较低之不利后果。因此,关于酌定赔偿模糊性计算的方法会排斥、挤压惩罚性赔偿司法适用空间的担忧可以得到解决。

5.3 知识产权惩罚性赔偿与精神损害赔偿

5.3.1 精神损害赔偿的源起与定义

精神损害赔偿是指以金钱形式对受害人所遭受的精神损害进行赔偿的责任形式。精神损害赔偿制度可以追溯到罗马法时期的"侮辱估价之诉",其为自由人人格尊严的保护提供了市民法支撑。"估价"意味着罚金数额不再是固定的数值,而由裁判官根据侵权事实确定价款。① 基于罗马法"不得对自然人的身体进行估价"的精神,"侮辱估价之诉"制度并不只是以财产来填补损害,而是裁判官以公正善良之原则对侵辱行为所进行的惩戒。罗马法下的"损害"特指财产损失,而

---

① 肖俊. 人格权保护的罗马法传统:侵辱之诉研究[J]. 比较法研究,2013,(1):113-124.

"侮辱估价之诉"下的罚金并非"赔偿的价格",而是替代复仇的"赎回的价格",其所追求的是补救和惩罚的双重目的。①

在16—17世纪,格劳秀斯将"损害"概念扩展至人格利益的侵害,瓦解了人物区分的模式。1804年《法国民法典》第一次在实质上确立了精神损害赔偿制度,第1382条之规定将民事责任扩展至精神损害赔偿领域。随后大陆法系国家民法典相继确立精神损害赔偿制度,承认精神损害赔偿属于民事救济手段,例如《德国民法典》第253条第2款就规定了非财产损害的公平赔偿。英美法系国家早期并未设立独立的精神损害赔偿制度,但是司法实践面临着各类无形损失救济途径缺失的难题,惩罚性赔偿制度便应运而生。因此,惩罚性赔偿在产生之初主要适用于因侵权给受害人造成精神损害等无形损害的案件,旨在对受害人的损害进行赔偿。② 现如今普通法系的惩罚性赔偿仍然与精神损害等无形损害的赔偿保持着千丝万缕的联系,甚至有学者指出"英美法上涉及精神损害的惩罚性赔偿金其实就是没有惩罚性的精神损害赔偿金"。③

而在具体定义精神损害赔偿之问题上,随着现代民法的不断发展,精神损害赔偿的对象也不断扩张,仅限于传统的人格或身份利益的精神损害赔偿已经不能满足不断发展的经济社会需要,特定的财产受到侵害导致权利人遭受精神痛苦或人身利益损害的结果,也可以获得精神损害赔偿。我国《民法典》第1183条第一次从法律层面明确了精神损害赔偿的地位。事实上我国最高人民法院于2001年就出台了《关于确定民事侵权精神损害赔偿责任若干问题的解释》,明确了精神损害赔偿的权利基础,同时确立侵害具有人格象征意义的特定纪念物品

---

① 汪洋. 罗马法上的人格保护及其现代传承:以"侵辱之诉"为研究中心[J]. 法商研究,2014,31(3):142-151.

② 瞿灵敏. 精神损害赔偿惩罚性与惩罚性赔偿补偿性之批判:兼论精神损害赔偿与惩罚性赔偿的立法完善[J]. 东方法学,2016,(2):32-44.

③ 张保红. 论惩罚性赔偿制度与我国侵权法的融合[J]. 法律科学(西北政法大学学报),2015,33(2):132-140.

可以请求精神损害赔偿责任的规则,一定程度上纾解了我国的司法困境。而《民法典》之规定进一步放宽了侵害客体的限定,对包含在特定纪念物品中的人格利益因素的损害加以弥补。①

就精神损害赔偿的主体而言,有学者主张法人和自然人都可以成为精神损害的主体。虽然精神痛苦仅限于自然人因人格利益受侵害而遭受的痛苦,但是精神利益损失则是自然人、法人的身份或者人格利益遭受的损失。而根据我国最高人民法院《关于确定民事侵权精神损害赔偿责任若干问题的解释》的规定②,我国可以提出精神损害赔偿请求的主体限于自然人,法人或其他组织不能要求精神损害赔偿,因为其"既然没有生命,也就不存在精神损害"。

5.3.2 精神损害赔偿的性质和功能

精神损害赔偿主要是对受害人精神方面遭受的痛苦进行抚慰,是对受害人因精神方面遭受的苦楚所产生的在实践中无法具体化衡量的、抽象化计算的损失进行填补。根据损害的客体不同,损害可以被分为财产损害与非财产损害,"前者指的是所有金钱与物质上的损害,后者包含了所有不是发生在个人的金钱或物质财产上的损失"。虽然非财产损害并不能用金钱衡量,但是金钱可以作为对其他比金钱更重要之物的替代,一定程度上弥补受害者所遭受的损失。精神损害赔偿是对无形的、非财产的精神损害用赔偿方法进行救济,仍然是财产救济手段,属于财产赔偿责任。

精神损害赔偿的功能存在单一功能说与复合功能说之观点。精神损害赔偿往往兼有补偿、抚慰和惩罚性质。其中补偿功能是精神损害赔偿金的首要功能,其目的在于通过金钱的给付,使被害人能够重新获

---

① 杨立新. 民法典对侵权损害赔偿责任规则的改进与适用方法[J]. 法治研究,2020,(4):84-96.

② 最高人民法院《关于确定民事侵权精神损害赔偿责任若干问题的解释》第1条规定:"因人身权益或者具有人身意义的特定物受到侵害,自然人或者其近亲属向人民法院提起诉讼请求精神损害赔偿的,人民法院应当依法予以受理。"

得身体上的便利或精神上的愉悦与满足,从而减轻或消除被害人的痛苦。除了对被害人的直接补偿,这一功能还包括对于无感知能力的幼儿、胎儿、精神病人以及死者的遗属的金钱赔偿,以弥补所丧失的享受人生乐趣的利益或人格质量的减低等。① 抚慰功能旨在平复受害人精神创伤,慰藉其所遭受的感情创伤,使加害人对其加害行为付出一定代价,从改善受害者外部环境进而鼓励其克服个人内部即心理、生理以及精神利益损害所受到的负面冲击,促使其早日恢复到受损前的状态,因此该功能也相当于国外学说中的满足功能和克服功能。精神损害赔偿金还具有一定的惩罚功能,通过对侵权行为的制裁对加害人施以惩戒,从而抑制此类侵权行为,进而维护人之尊严。而从精神损害赔偿的社会影响来看,其还具有警诫功能。因侵权法规定加害人需对其侵害他人人身权益造成精神损害的行为负责,由此确立行为人应予遵守的行为规范,以吓阻侵害行为,从而起到规范人类行为、预防未来侵权行为发生的功能。②

但是由于精神损害赔偿难以量化,往往在确定最终的赔偿数额时,其可能隐含某些惩罚性考量因素。如德国联邦最高法院在"卡洛琳案"③中判处的高额抚慰金,将传统的抚慰金转变为一种惩罚性巨款赔偿,将威慑目的引入私法领域,打破了传统的赔偿损失和以受害者为中心的赔偿立场,在可能的范围内重新平衡不法行为责任人和受害人的利益。如果法院认定侵权人属于故意侵权行为,则会通过提升精神损害赔偿额度来惩罚侵权人。这些额外的损害赔偿近似于惩罚性损害赔偿,因为其程度是由被告行为的可谴责性来衡量的。

同时应当指出的是,补偿功能属于精神损害赔偿的核心功能,惩罚功能因其特殊性只是作为附加性的存在。换言之,精神损害赔偿的主

---

① 董惠江,严城. 论我国精神损害赔偿金的功能[J]. 甘肃政法学院学报,2012,(1):18-25.

② 杨立新. 民法典对侵害具有人身意义的特定物精神损害赔偿规则的完善[J]. 湖南大学学报(社会科学版),2020,34(5):111-118.

③ BGHZ 128,S. 1.

要功能并不是惩罚性的,只不过兼具功能上的"惩罚性"[1],不能因功能多样性就模糊其补偿的本质属性。

5.3.3 精神损害赔偿于知识产权领域的适用范畴

在我国,精神损害赔偿是与财产损害赔偿相并列的一项制度。《民法典》第1183条为精神损害赔偿的基本规则,《民法典》第996条规定在违约责任的框架之下可以主张精神损害赔偿。基于《民法典》民事基本法的地位,只要知识产权侵权行为侵害人身权益,权利人就有权请求精神损害赔偿。而在司法裁判中,法院可能会参照更为具体的裁判规则即最高人民法院《关于确定民事侵权精神损害赔偿责任若干问题的解释》依案件的具体情况自由裁量。

一般情形下知识产权侵权行为仅涉及财产纠纷,并不会损害权利人身心,也不会产生精神损害赔偿。但我国著作权法承袭于大陆法系,也强调对作者的保护,奉行"作者权体系",主张作品是作者人格的延伸,著作权侵权行为若对作者或表演者人格权造成损害,就可能涉及精神损害赔偿责任的承担问题。

我国知识产权法并没有针对精神损害赔偿作出专门规定,但是《著作权法》中涉及人身权的相关规定为精神损害赔偿的适用提供基础。《著作权法》在第10条中规定了作者享有著作人身权,第39条表演者权之规定也涉及人身权的内容。而第52条、第53条规定了侵犯著作权应当承担的民事责任形式。第52条以列举方式规定了著作权侵权责任承担方式,其中"消除影响""赔礼道歉"等民事责任均具有强烈的精神损害属性,由此"赔偿损失"责任也应当对精神损害这一重要领域有所回应,将财产损失和精神损失囊括在内。[2] 而如此解释同《民

---

[1] 项先权. 惩罚性赔偿与精神损害赔偿制度的功能比较[J]. 广西社会科学,2005,(2):75-77.

[2] 刘奇英. 民法典精神损害赔偿条款对著作人格权的适用研究[J]. 温州大学学报(社会科学版),2021,34(1):14-28.

法典》相呼应,形成著作人身权精神损害赔偿自洽的规范体系。

司法实践中,关于精神损害赔偿的适用场景,著作人身权侵权案件得到了较为广泛的认可,北京互联网法院也明确指出,针对表演者人身权造成严重精神损害,且适用停止侵害、消除影响、赔礼道歉仍不足以抚慰的,可以判令被告支付精神损害抚慰金。为了解决司法实践难题,2005年1月北京市高级人民法院发布了《关于确定著作权侵权损害赔偿责任的指导意见》,对侵犯著作权所引起的精神损害赔偿问题作出规定,并详细列举了可判被告支付原告精神损害抚慰金的八种情形。2007年重庆市高级人民法院《关于确定知识产权侵权损害赔偿数额若干问题的指导意见》也对侵害著作人格权的精神损害赔偿的适用范围、赔偿标准等问题作出了全面规定。自我国著作权精神损害赔偿第一案——庄羽与郭敬明等侵犯著作权纠纷案①后,我国司法实践已经明确承认了侵害著作人格权的精神损害赔偿制度。但从各地实践状况来看,对这一问题仍然存在着一定的认知分歧。

著作权精神损害赔偿相关案件中,存在著作人身权侵权纠纷与表演者权纠纷两类案件。截至2023年12月,从全国范围内的裁判文书数量来看,支持著作人身权精神损害赔偿的裁判文书有23件,支持表演者精神损害赔偿的裁判文书有1件。由于裁判依据的模糊性,司法实践中对著作人身权侵权纠纷的认定出现多种观点,除了认为缺乏法律依据外,还存在仅援引著作权法规则、结合民法与著作权法规则以及借助地方性司法文件判断适用性等多种做法。

在著作人身权侵权纠纷案件中,被侵权人主张精神损害赔偿是否能够得到支持,法院首先从侵权端考虑侵权人主观过错、侵权情节以及侵权后果等角度;其次从受损端考察被侵权人受到精神损害的严重程度,例如受害人是否因此承受严重的心理压力或者精神疾病,或被侵权人的社会评价是否受到影响,包括受损的时间长短以及程度。但精神

---

① 参见北京市高级人民法院(2005)高民终字第539号民事判决书。

损害的相关证明责任仍然归于受害人,其应当举证证明受到严重精神损害。从现有案例来看,当事人举证困难,证明标准过高为精神损害赔偿的适用增设了壁垒。精神损害赔偿的性质决定了其无法像确定财产损害一样确定赔偿的额数,无论如何举证都无法证明损害额的多少,注定依赖于法官的酌定。一般而言,只有篡改、歪曲他人作品等,给被侵权人带来较大的精神痛苦,造成严重后果,仅适用其他侵权责任承担方式不足以抚慰被侵权人所受精神损害的,才判令侵权人赔偿相应的精神损害抚慰金;而对于普通的侵犯署名权和修改权案件,适用其他责任救济方式就已经对被诉侵权行为作出了明确否定性评价,足以慰藉被诉侵权行为给被侵权人造成的精神损害。

而从精神损害赔偿的数额来看,法院支持的数额从 2000 元到 10 万元不等,精神损害赔偿数额的差异很大,计算标准不明确。并且在司法实践中仍可见精神损害赔偿与财产损害赔偿数额混同计算,甚至以财产损害赔偿替代精神损害赔偿的现象,二者之间并未得到应有的区分。

5.3.4 知识产权惩罚性赔偿与精神损害赔偿的适用关系

植根于英美法系的惩罚性赔偿制度由于携带无形损害赔偿之基因,在法律移植的过程中面临同大陆法系本土的精神损害赔偿制度协调的难题。早期英美法判例一般不将精神损害赔偿以财产损失计算,故法院不严格区分精神损害赔偿与惩罚性赔偿金,并常以惩罚性赔偿金救济被害人。随着英国侵权法的不断发展,无形损失被纳入了实际损失的范畴之中,惩罚性赔偿已经不再具有赔偿原告精神损失之功能。而在美国法中没有将对精神性损害的赔偿排除在惩罚性赔偿的功能之外。即便如此,纵观美国法中惩罚性赔偿的发展历史,对精神损害的赔偿也仅仅是惩罚性赔偿的功能之一,而不是其唯一的功能和适用前提。

有学者认为,出于对受害者遭受无形损害的考量,在许多情况下采用惩罚性赔偿来代替精神损害赔偿是必要的,但是具体适用场景以及适用方式有待继续研究。① 也有学者认为惩罚性赔偿制度与精神损害赔偿制度各有侧重又互有交叉,二者在补偿、惩戒功能上有一定的交集,具有一定程度的相互替代性。② 还有学者主张,侵犯著作人身权的行为可以通过精神损害赔偿的方式得到保护,不必适用惩罚性赔偿,我国惩罚性赔偿的适用范围应当限定于作品的财产性权利。③ 我国还有学者认为,惩罚性赔偿是为了弥补补偿性损害赔偿适用的不足所产生的,只有符合补偿性赔偿的构成要件才能请求惩罚性赔偿。④ 亦有学者认为,在精神损害赔偿中引进惩罚性赔偿制度具有理论缺陷,会导致法律适用和惩罚性损害赔偿金的计算等方面出现问题。⑤ 本书认为,应该看到二者在适用前提、主体要件、适用范围、制度目的、计算依据等方面存在诸多不同。在不同法系语境之下,惩罚性赔偿的功能在精神补偿功能上的差异甚为突出,而精神损害赔偿惩罚功能的实现也必须由专门的惩罚性赔偿来执行。由此,精神损害赔偿同惩罚性赔偿在统一的制度体系中应当泾渭分明,二者从不同的角度进行民事救济,并不能互相替代,在必要时还得以同时适用。

根据我国侵权责任编的原则,无特殊规定即为过错责任,在著作人身权侵权无特殊规定的前提下,著作人身权侵权适用过错责任,精神损害赔偿也以故意为要件。此外,著作权精神损害赔偿与惩罚性赔偿二者的适用条件都有"情节严重"这一要件,但是精神损害赔偿进一步将情节局限于"严重精神损害",而精神损害属于惩罚性赔偿的考量要素之一,可见二者可能同时满足情节严重之要件,存在同时适用的空间。

惩罚性赔偿作为《民法典》第 179 条第 2 款规定的一项特殊的民

---

① 王利明. 惩罚性赔偿研究[J]. 中国社会科学,2000,(4):112-122+206-207.
② 张新宝,李倩. 惩罚性赔偿的立法选择[J]. 清华法学,2009,3(4):5-20.
③ 唐伟. 论侵犯著作权的惩罚性赔偿:以《著作权法》第三次修改为中心[J]. 电子知识产权,2013,(12):51-56.
④ 王利明. 美国惩罚性赔偿制度研究[J]. 比较法研究,2003,(5):1-15.
⑤ 孙效敏. 奖励制度与惩罚性赔偿制度之争:评我国《侵权责任法》第 47 条[J]. 政治与法律,2010,(7):89-97.

事责任承担方式,有别于该条第1款第8项规定的以填平损失为原则的"赔偿损失"的民事责任承担方式。依据《民法典》第179条第3款①规定,虽然侵权损害赔偿可以单独适用,也可以与惩罚性赔偿合并适用,但法院在最终确定民事责任的承担时,不能对二者进行简单的替换,不能以惩罚性赔偿责任的适用替代侵权损害赔偿责任的适用。只要满足各自适用条件,精神损害赔偿、惩罚性赔偿可同时适用。正如学者指出,其实惩罚性赔偿与精神损害赔偿的适用关系,本质上是惩罚性赔偿与补偿性赔偿的适用关系,二者可以分别计算,一并适用。②

按照《民法典》的规定,精神损害赔偿必须以给权利人造成"严重的精神损害"为要件。若精神损害的程度处于一定的限度内,尚未满足适用精神损害赔偿的程度,但满足"主观恶意"与"情节严重"要件,则权利人只能主张惩罚性赔偿。如果经过审理发现满足各自的适用条件,此时二者可以在同一案件中适用,以此达到财产与精神并重,补偿与惩罚结合的效果。

关于精神损害赔偿是否可以作为惩罚性赔偿的计算基数,《消费者权益保护法》第55条第2款③已经作出了相关规定,可见在其他领域,精神损害赔偿金可以作为惩罚性赔偿金的计算基数。但也应当注意的是,该领域惩罚性赔偿的适用前提较为严苛,只有对人身造成实质性严重损害,才得以适用精神损害赔偿金为基数计算惩罚性赔偿。著作权侵权所造成的损害只可能危及人格而不损害身体和生命,因此该规定的参考价值有限。当前我国著作权领域尚未将精神损害赔偿纳入惩罚性赔偿的基准,惩罚性赔偿以实际损失、侵权所得、权利许可使用

---

① 《民法典》第179条第3款规定:"本条规定的承担民事责任的方式,可以单独适用,也可以合并适用。"
② 瞿灵敏.精神损害赔偿惩罚性与惩罚性赔偿补偿性之批判:兼论精神损害赔偿与惩罚性赔偿的立法完善[J].东方法学,2016,(2):32-44.
③ 《消费者权益保护法》第55条第2款规定:"经营者明知商品或者服务存在缺陷,仍然向消费者提供,造成消费者或者其他受害人死亡或者健康严重损害的,受害人有权要求经营者依照本法第四十九条、第五十一条等法律规定赔偿损失,并有权要求所受损失二倍以下的惩罚性赔偿。"

费为基准,在填补原则基础上进行再计算。虽然我国精神损害赔偿仍然属于补偿性赔偿,表面上看存在作为惩罚性赔偿计算基数的可能性,但是根据当前法律的精神,惩罚性赔偿基数的计算依据较为明确的标准,实际损失、侵权所得、权利许可使用费均遵循较高的证明标准,需要依据可靠证据与科学计算标准得出。而精神损害赔偿相比较而言难以量化,其计算更多依赖法官的自由裁量。若将精神损害赔偿也纳入计算基准,与知识产权惩罚性赔偿明细化、规范化趋势相违背,因此应当将惩罚性赔偿数额的计算限定在经济损害范围,对于精神损害赔偿加以区别计算。

在同时适用这两种赔偿的情景中,第一,应确保相同的考量因素不被重复加权以免加重惩罚。为此可进一步明确法律规定或司法解释,阐明在同时适用这两类赔偿时,应避免冗余计算。第二,在依据填补原则确定精神损害赔偿的同时,应当对精神损害赔偿的额度范围与惩罚性赔偿的计算倍数进行协调。在知识产权领域有效地化解这两类赔偿同时适用可能带来的矛盾,避免过度严厉的惩罚,保障侵权行为的适当惩戒同时充分保障原告的权益。

5.4 知识产权惩罚性赔偿与行政处罚的关系

5.4.1 知识产权行政处罚之适用基础

行政处罚,是指特定的行政机关或法定授权组织、行政委托组织依法对违反行政管理秩序尚未构成犯罪的个人或组织予以制裁的行政行为。[①] 就行政处罚的适用条件而言,《著作权法》第53条与《计算机软件保护条例》第24条将行政罚款的适用条件规定为"损害公共利益"。但在《信息网络传播权保护条例》第19条规定却未发现"损害公共利

---

① 应松年. 行政法学新论[M]. 北京:中国方正出版社,2004:258.

益"这一要件。《专利法》第 68 条规定把行政罚款的适用情形规定为"假冒专利",而"损害公共利益"这一要件也未在法律法规与司法解释中明确规定。而在商标侵权领域,《商标法》行政罚款条款也没有明确规定罚款的适用需要同时具备"损害公共利益"这一要件。可见我国对知识产权行政处罚的规定尚未统一。而在行政罚款的计算问题上,主要是以非法经营额或违法所得为基数再乘以相应的倍数,根据此计算方式得出的行政罚款数额将至少超出侵权所得,甚至可能超出实际损失。因此行政罚款具有实质上的惩罚效果。①

英美法系作为惩罚性赔偿制度起源地,并不存在类似缴纳罚款的行政责任,惩罚性赔偿恰恰填补了这一空缺,以一定倍数的赔偿金施以惩戒。而我国不仅承认二者在知识产权领域可适用,而且并未拒绝两者同时适用。行政处罚具有公法属性和经济法属性,而惩罚性赔偿具有私法、公法和经济法属性。在实施要件上,行政处罚主要关注行政相对人的行为对公共利益的侵犯,惩罚性赔偿则注重侵权人主观恶意的程度和行为后果的严重性。在侵害知识产权的民事诉讼中增加惩罚性赔偿制度这一通过创制私人权利而服务于公共规制目标的治理工具,并不影响公权力机关对同时损害公共利益的侵权人处以罚款罚金,也无损于社会整体公平正义。② 当一种行为同时涉及惩罚性赔偿与行政责任时,应既允许受害人追究私法上惩罚性赔偿责任,也允许国家追究公法上的责任。

有观点认为,行政处罚和私人诉讼惩罚性赔偿的同时适用牵涉"一事二罚"问题,与过罚相当原则相悖。若对《行政处罚法》第 29 条之规定进行严格解释,"一事不二罚"适用场景仅限于行政处罚。但理论和实践中出现了不同的解读。有观点认为行政机关不仅不能先后给予同一类型的处罚,也不能给予不同类型的处罚。但是这一理解过于

---

① 张伟君,庄雨晴,贾世奇.论惩罚侵害知识产权行为的制度安排—兼谈惩罚性赔偿的适用[J].中国专利与商标,2022,(1):3-20.

② 管育鹰.试析侵害知识产权惩罚性赔偿的适用条件[J].法律适用,2021,(1):43-52.

宽泛,不符合立法和行政执法中并处不同类型处罚的实践现状。学理上,大陆法系更强调"一事不二罚"禁止的是相同类型的处罚。而在英美法系中,与"一事不二罚"相关的禁止双重危险原则不仅具有上述意义,还在程序上禁止对于同一违法行为施加相同类型的调查处罚程序。由此,行政罚款和私人诉讼惩罚性赔偿金分属公法责任和私法责任,二者性质与价值取向不一致,同时适用并不会违反"一事不二罚"原则。

5.4.2 知识产权惩罚性赔偿与行政处罚适用的司法现状

在威科先行以"惩罚性赔偿"与"行政处罚"作为关键词检索2013年至2023年8月1日的司法裁判文书,在同时适用惩罚性赔偿与行政处罚的案件中,数量最多的为商标权侵权案件。由于商标权惩罚性赔偿实施时间远早于著作权与专利权,二者在司法实践中的冲突暴露得最为明显。

经过筛选,25件商标权案件中的侵权者在被处以行政处罚之后还被判决承担惩罚性赔偿。从时间上看,2022年6件,2021年4件,2020年7件,2019年5件,2018年1件,2017年2件,可以看出判决支持行政处罚后承担惩罚性赔偿的案件从2017年开始逐步出现。从空间上看,这类判决存在较强的地域集聚性,其中浙江省5件,江苏省4件,广东省4件,上海市4件,北京市1件,河南省1件,重庆市1件,湖南省1件,福建省1件,辽宁省1件,新疆1件,四川省1件。可见江浙沪地区与广东省支持行政处罚后承担惩罚性赔偿案件的数量最多。

从惩罚性赔偿的数额看,10万元以下8件,10万—50万元5件,50万—300万元6件,300万—500万元4件,1000万元以上2件,未知数额1件,可见惩罚性赔偿的数额跨度较大。从惩罚性的倍数看,未说明倍数16件,2倍4件,3倍6件,众多法院并未严格依照惩罚性赔偿制度加以审理,许多判决中并未明确惩罚性赔偿倍数,存在诸多裁判不规范的现象。

虽然法院在这26件案件中最终支持了惩罚性赔偿的诉请,但是部分裁判文书中并未体现行政处罚在惩罚性赔偿考量过程中的作用，未能对行政处罚与惩罚性赔偿之间的关系进行论证说明。而从行政处罚在司法裁判中发挥的作用来看，行政处罚多是由原告提供证据以起到证明被告存在重复侵权行为的作用，仅有几起案件是由被告举证证明此前因同一行为承担过行政责任，故而请求减轻赔偿责任。

而行政处罚在惩罚性赔偿计算中也发挥不同的作用，并非所有的行政处罚都对惩罚性赔偿的适用产生了正向作用。在王晓永等与东方出版中心有限公司等著作权权属、侵权纠纷案①中，法院从惩罚性赔偿与行政处罚的功能出发，指出惩罚性赔偿所承担的"惩戒功能已经由相关行政处罚实现，故不宜再行适用惩罚性赔偿"，以已课以行政处罚否定了惩罚性赔偿的适用。可见法院对于二者关系仍然存在不同的观点。

5.4.3 知识产权惩罚性赔偿与行政处罚协调适用的方式

知识产权侵权案件中，惩罚性赔偿与行政处罚并非相互排斥之关系，二者可以相互补充，行政处罚可以通过公共权力更有力地制止侵权行为，而知识产权惩罚性赔偿则可以更充分地弥补权利人因侵权行为而遭受的损失。二者从不同层面上实现对侵权者的惩戒作用，在维护市场秩序的同时，又通过赔偿保护个别受害者的合法权益，全面实现知识产权制度的价值追求。

行政处罚可以间接作为惩罚性赔偿的适用标准。具体来看，行政处罚在司法实践中可以作为"恶意"的考量因素。如在维哈根公司与九派门窗加工厂侵害商标权纠纷案②中侵权人存在两次行政罚款的情节，法官认为被告第二次被行政主管部门处罚系恶意侵权。在立邦公

---

① 参见上海市徐汇区人民法院(2019)沪 0104 民初 19425 号民事判决书。
② 参见湖南省长沙县人民法院(2019)湘 0121 民初 9481 号民事判决书。

司与创耀建材厂、谭小波侵害商标权案①中,法官甚至认为被告在行政处罚后再次实施类似侵权行为,可以将其认定为"以侵犯知识产权为业"。上述类型的侵权行为会被认定为"情节严重"。此外,还有诸多案例在依据前期行政处罚施加惩罚性赔偿之时,因无法查明相关侵权获利与违法所得,缺失惩罚性赔偿计算的基准,从而退回法定赔偿。《惩罚性赔偿司法解释》第 4 条第 2 款②也将重复性的侵权行为视为情节严重的认定因素,而先前的行政处罚可以作为认定的关键。值得注意的是,在先的行政处罚所侵犯的权利客体并不一定与民事侵权客体相一致,也就是说前后侵犯的知识产权客体可以相异,只要被侵权对象同属于一人,均可以适用该条司法解释。部分裁判文书中显示,重复侵权情节在"故意"与"情节严重"要件中重复考量。虽然重复侵权行为并不是"故意"之法定认定要素,但是其已经与行政处罚之间建立了强关联性,无论先前行政处罚所处罚的侵权行为是否出于故意,其在明知违法的前提下再度侵权本身就意味着故意之心态。可见行政处罚在惩罚性赔偿的认定过程中发挥着重要的作用。

　　行政罚款与惩罚性赔偿金具体数额的计算可以考虑另一种在先责任的承担情况。虽然知识产权惩罚性赔偿和行政罚款被禁止直接折抵,但在具体案件的处理中,法院或行政机关有一定的自由裁量空间,在惩罚性赔偿金或者罚款的确定问题上,一种责任的承担可以作为确定另一种责任金额的考量因素。为了实现打击市场严重违法行为与促进正常生产经营之间的平衡,在确定惩罚性赔偿金额时,需要发挥各

---

① 参见重庆两江新区人民法院(重庆自由贸易试验区人民法院)(2021)渝 0192 民初 338 号民事判决书。

② 最高人民法院《关于审理侵害知识产权民事案件适用惩罚性赔偿的解释》第 4 条规定:"对于侵害知识产权情节严重的认定,人民法院应当综合考虑侵权手段、次数,侵权行为的持续时间、地域范围、规模、后果,侵权人在诉讼中的行为等因素。被告有下列情形的,人民法院可以认定为情节严重:(一)因侵权被行政处罚或者法院裁判承担责任后,再次实施相同或者类似侵权行为;(二)以侵害知识产权为业;(三)伪造、毁坏或者隐匿侵权证据;(四)拒不履行保全裁定;(五)侵权获利或者权利人受损巨大;(六)侵权行为可能危害国家安全、公共利益或者人身健康;(七)其他可以认定为情节严重的情形。"

类制裁方式的综合遏制作用,以避免过度增加侵权人的负担,侵权人此前因同一侵权行为承担的公法责任的可以为法院确定惩罚性赔偿数额提供事实前提。这一做法也在《惩罚性赔偿司法解释》第 6 条[①]被规定,被告不能因同一侵权行为已经被处以行政罚款或者刑事罚金且执行完毕,减免惩罚性赔偿责任,但是案件执行情况可以作为计算倍数的考量因素。如在卡地亚公司与华锦公司、刘友华侵害商标权案[②]中,法院在综合考量时,不仅以行政罚款后再次侵权的事实说明侵权人主观恶意明显,而且考虑了被告已经受到行政机关处罚并缴纳了罚款的情况。因此在知识产权惩罚性赔偿的适用中,应考虑行为人业已承担的责任。惩罚性赔偿作为私法中的例外,在面对公法裁决时,应当优先遵守公法的裁决,严格遵循过罚相当原则,保持应有的克制。[③] 行政处罚已经承担了大部分的惩罚性功能,在此基础上再适用具有一定民事制裁色彩的惩罚性赔偿,相当于侵权行为人为其侵权行为付出了双重金钱代价,这样的制度设计显然有违法律设计的利益平衡原则。由于行政罚款程序一般先于诉讼程序,人民法院在司法程序中适用惩罚性赔偿的时候,应当在确定惩罚性赔偿系数的时候充分考虑侵权人在先前行政查处程序中被处以了惩罚性罚金的事实,合理确定惩罚性赔偿的数额,这样不但有助于平衡侵权人与社会公共的利益,同样能体现惩罚性赔偿的震慑、预防侵权、填补损失的多重功能,以达到切实维护知识产权、促进公正竞争、保障社会和谐发展的目的。

在程序层面上,知识产权惩罚性赔偿案件中一个需要解决的问题是先前行政处罚的承担情况的证明责任如何分配。由于行政处罚和判赔惩罚性赔偿金是由不同主体在不同程序中作出的,前者由行政机关

---

① 最高人民法院《关于审理侵害知识产权民事案件适用惩罚性赔偿的解释》第 6 条规定:"人民法院依法确定惩罚性赔偿的倍数时,应当综合考虑被告主观过错程度、侵权行为的情节严重程度等因素。因同一侵权行为已经被处以行政罚款或者刑事罚金且执行完毕,被告主张减免惩罚性赔偿责任的,人民法院不予支持,但在确定前款所称倍数时可以综合考虑。"

② 参见广东省广州市天河区人民法院(2018)粤 0106 民初 20093 号民事判决书。

③ 张红. 我国惩罚性赔偿制度的体系[J]. 北大法律评论,2018,19(1):63-87.

决定,后者由法院裁判。在民事诉讼的当事人主义模式下,当事人有责任提供足够的证据来支持其诉讼主张,故应由被侵权人承担举证先前行政罚款存在的责任,法院无须依职权查明是否存在相关罚款。同时,如果已经因同一行为承担了行政责任,这一在先情形在民事审判中对侵权人属于有利事实,根据"谁主张谁举证"的原则,由行为人主动向法院提出证据表明其已承担行政罚款责任。一方面,被侵权人在起诉时应当提供相关证据,证明先前行政罚款的存在,以确保案件能够得到合理审理。另一方面,如果行为人已经因同一行为受到了行政处罚,为了避免过多的证明责任加在被侵权人身上,可以鼓励行为人主动提供相关证据,以加速案件的审理过程。法院也可以在当事人主动提供证据的情况下,更为灵活地处理案件,确保法律的公正适用。这种做法有助于提高司法效率,为有效审理知识产权案件提供有力支持。

5.5　知识产权惩罚性赔偿与刑事罚金

我国关于知识产权的刑事责任规定除了《著作权法》《商标法》《专利法》等知识产权法相应的条款外,主要以现行《刑法》第二编第三章第七节为主,同时,最高人民法院、最高人民检察院也围绕《刑法》规定的相关罪名出台相应的司法解释作为定罪量刑的补充依据。

知识产权惩罚性赔偿与部分知识产权犯罪中的刑事责任均以情节严重为前提,这就意味着侵权者存在就同一法律事实承担刑事罚金与惩罚性赔偿的可能性。学界与司法实践就二者之间的关系提出了不同的方案,主要包括通过罚金自动排除或全部折抵惩罚性赔偿的单一适用模式、罚金与惩罚性赔偿的互不影响的并行适用模式以及部分折抵的协同适用模式。本书认为,应当在实践中综合考虑案件的具体情况,以确保对侵权者的制裁既有力度又合理,同时不损害其受到公正审判的权利。这涉及到法律的精准运用和司法机关的灵活判断,以维护知识产权的合法权益,促进创新和发展。

5.5.1 知识产权惩罚性赔偿与刑事罚金的竞合适用

一组知识产权不法事实可能同时引起民事与刑事责任,从而引发知识产权惩罚性赔偿与刑事罚金的竞合适用。本质上,这种竞合适用反映了对同一行为在民事和刑事领域分别进行评价的需要。刑法调整的是"权力服从"关系,是隶属主体之间以维护社会秩序为目标的公益关系。① 与罚金相比较,知识产权惩罚性赔偿凸显了明确的民事责任特性。知识产权惩罚性赔偿的启动者和最终受益人均为权利人,这使知识产权惩罚性赔偿可以发挥许多不同于罚金的特有功能。知识产权客体的特性决定了知识产权侵权损失难以通过一般侵权的赔偿体系实际填平,惩罚性赔偿借助额外赔偿恰好填补了知识产权赔偿劣势造成的空白,补偿那些实际发生却难以发现、证明与计算的损失。由于知识产权侵权案件具备极强的隐蔽性和针对性,公权力机关往往会失灵,而知识产权赔偿劣势极易使权利人陷入理性冷漠,使得最终裁判结果难以发挥其应有功效。惩罚性赔偿则充当了一种外在的权利行使动力,不仅激发了私人执法的积极性,而且为创新投资活动提供了更可靠的保障。从恢复性司法的视角,知识产权惩罚性赔偿相较于罚金,关注重点更加集中于亟须被救济的受害人利益上,这种被民事法律赋予的直接的、确切的报复手段更好地回应了被害人的情绪诉求。因此,知识产权惩罚性赔偿与罚金之间的功能范围并非简单的包含关系,而是存在一定的重叠效果,同时又各自具备独立的交叉关系。这种交叉关系不仅在理论上引发广泛讨论,而且更需要在司法实践中不断探索,以更好地发挥法律机制的效能,维护知识产权的正常秩序。

我国立法中明确了民事赔偿优先之原则。根据我国《刑法》第36条第2款和《民法典》第187条之规定,民事主体的财产不足以完全支付刑事与民事责任的,优先承担民事赔偿责任。在责任无法兼顾时,优

---

① 吴汉东. 知识产权惩罚性赔偿的私法基础与司法适用[J]. 法学评论,2021,39(3): 21-33.

先保障权利人利益是追求法的社会效益最佳的结果。惩罚性赔偿既然属于民事责任,出于权利人中心主义的立场,当行为人财产不足以支付时,自然优先于行政责任和刑事责任适用。在波罗/劳伦有限公司与吴尉胜、喻重新侵害商标权纠纷案①中,法院也认可在被告财产不足以全部支付时,应当优先承担民事侵权赔偿责任,进一步肯定了民事侵权赔偿金应当优先于刑事罚金受偿。

处理知识产权惩罚性赔偿与罚金的适用关系,要考虑到既能发挥私人惩罚权的独立价值,又有利于实现罚过相当性原则。从比较法的角度来看,各国对两者的适用关系立场不一而同。一般而言,英国法院不允许判处罚金后再适用惩罚性赔偿。而美国大多数州的法院都允许在刑事判决之后再适用惩罚性赔偿,但对于同一行为,在先的刑事判决可能会成为惩罚性赔偿民事判决考量的减轻因素。加拿大法院的普遍立场与美国类似,但他们没有将罚金等刑事处罚作为自动排除惩罚性赔偿的因素,而是倾向于根据每个案件的事实具体审查是否存在双重危险。

我国不同法院对这一问题的态度也呈现差异化特征。广州知识产权法院在阿尔塞拉公司与柯派商标权纠纷案②中支持了关于同时适用罚金与惩罚性赔偿的主张,认为已执行了刑事罚金不能作为减免惩罚性赔偿的抗辩理由,仅能作为确定惩罚性赔偿倍数的考虑因素,并最终将惩罚性赔偿倍数确定为两倍。但在宁波太平鸟时尚服饰股份有限公司、广州富贯达服饰有限公司侵害商标权纠纷案③中,法院认为涉案刑事判决已经对被告判处刑罚,故其侵权行为已经受到相应的惩罚,无须再承担惩罚性赔偿。在阿迪达斯诉李强等商标权纠纷案④中,重庆自由贸易试验区人民法院明确反对了二者同时适用的主张,该法院认为

---

① 参见广东省广州市白云区人民法院(2018)粤 0111 民初 11085 号民事判决书。
② 参见广东省高级人民法院(2020)粤 73 民终 2442 号民事判决书。
③ 参见广州知识产权法院(2017)粤 73 民终 2097 号民事判决书。
④ 参见重庆自由贸易试验区人民法院(2019)渝 0192 民初 787 号民事判决书。

"惩罚性赔偿对违法行为的惩治和遏制功能与刑事罚金具有一定的同质性""如果刑事罚金已经超过补偿性赔偿金的倍数,足以达到民事惩罚性赔偿的遏制侵权功能,则不宜再适用惩罚性赔偿"。这一问题在《惩罚性赔偿司法解释》中已有补充规定,其第 6 条第 2 款并未否定二者的同时适用,认为在先的刑事罚金应当体现在知识产权惩罚性赔偿金计算倍数的考量中。但在实践中运用该解释第 6 条的判决鲜少。而这种将刑事罚金作为倍数考量因素的方式也受到了质疑,其难以充分实现惩罚性赔偿金和罚金的折抵,更多是一种司法实践的产物,难以证成其合理性与正当性。因此对于刑事罚金与惩罚性赔偿在知识产权领域的适用关系,尚须在实践中得到更为充分的验证和完善。

5.5.2 不同审理模式下知识产权惩罚性赔偿与刑事罚金的协调

(1)"先刑后民"审理模式

关于知识产权刑民交叉的案件中民事案件与刑事案件的审理顺序,司法实践中的审理思路偏向于诉讼法角度的考量[1],为了保障有效打击刑事犯罪,提升诉讼效率,形成了刑事审判在先,民事审判在后的处理惯例。如在美国金霸王运营有限公司与钱和生、李永赶侵害商标权纠纷案[2]中,法院便依据"先刑后民"之原则,认定涉及同一事实的案件应先由刑事诉讼程序进行处理,驳回原告的民事诉讼请求。

在公益高于私益的价值观影响下,惩罚性赔偿金在司法实践中常处于被"单向折抵"的状态。实际上,"先刑后民"只是在我国法律传统及价值取向下形成的司法惯性,"先刑后民"的审理顺序并不存在《刑事诉讼法》或是《民事诉讼法》上的明确依据。[3] "先刑"观念的不合理之处在于,不辨明行为事实与法律关系的数量,无论民事审判是否有必

---

[1] 陈兴良. 刑民交叉案件的刑法适用[J]. 法律科学(西北政法大学学报),2019,37(2):161-169.

[2] 参见浙江省绍兴市中级人民法院(2020)浙 06 民初 154 号民事裁决书。

[3] 张卫平. 民刑交叉诉讼关系处理的规则与法理[J]. 法学研究,2018,40(3):102-117.

要依赖于刑事审判结果,都将刑法置于优先地位。① 而刑民交叉案件可能涉及多重行为事实与多重法律关系,其相互关系可能存在多种形态。在审理顺序问题上不便一概要求恪守刑事程序前置性。

"先刑后民"模式下刑民交叉案件的处置具有明显的缺陷。一是该模式同我国优先实现民事赔偿责任的价值冲突。"先刑后民"模式在实践中往往导致民事审判滞后,限制了被害人通过民事诉讼程序主张赔偿权的空间,进而对其合法权益的实现造成实质影响。二是"先刑后民"制约被害人获得充分赔偿。在一些刑事案件久侦不破或久审不决的情况下,极易违背对被害人权益的及时保护原则,阻碍刑事司法和民事司法的有效衔接。"惩罚犯罪,保护人民"是刑法的立法宗旨,惩罚性是刑法的固有属性,但是通过对犯罪的惩罚有效保障人们合法权益才是其最终的追求。因此,罚金与惩罚性赔偿的折抵,应坚持对被害人合法权益的优先保障。②

此外,公权力机关介入所带来的强大的侦查力量在隐蔽性和针对性极强的知识产权侵权犯罪领域没有明显的优势。在进行知识产权犯罪的定性判断时,仍然无法绕开民事侵权中有关知识产权权利范围界定、权利归属、侵权比对等的民事审判思维,而固守"先刑后民"的模式可能会拉长诉讼流程时间,让权利人错过知识产权权益保护的最佳时机。③

当然,"先刑后民"模式在特定场景中有其存在的必要性。在此模式下,法院更应当重新审视对权利人的救济,给予知识产权惩罚性赔偿

---

① 2015年发布的最高人民法院《关于审理民间借贷案件适用法律若干问题的规定》第5条规定:"人民法院立案后,发现民间借贷行为本身涉嫌非法集资犯罪后的,应当裁定驳回起诉,并将涉嫌非法集资犯罪的线索、材料移送公安或者检察机关。"实务中,民事案件一经移送或被驳回起诉便宣告了该案件中止或终结,只能待刑事诉讼程序终结后再进行民事案件审理或重新起诉,实质上就是先刑后民的处理模式。

② 邱帅萍. 论罚金与惩罚性赔偿的折抵[J]. 湖南科技大学学报(社会科学版),2021,24(01):151-157.

③ 徐家力,张军强. 对知识产权案件先刑后民模式的反思与完善[J]. 中国刑事法杂志,2018,(4):134-144.

以同等的重视。在刑事案件量刑时,应当充分考虑侵权人的财产负担能力以及罚金对后续民事责任负担能力的影响,不宜处以过度的罚金刑从而阻碍后续民事赔偿责任的承担。尤其要对刑事罚金的长执行周期具备更为清晰的认知与预测。例如在一些案件中,刑事判决已经生效但相应的刑事罚金还尚处于执行阶段,此时若权利人再行提起民事诉讼并请求知识产权惩罚性赔偿,则法院应当以审理时间节点为准直接在倍数确定过程中不予考虑前序刑事案件处以罚金的情况,抑或是中止案件等待刑事罚金执行完毕?尤其在被告提出相应抗辩或主张时,该问题需要法院予以明确。此外,应当重视知识产权权利人在刑事诉讼中作为当事人的地位,其有权在刑事诉讼中提起附带民事诉讼,及早参与到已经正在进行的刑事审判中来维护自己的合法权益,确保对侵权行为的全面追责,并为权利人提供更及时和有效的司法保障。

(2)"先民后刑"审理模式

基于上述"先刑后民"审理模式的弊端,不少学者都认为知识产权类案件应当突破原审理模式之束缚,采取"先民后刑"顺序审理更合理。"先民后刑"有利于权利人的程序性保障,即通过民事保全措施来避免侵权人转移财产、挥霍财产,同时民事审判在先能够解决被诉行为的对象是否受到知识产权法保护、其主体是否明确、侵权行为是否成立这三大关键问题,从民事的角度判断侵权行为的可谴责性。此外,判决权利人的惩罚性赔偿金在先,能够很大程度上避免因罚金责任过重而导致侵权人无力支付民事赔偿的情况,符合《民法典》相关规定。但是"先民后刑"事实上也未解决民事刑事案件管辖复杂,审判组织不一,诉讼进度影响审判效率等程序性问题,民事与刑事案件裁判标准的不一与保护法益的差异也可能导致惩罚性赔偿与刑事罚金出现效果冲突的情形。

在一些情形中,采用"先民后刑"的审理模式可以保证审理逻辑的递进性,同时能够有效防止侵权人逃避法律责任。在这种已有"判决并执行完毕的民事惩罚性赔偿金"的情形下,在后裁判的法官在量刑时亦应当充分考虑这一情况,把"是否已经充分履行民事赔偿责任"和"是否取得被害人的谅解"作为罚金刑轻重的考量情节。法官可以更为细致地评估侵权人在民事赔偿方面的表现,进而根据情节轻重进行更为精准的罚金量刑,使得刑事责任与民事责任在实践中更加协调一致。

(3)刑民并行审理模式

在一般情形下,刑事程序和民事程序并不存在谁优先的问题,随着知识产权审判"三合一"工作的推进,民事程序和刑事程序完全可以并行。针对同一知识产权侵权事实引发的刑事犯罪与民事侵权,由同一审判组织按照合并程序来审理,围绕相应的民事责任和刑事责任解决,因此无需严格的审理顺序的区分和诉讼结果的等待,可以在民事诉讼和刑事诉讼程序之间进行"程序切换",在不同的审理阶段有差异性地运用审理逻辑,由民事法官主导进行对权利归属的把握和对侵权行为的认定,由刑事法官主导定罪量刑,充分发挥在各自领域的优势。而在知识产权领域,民事上构成侵权是侵权行为人承担民行刑各种责任的基础,因此"三合一"审理模式对于准确判定侵权及责任十分重要。

对于知识产权刑民交叉案件,在"三合一"审判模式下实行民刑并行模式有一定的法律基础。对于因不同法律事实分别发生民商事纠纷和刑事犯罪,最高人民法院《关于在审理经济纠纷案件中涉及经济犯罪嫌疑若干问题的规定》第 1 条①、《全国法院民商事审判工作会议纪要》第 128 条都明确规定应当分别审理。而对于同一事实或事实重合度高的情形,《全国法院民商事审判工作会议纪要》第 130 条②也表明

---

① 最高人民法院《关于在审理经济纠纷案件中涉及经济犯罪嫌疑若干问题的规定》第 1 条规定:"同一自然人、法人或非法人组织因不同的法律事实,分别涉及经济纠纷和经济犯罪嫌疑的,经济纠纷案件和经济犯罪嫌疑案件应当分开审理。"

② 《全国法院民商事审判工作会议纪要》第 130 条规定:"人民法院在审理民商事案件时,如果民商事案件必须以相关刑事案件的审理结果为依据,而刑事案件尚未审结的,应当根据《民事诉讼法》第 150 条第 5 项的规定裁定中止诉讼。待刑事案件审结后,再恢复民商事案件的审理。如果民商事案件不是必须以相关的刑事案件的审理结果为依据,则民商事案件应当继续审理。"

了民事审判的进行并非以刑事审判结果为必要前提。具体到知识产权刑民交叉案件,最高人民法院《关于审理侵犯商业秘密民事案件适用法律若干问题的规定》第25条规定赋予了法官根据具体案情判断是否适用"先刑后民"规则的权力,刑事案件处理结果并不必然构成商业秘密民事案件的先决条件,两案完全可以并行审理,不用等待另一案的审理结果。相关规定也表明了在案件的审理中,应具体区分刑事案件与民事案件之间,先决建立在事实基础上还是法律关系上。①

对于牵连型刑民交叉案件,即同一法律事实同时侵害了刑事法律关系和民事法律关系的刑民交叉案件,行为人的同一行为可能同时具有犯罪和侵权的性质与后果。在主要侵权行为事实明确的情况下,民事责任和刑事责任呈现一种聚合样态,由于民事诉讼和刑事诉讼的证据标准和程序特点不同,二者之间呈现较强的独立性。民事诉讼中证据标准与刑事诉讼差异较大,刑事判决无罪不能当然得出民事侵权不成立。而在民事判决认定侵权时,刑事诉讼并不能简化案件事实查明和刑事推理的过程。由于民事案件的侵权数额认定标准相对较宽松,而侵权数额恰恰在判定罪与非罪方面发挥关键作用,因此在先程序和在后程序因其各自标准需要充分辩论与单独审理。若是人为限定两者的先后顺序,只能导致诉讼程序拖延,并且无法减省案件审理环节。当然,两者并行并不影响权利人在民事诉讼程序中借助法院向检察机关、侦查机关调取有利于确定案件基础事实的刑侦证据。

在刑民并行模式下知识产权交叉案件的审理法官需要谨慎权衡各种因素,综合考量侵权人的主观因素,根据侵权人的"刑事可谴责性"与"民事可谴责性"来分别判定罚金和惩罚性赔偿金的数额,同时又应当考虑到惩罚性赔偿金和罚金在功能目的上的同质性,在衡量金额的过程中自动进行折抵。由于惩罚性赔偿与罚金的作出顺序存在不确定性,由此对二者在实体上的折抵关系产生影响,可以通过直接进行酌情

---

① 徐卉. 刑民交叉诉讼中产权保护的困境与出路[J]. 人民论坛,2021,(2):96-98.

扣减来实现。酌情扣减是一种避免倍数要件的方式,同时也是在知识产权惩罚性赔偿金和罚金共同适用时进行整体考量的有效途径。具体而言,有两种情形需要考虑:一是在已有刑事罚金的情况下,法官在按照知识产权专门法中惩罚性赔偿条款计算出惩罚性赔偿金后,再考虑已有的刑事罚金,酌情扣减一部分的惩罚性赔偿金;二是在已有惩罚性赔偿金的情况下,法官同样依照刑法确定罚金金额后,再考虑已有的惩罚性赔偿金,将此作为酌定的量刑情节,酌情扣减部分罚金。通过酌情扣减,法官可以更灵活地调整罚金和惩罚性赔偿金的数额,以充分体现对侵权人过错程度的全面考量;此外也有助于避免双重惩罚,以更好地满足惩戒和公正的双重目标。

第六章 知识产权惩罚性赔偿计算规则的完善

知识产权案件具有权属不稳定、市场价值难以估量及侵权手段较为隐蔽等特征,为确定其侵权判赔增添了难度系数。精确化判赔及量化判赔成为处理知识产权案件的趋势。然而,需要克服目前审理知识产权纠纷的固有程式和思维惯性。以知识产权惩罚性赔偿为例,在具体判赔数额计算时,主要考量基数和倍数。而依据法律和司法解释,目前司法实践的主要参考因素为"情节严重"和"过错程度",列举式的情节存在挂一漏万的情形,造成不同案情难以完全"嵌套"其中,因此无法充分包络完整的知识产权利益,机械适用只会造成在具体判赔时存在较大的自由裁量空间,即案件判赔数额可能有不合理之处。大量适用惩罚性赔偿的知识产权案件,存在裁判说理和赔偿基数选择的"雷同",判决金额普遍较低。整体而言,知识产权惩罚性赔偿就判赔金额而言呈现"两极分化"的情形。

6.1 确立知识产权惩罚性赔偿金的一般原则

比例原则的本质在于通过对规制手段与制度目的之间的关联性考察来判断具体规制行为是否超出了必要限度。目的正当性和手段正当性两个面向可以为惩罚性赔偿金在定量过程中的利益衡量提供分析框架,便于法官在个案审理中将利益权衡的分析论证思路清晰展现,避免自由裁量权的任意行使。目的正当性审查可以防止制度适用的结果偏离制度设计的初衷。在绝大部分情形下,满足主客观苛责性要件的惩罚性赔偿案件,符合目的正当性原则。针对手段正当性而言,惩罚应与危害性相适应,避免造成过度损害。在确定适用惩罚性赔偿有助于立法目的的实现后,则应重点审查赔偿倍数的合比例性。例如,考察不法行为人主观故意的程度,不法行为的性质、持续时间、获得经济利益的情况及程度,被告是否采取了补救措施,被告的赔付能力以及对该不法行为是否已经施加了公法处罚等所有其他相关的因素以确定酌定倍数时的相关因素。最终以个案中的利益衡量,实现法秩序内外在体系的真正公正。

6.2　知识产权惩罚性赔偿金的参考因素

首先关于知识产权侵权故意的认定,一般需要综合考量:涉案知识产权类型,权利存续及权属状态,以及知识产权产品或服务的市场知名度等因素。梳理惩罚性赔偿的制度沿革可知,鉴于其惩罚性特征明显,即具有加重责任的性质,因此需要以故意侵权作为引用的前提和正当性基础。而对于故意侵权的认定,应当以行为人的主观过错程度判定为必要,避免因为主观认定标准模糊进而造成惩罚性赔偿的滥用。如何对满足惩罚性要件的故意侵权进行内涵限缩成为实务中的重难点,司法解释进一步阐释了符合"故意"要件的相关情形:一是明知而为,即被告接到侵权通知和警告后仍不停止侵权行为的。二是系特殊身份,即被告一方是原告的法定代表人、管理人、实际控制人。后一种情形指知识产权权利人一方的委托人,基于特殊的劳动合同关系(管理层)可以接触到企业或组织的知识产权核心事务,并且具备维护企业或组织的知识产权职责。相较于普通员工而言,公司或组织的控制者在一般情形下具备更高的注意义务,应当积极履行其相关职权保证知识产权处于安全状态,违反上述义务当然具备侵权故意。三是被告与原告存在合作关系,包括但不限于劳动或劳务关系、许可或经销关系以及代理或代表关系等,即存在接触过涉案知识产权的可能性。此种情形下系被告基于合同关系应恪守后合同义务,应当本着诚实信用原则保证不泄露合同相对方的知识产权信息,违背该义务则应当认定为具备知识产权侵权的故意。四是存在交易关系,即原被告之间存在业务往来或者已经为合同签订进行了磋商,存在接触知识产权信息的可能性。五是被告实施盗版、假冒注册商标行为的。这种情况符合明知他人享有知识产权而搭便车的情形,属于典型的知识产权投机行为和滥用知识产权行为。六是故意的其他情形。由于无法穷尽所有严重的知识产权侵权行为,因此设置专门的兜底条款以应对新型侵权问题。知识产权故意侵权行为表征是开放性的,随着新型知识产权侵权行为的演变,势必呈现出更为隐蔽的故意侵权行为,需要结合司法实践具体个案予以认定。

值得注意的是,具体适用惩罚性赔偿的知识产权案件的主观和客观要件可以相互印证,如以侵权为业为例,其作为适用惩罚性赔偿的"情节严重"要素,同样反映出具有侵权故意。"以侵权为业"反映出行为人对于通过侵权行为牟利的心理状态,具体可以通过主观和客观两方面予以充分判断。客观层面表现为行为人已经实施了侵权行为,并且该侵权行为系其主营业务和主要的利润来源。主观层面则表现为行为人具有法定代表人或受托人等特定身份,如系公司实际控制人或管理人,利用职务之便明知是侵权行为而为之。结合个案来看,营业执照记载的营业范围系公司申请注册成立时可选择的事项,而具体到运营环节,公司实际经营范围可能同记载的经营范围未必完全重叠。因此判定行为人是否以实施侵权行为为业时不能仅凭营业执照记载的事项为限。如果行为人除生产侵权产品以外不生产任何其他产品,那么结合故意侵权的事实,可认定属于以侵权为业的情形。①

司法实践中认定符合适用惩罚性赔偿的主观故意要件情形有:一是诉讼期间仍在持续宣传侵权商品。二是商标具有显著特征、商标在同行业内具有较高的知名度(属于知名商标、驰名商标),行为人将几乎

---

① 参见最高人民法院(2019)最高法知民终 562 号民事判决书。

完全相同的商标突出使用。① 三是"傍大牌,搭便车"行为,全面模仿涉案注册商标及产品,使用与其近似的宣传语言、近似域名。四是行为人多次实施侵权行为被予以行政处罚甚至构成刑事犯罪。② 例如,阿迪达斯公司拥有"adidas"系列商标权,该系列商标在市场上具有较高知名度。行为人注册成立的正邦公司于 2015 年至 2017 年期间,其多次被行政部门查获侵犯"adidas"商标权,并被处以行政处罚。多次侵犯阿迪达斯公司商标权的行为,表明其主观恶意非常明显,侵权行为具备多次重复、持续时间长及后果严重的特征,因此构成情节严重。五是在同一时期侵权人开设的其他门店亦因其他非涉案商标而被予以行政处罚。六是行为人多次重复侵权,签订和解协议后再次侵犯注册商标权。③ 七是在该商标申请经国家知识产权局商标局等机构审查、复审以及两审行政诉讼,最终被认定为与权利人注册商标构成近似而不予注册后,侵权行为人仍一直持续使用其商标的情形。而关于其他故意情形的认定,包括存在伪造、毁坏或者隐匿侵权证据的情形,或者无正当理由拒不提供相关会计账册和原始凭证构成举证妨碍的。④ 再如当事人拒不履行保全裁定,行为保全裁定作出后仍继续组织实施知识产权侵权行为的。又如侵权获利或者权利受损巨大,侵权行为可能危害国家安全、公共利益或者人身健康的。以及侵权产品还因生产质量不合格被行政处罚,导致权利人商誉折损;侵权商品属于国家强制认证产品,产品质量不合格极易引发安全事故,进而损害消费者利益,甚至影响社会公共安全的情形等。⑤

---

① 参见广东省高级人民法院(2019)粤民再 147 号民事判决书、北京知识产权法院(2015)京知民初字第 1677 号民事判决书、北京市高级人民法院(2018)京民申 4666 号刘再审裁定书。
② 参见浙江省杭州市中级人民法院(2020)浙 01 民终 5872 号民事判决书、浙江省温州市中级人民法院(2020)浙 03 民终 161 号民事判决书。
③ 参见上海知识产权法院(2020)沪 73 民申 1 号民事裁定书、广州知识产权法院(2020)粤 73 民终 154 号民事判决书。
④ 参见最高人民法院(2019)最高法民终 562 号民事判决书。
⑤ 参见广东省高级人民法院(2019)粤民再 147 号民事判决书。

6.3 知识产权侵权案件损害赔偿的计算方法

6.3.1 知识产权适用惩罚性赔偿案件的基数确定方法

根据最高人民法院《关于审理侵害知识产权民事案件适用惩罚性赔偿的解释》第 5 条第 1 款，一般而言，惩罚性赔偿基数为"原告实际损失数额、被告违法所得数额或者因侵权所获得的利益"。但事实上，在实务中，前述数额往往并非是可由证据直接证明的明确数据，需要法院结合原、被告提交的财务数据、销售数据、宣传内容、利润贡献率、侵权程度、侵权行为与损失之间的因果关系等酌情计算或估算。此外，各部门法对于计算基数"原告实际损失数额、被告违法所得数额或侵权所获利益"适用的先后顺序规定各不相同，因此先后顺序的适用应当分别依据各部门法具体规定确定。

原告侵权损失作为惩罚性赔偿的首要计算基数，可以将其认定为原先未侵权时的预计收益减去侵权后实际收益的差值。侵权损失的认定范围从两部分展开计算，第一是因侵权行为而造成的利润减损，具体包括：一是销售损失，知识产品销售量下降带来的损失；二是价格降低，为保持市场被迫降价；三是商誉损失，更多地表现为对权利人未来市场竞争力的不良影响；四是广告收益下降、会员费减少等。第二是因侵权行为而带来的成本增加，即为消除不良影响、弥补市场份额等所需花费的额外支出。

司法解释中对于原告侵权损失的计算均有相关规定。[①] 原告侵权

---

① 参见最高人民法院《关于审理著作权民事纠纷案件适用法律若干问题的解释》第 24 条的规定，权利人的实际损失，可以根据权利人因侵权所造成复制品发行减少量或者侵权复制品销售量与权利人发行该复制品单位利润乘积计算。发行减少量难以确定的，按照侵权复制品市场销售量确定。最高人民法院《关于审理商标民事纠纷案件适用法律若干问题的解释》第 15 条规定，权利人的实际损失可以根据权利人因侵权所造成商品销售减少量或者侵权商品销售量与该注册商标商品的单位利润乘积计算。最高人民法院《关于审理专利纠纷案件适用法律问题的若干规定》第 14 条第 1 款规定，权利人因被侵权所受到的实际损失可以根据专利权人的专利产品因侵权所造成销售量减少的总数乘以每件专利产品的合理利润所得之积计算。权利人销售量减少的总数难以确定的，侵权产品在市场上销售的总数乘以每件专利产品的合理利润所得之积可以视为权利人因被侵权所受到的实际损失。

损失的认定虽然存在相应的司法解释与计算思路，但在司法实务中仍然存在大量证明问题亟待解决，一方面是权利产品销售减少量较难证明，另一方面则是减少量与侵权行为的因果关系难以证明。在认定侵权对权利人产品销量的影响时，有如下几种方式可以参考：首先是替代法，将侵权商品销量替代为原告因侵权而造成的权利产品减少量进行认定；其次是趋势法，预测原告在未被侵权时未来一段时间可能的销售量，将其与因被告侵权行为所导致的已减少的现实销量进行对比；最后是比较法，在上述两种认定方法都无法适用的时候寻找可替代的参照性商品进行比较，估测原告因侵权而产生的损失。在司法实务中，有用审计报告证明产品销售减少量的情况，如在浙江金义集团有限公司等与潘笃华等专利侵权纠纷案中，根据审计报告"小家伙"牌旋转式吸管的果奶量1999年5月至2001年5月期间，销量共下降41266.876万瓶，损失金额达31844822元。原告主张的1300万元的数额损失未超出审计的该数额，因此一审判决支持原告主张的1300万元并无不当。①

被告侵权获利对惩罚性赔偿计算基数的确定同样重要，在原告因侵权行为遭受的损失难以计算时，可以将侵权人因侵权所获得的利益总额确定为计算基础。司法解释中同样对被告侵权获利的计算均有相关规定，在商标案件中，根据最高人民法院《关于审理商标民事纠纷案件适用法律若干问题的解释》第14条规定，侵权所获得的利益，可以根据侵权商品销售量与该商品单位利润乘积计算，该商品单位利润无法查明的，按照注册商标商品的单位利润计算；在专利案件中，根据最高人民法院《关于审理专利纠纷案件适用法律问题的若干规定》第14条第2款规定，侵权人因侵权所获得的利益可以根据该侵权产品在市场上销售的总数乘以每件侵权产品的合理利润所得之积计算，侵权人因侵权所获得的利益一般按照侵权人的营业利润计算，对于完全以侵权为业的侵权人，可以按照销售利润计算。其中，销售利润为销售收入减

---

① 参见江西省高级人民法院(2002)赣民三终字第17号民事判决书。

去销售成本(包含制造成本、销售费用)并减去销售税金、附加费等,营业利润为销售利润减去管理、财务等相应费用。

被告故意不配合举证,法院可以参考原告主张及证据确定基数。对于惩罚性赔偿计算基数,在原告尽到必要举证义务,而与侵权行为相关的账册资料由侵权人掌握的情况下,司法解释明确法院可责令被告提交。如被告拒不提交的,法院可以参照权利人主张和提供的证据确定惩罚性赔偿数额的基数。根据《〈关于审理侵害知识产权民事案件适用惩罚性赔偿的解释〉的理解和适用》可知,需要指出的是,填平性赔偿数额和惩罚性赔偿数额应当分别单独计算。① 也就是说,如果惩罚性赔偿的倍数确定为1倍,那么被诉侵权人承担的赔偿总额应当为填平性赔偿数额加上惩罚性赔偿数额之和,即为基数的两倍。

6.3.2 知识产权适用惩罚性赔偿案件的倍数确定方法

显然,司法解释仅规定惩罚性赔偿的倍数计算的考虑因素,并未给出具体的计算方法。法院需要运用自由裁量权根据个案具体情况综合判定。② 惩罚性赔偿在民事纠纷领域独立适用,并不遵循"一事不再罚"。相反,行为人已经被执行完毕刑罚或行政处罚,仍然实施侵犯知识产权行为的,相关刑事判决、行政处罚决定书和记录可以用来证明侵权人具有主观恶意。比如在广州天赐公司等与安徽纽曼公司等侵害技术秘密纠纷案③中,虽然侵权行为人已经在关联刑事案件中被处以罚金,但是法院仍然顶格适用了5倍的惩罚性赔偿。该案一审法院也将惩罚性赔偿的倍数确定为2.5倍。整体而言,惩罚性赔偿倍数确定是一个非常复杂的问题,并且难以被量化。原告为了获取足额甚至高额判赔,可能直接主张适用5倍惩罚性赔偿,而是否获得法院的最终认

---

① 林方海,李剑,秦元明.《关于审理侵害知识产权民事案件适用惩罚性赔偿的解释》的理解和适用[J].人民司法,2021,(10):50-53+10.
② 参见最高人民法院《关于审理侵害知识产权民事案件适用惩罚性赔偿的解释》第6条.
③ 参见最高人民法院(2019)最高法知民终562号民事判决书.

可,需要结合以下因素进行充分举证:一是行为人的主观状态及侵权的情节;二是损害后果以及侵权人的获利;三是知识产权产品的市场价值以及知名度;四是许可使用费;五是侵权产品对整体市场的影响;六是侵权行为人的偿付能力;七是判赔金额对潜在侵权行为的阻遏作用。

6.3.3 参照合理许可使用费的赔偿计算方法

《惩罚性赔偿司法解释》第 5 条规定:"……实际损失数额、违法所得数额、因侵权所获得的利益均难以计算的,人民法院依法参照该权利许可使用费的倍数合理确定……"司法实践中存在类似情形①,根据最高人民法院《关于审理专利纠纷案件适用法律问题的若干规定》第 15 条,权利人的损失或者侵权人获得的利益难以确定,有专利许可使用费可以参照的,人民法院可以根据专利权的类型、侵权行为的性质和情节、专利许可的性质、范围、时间等因素,参照该专利许可使用费的倍数合理确定赔偿数额。无法直接参引专利许可使用费或者专利许可使用费明显不合理的,法院可以结合专利权的具体类别以及侵权行为的性质和具体情节等因素,依照《专利法》的有关规定确定赔偿数额。此外,相关司法解释规定了可以依照专利许可使用费作为基数计算惩罚性赔偿的具体情形,采取了较为灵活的举证模式,不以诉前签署专利许可合同为限。② 北京市高级人民法院曾出台相应规定,对许可使用费的使用进行更细致的规范和约束。③

---

① 参见广东省高级人民法院(2017)粤民终 2347 号民事判决书、(2019)粤民再 147 号民事判决书。
② 参见最高人民法院《关于审理专利纠纷案件适用法律问题的若干规定》第 15 条。
③ 北京市高级人民法院《关于侵害知识产权及不正当竞争案件确定损害赔偿的指导意见及法定赔偿的裁判标准》第 1.9 条规定:"参照许可使用费确定赔偿数额的,一般不低于可比较的合理许可使用费。认定合理的许可使用费,可以综合考虑下列因素:(1)许可使用合同是否实际履行,有无发票、付款凭证等相应证据;(2)许可使用合同是否备案;(3)许可使用的权项、方式、范围、期限等因素与被诉行为之间有无可比性;(4)许可使用费是否为正常的商业许可费用而未受到诉讼、并购、破产、清算等外在因素的影响;(5)许可人与被许可人之间是否存在亲属关系、投资或关联公司等利害关系;(6)其他因素。"

有关知识产权许可费的基数确定,本着公平原则不宜重复考量过错因素。以侵害专利权纠纷为例,一般情形下专利许可费的倍数应当为1倍以上,原因在于许可使用费一般低于被许可实施专利的收益,而专利许可合同本身的目的在于盈利。参照许可使用费的倍数确定侵权损害赔偿数额体现了惩罚性赔偿的精神,但并未突破填平损失的补偿原则范畴。鉴于惩罚性赔偿制度会对侵权过错作出专门评价,因此不宜在确定许可使用费的合理倍数时考虑过错因素。针对许可使用费的举证,包括实际履行合同的合同书、履行款的银行转账记录等付款凭证、洽谈过程中的往来证据、发票以及同行业的平均许可费等。

许可使用费倍数的选取,尤其在处理酌定倍数时,应当综合考量知识产权侵权行为的全部侵权要素,以及惩罚性赔偿金最终能否发挥制度的社会实效。具体而言,包括侵权行为人获利情况以及权利人损失情况这一对对应关系,知识产权侵权行为主观故意和侵权情节这一对对应关系。而其中侵权情节包括实施知识产权侵权行为的频次以及持续时间和影响的地域范围等。除此之外,还须考量侵权形态系共同侵权还是单独侵权,尽量保证倍数酌定的精细化及合理化。[1]

6.3.4 技术贡献率在知识产权侵权案件中的考量

目前知识产权案件引用技术贡献率的案件呈现扩张化的趋势,其中专利权纠纷居多。在威科先行数据库搜索专利贡献率、商业秘密贡献率、技术秘密贡献率和技术贡献率这几个关键词(包含任一关键词),进行裁判文书的全文检索,指定案由为知识产权竞争纠纷,截至2023年1月6日共检索出226件相关案件,其中最高人民法院审理的有77件案件。其余案件多集中于北京、上海和浙江等地法院。公报案件有2件(系关联案件),典型案件有6件。在知识产权案件精细化判赔趋势下,以2020年为节点,2020年以前,当事人提出适用技术贡献

---

[1] 蒋华胜.知识产权惩罚性赔偿制度研究:立法检视与司法适用——兼论我国《民法典》第1185条法律规范的体系化构建[J].中国应用法学,2021,(1):146-170.

率的知识产权案件呈现大体增加的趋势;而 2020 年至 2022 年期间,引用技术贡献率的知识产权案件分别为 79 件、40 件和 28 件,呈现下降趋势。这说明适用技术贡献率作为一项诉讼策略,有不被采纳或者存在争议的可能性。技术贡献率对于当事人而言,是诉讼策略的取舍;对于法官而言,是计算判赔数额的关键一环。

(1)知识产权侵权损害赔偿基数的确定缺乏必要的技术要素的考量

目前关于知识产权案件适用惩罚性赔偿的基数选择,缺乏相对统一的标准。司法实践和学理多关注权利损失、侵权获利和许可使用费作为惩罚性赔偿基数计算的情形,但未对赔偿基数、倍数和技术贡献率等系数的逻辑关系予以说明,因此尚须引入知识产权惩罚性赔偿规则适用的体系化思维。此外,不同知识产权案件的惩罚性赔偿计算公式也未经过整合,因此案件处理的针对性相对缺失。其中,实际损失确实有难以查明的情况,一方面考虑到知识产权本身存在不稳定性和价值难以预估的问题,另一方面需要考虑相关损失同判赔的关联性,如专利技术成果转化不能的损失、商誉折损的损失和著作权合同履行不能的信赖利益损失等如何计算,以及是否均能作为惩罚性赔偿基数选取的参考因素。

侵权获利相较实际损失而言,一般比较容易查明,但需要考虑到必要的技术因素作用力,避免夸大知识产权侵权行为和权利人损失之间的关联关系。引入必要的技术要素,目的是还原经营者竞争关系,以及对各自的知识产权市场价值予以客观评价。值得注意的是,多数知识产权纠纷应当考虑到技术因素的占比,而非仅仅将技术贡献率等作为可选可不选的酌定参考判赔要素。司法实践中对于技术贡献率的侵权获利考量,存在较大的理解差别。① 技术贡献率始终是争议极大且异常复杂的考量因素,以一则侵害发明专利权纠纷为例②,上诉人认为原

---

① Ding W Y, Zhang L L. Research on the Judicial Determination of the Amount of Punitive Damages for Intellectual Property Infringement[J]. Intellectual Property,2021,2:72-86.
② 参见最高人民法院(2021)最高法知民终 920 号民事判决书。

审判决关于技术贡献率的采纳数额明显畸高,主要理由在于权利人的利润率一直徘徊在相关行业的下游,客观上属于微利型企业,因此原审判决对侵权产品的利润率判断有误。上诉人提出了有关技术贡献率的看法,认为应当充分考虑相关技术发挥功能和作用的环境、条件及时机,因此技术贡献率的数值也超出了合理范围。

技术贡献率的复杂性还体现于往往需要甄别择取,在同一案件中,原被告在技术贡献率取值问题上可能持较大争议,且举证方式存在较大差异。为甄别出相对准确的技术贡献率,应置于对比和市场竞争的情景之中综合认定两者之间的关系,进而确定最终的侵权获利或实际损失。其实,探究至技术贡献率这一问题,说明当事人已经就侵权行为和损失及因果关系作出了初步举证,这也能够倒逼一些复杂的知识产权侵权案件的当事人积极举证,以及法官就知识产权纠纷争议点考量必要的技术和市场因素。同样以上述案件为例,关于涉案专利对产品售价的技术贡献率,TCL公司称其开发的"小圆柱柜机"实施了包括涉案专利在内的合计共9件发明专利,其中涉案专利的技术贡献率为11.11%。而广东美博公司、安徽美博公司提出空调产品分为内机、外机,核心部件是压缩机(属外机),栅格(属内机)不是核心技术部分,涉案技术对产品售价的技术贡献率不足1%。可见,是否系专利技术,是否系核心技术,对应的技术贡献率存在较大差别。从举证论证的视角,需以"整体—部分"的思维,精确到具体的专利及其贡献率,否则可能因为笼统而视为缺乏依据,而不予支持。现阶段,权利人就技术贡献率举证,多缺乏系统思维和章法,如没有选择必要的参考项,由此缺乏必要的对比指标。如未主张系核心技术点,抗辩方可能将诉争焦点因此转移到品牌、宣传等非技术盈利要素上,从而割裂了专利技术同成品利润增值之间的关系,导致技术贡献率主张最终未获支持,难以实现理想的判赔数额。

(2)引入技术贡献率精确计算知识产权侵权损害赔偿的基数

知识产权作为活跃市场的重要因素之一,将其纳入经济指标已有先例。① 比如美国等发达国家就将知识产权作为 GDP 的贡献指标进行量化。借鉴相应的思维，可以在计算知识产权侵权损害赔偿的过程中突出知识产权的技术要素以及量化技术在知识产权参与市场竞争中的贡献程度，由此紧密结合知识产权侵权获利或权利损失的计算程式，为定分止争提供相对合理的参引数据。② 针对专利纠纷尤其系复杂疑难案件，精细化赔偿计算可以从侵权产品获利占被告整体利润比例，以及专利技术对于产品获利的技术贡献率等角度切入，即考虑具体专利技术对于产品利润增量的具体贡献程度。

(3) 兼顾知识产权的市场因素和技术因素

技术贡献率作为经济学术语，是考量科技成果转化效果的重要指标之一，同新技术的占比、产业政策的关联程度以及技术水平、社会效益、经济效益和市场前景等因素共同组建起评价体系。而技术贡献率引用至司法判决，和专利权纠纷或商业秘密纠纷相关，已经涉及相对专业的技术领域，对于判决水平本身的要求偏高。在威科先行数据库中检索"技术贡献率"案件，发现有接近一半的案件由最高人民法院审理。案件整体标的额较大，有的接近 5000 万元，说明涉及技术贡献率的知识产权纠纷一般较为复杂，或者呈现出司法裁判"去粗线条"式判赔逻辑演绎的趋势。例如，在一则喷油泵相关的职务发明纠纷公报案件中，法官对整体技术和各部分技术贡献率做了相对充分的对比阐释，并借助了鉴定意见和行业基本情况，最终确定技术贡献率具体数值。③

而技术贡献率引入知识产权侵权赔偿，可以作为惩罚性赔偿判赔

---

① L. Hallenborg, M. Ceccagnoli and M. Clendenin Intellectual Property Protection in the Global Economy [M]//Libecap, Thursby. Technological Innovation: Generating Economic Results. Emerald Group Publishing Limited,2008,63-116.

② Song. Grasp the Market Value Factor to Strengthen the Damage Compensation [J]. People's Judicature,2015,17:48-50.

③ 参见上海市第一中级人民法院(2005)沪一中民五(知)初字第 220 号民事判决书、上海市高级人民法院(2008)沪高民三(知)终字第 23 号民事判决书。

数额基数的某一个重要参数,以百分比的形式出现,用于乘积进而给判赔金额"折扣",确定更为精确且符合知识产权市场价值的判赔数额。这一标准所提供的直观视角能够平衡知识产权权利人和同类经营竞争者的利益,避免判赔畸高和约束法官的自由裁量空间,保证判决的公正合理性,从长远视角来看能够抵制专利流氓或期待通过诉讼获利的投机心理。技术贡献率不等同于利润贡献率,附加知识产权的技术未必能够直接实现市场变现。技术贡献率引入知识产权纠纷解决,应当结合具体的场景和企业知识产权商品或服务运营实况而定;而且不应该在个案中设置过高的适用门槛,否则不利于知识产权案件精细化判赔的实现。此外,技术贡献率本身应当有一定的包容性,即适当扩充适用的空间。在尊重市场和行业基础上,应以动态思维看待技术贡献率,只要是合理区间以内,可以作适当调整。

引入技术贡献率作为知识产权案件判赔的参考,也有助于破除知识产权案件审理判赔受限同举证不力之间的"僵局"怪圈。判赔数额越低,当事人举证积极性越低。而当事人举证释明所起的作用越有限,越不利于获取高额判赔。技术贡献率的介入,有助于知识产权案件繁简分流,即诉争数额较低的知识产权案件,可以不进行技术贡献率的讨论;而比较重大疑难复杂的知识产权案件,在无例外的情形下最好就专利贡献率等予以阐明,这样能够倒逼当事人积极举证,也能够推动知识产权案件精细化裁判的改革。在业内被认为是典型和被深度探讨的知识产权案件,并非以标的额为唯一参照,往往体现了综合运用经济、技术、法律等多重思维及原理,并将其渗透于判赔金额计算每一个论证细节中。①

专利技术贡献率来源于"技术分摊规则",即在确定专利侵权赔偿数额时,一是计算专利技术特征覆盖部分的产品价值,二是将上述产品价值分摊到整体产品价值中去,从而计算出专利技术对应的产品利润

---

① Song. Discussion on compensation for Intellectual Property Damage: From the Perspective of Empirical Analysis[J]. Intellectual Property,2016,183(5):10-19.

贡献率。计算公式是：侵权获利＝侵权产品销售量×侵权产品利润×专利技术对产品利润的贡献率。鉴于此，建议区分案件类型，分门别类地确定裁判理路。同技术贡献率公式最直观贴合的案件之一为零部件商业秘密或专利侵权纠纷。法院可以重点分析相关零部件对于成品利润的贡献度。从举证论证视角来看，专利权人可以主张该零部件系核心部件对于成品利润价值重大。而行为人可以反向"稀释"技术的价值，主张该产品部件并非重要部件，或者主张成品利润来源于非专利要素，如商标或宣传成本或品牌溢价等。

技术贡献率在知识产权侵权损害赔偿中的计算方案，分为三个步骤。第一，选择一个参考标。在具体专利或商业秘密纠纷案件中，若引用技术贡献率，首先应当选择一个参考标（如不具备专利技术的对比产品），变量为是否具备专利技术，因变量则为相应的技术指标或产量。对比参照物同涉案专利产品的某项技术指标性能，间接得出专利技术对于产量的贡献，进而推出对于利润的贡献。第二，构建一个计算模型或一组公式，如"涉案专利对整机利润的贡献率＝专利对总产量的贡献率＝专利避免故障而提高的产量÷每日产量"，再如"专利避免故障而提高的产量＝故障次数差×每次故障平均修复耗时÷单胎生产时间"。除了以"故障率差值"反映专利技术对于产量的贡献率，还可以引入直接同利润率相关的模型或者同非产量技术指标及模型。第三，由技术贡献率向利润贡献率过渡，是技术要素转化为经济要素的关键环节，也是核验上述模型或方法准确度的核心步骤。这一过程可能借助专家辅助人或技术经理人或其他专业人员的协助，由法官确定最终的技术贡献率数值，并对当事人关于技术贡献率的举证论证予以回应，进而计算出最终的知识产权侵权判赔数额。具体而言，可以重点关注技术指向的权利要求，以独立权利要求为主，侧重具备创新价值的权利要求项。另外，还须考量权利要求是否具备标准必要特征，并综合运用经济学思维，把握复杂条件下其他非技术因素可能对于销量的影响，以排除干扰因素。一言以蔽之，技术贡献率最终作用于利润的计算

(作为乘积系数而确认利润增加值),因此,技术贡献率在知识产权案件中的应用实际上系运用经济学思维范式的法律推理。①

确定知识产权对商业价值的贡献度,可以从以下几个方面展开:一是知识产权类别及其对市场价值起到的作用;二是知识产权本身的创造性或者独创性,显著程度以及价值;三是知识产权的创新成本及市场价格;四是涉案知识产权产品与同类商品的市场价格、销售数量及利润的横向对比;五是侵权商品的生产成本及经营成本、市场价格及销量,以及单位利润等情况;六是可能构成侵权的技术在整体知识产权产品中的数量占比及客观上的重要程度。

(4)知识产权市场划分、行业特征及诉讼策略的必要考量

专利、商业秘密等不同类型知识产权的技术贡献率存在客观差异,此外,结合专利产品或服务对应的具体市场及行业,存在不同的贡献率区间。因此,专利贡献率要结合该专利对成品的价值进行判断,而不能以专利本身所占成品的比重进行确定。以最高人民法院审理的一则侵害发明专利权纠纷案为例,涉案专利方法虽然是在设备发生故障时才起作用,但是涉案专利技术方案可以保证设备在发生故障时仍能具有较高的输出电压,提升了设备的使用价值。因此,在将专利贡献率作为确定赔偿数额的考虑因素时,不应仅以零部件本身在产品整体中所占的比重进行考量。此外,法院还考量了涉案专利的宣传成本,虽然同专利贡献率没有直接关联,但是两者存在互相影响的因素,可以作为间接参考综合认定涉案专利技术的市场价值。

专利贡献率等技术贡献率在知识产权纠纷中的侵权获利计算运用,涉及诉讼策略的综合布局问题。虽然在部分知识产权纠纷中因为就技术贡献率相关技术参数和技术指标和侵权事实举证不力,或者举证不具备针对性,法官在考量是否适用时往往持怀疑和批判的态度,然而,也有善于运用技术贡献率并获得全额判赔的情形。以福州百益百

---

① 参见江苏省高级人民法院(2018)苏民终 1384 号民事判决书。

利自动化科技有限公司、上海点挂建筑技术有限公司、张守彬侵害实用新型专利权纠纷为例①，该案涉及专利贡献率的认定和专利产品的利润率问题，经过了一审、二审，最终予以撤销原判，并支持了权利人250万元全部诉讼请求。具体到诉讼策略，该案亮点之一在于权利人主张侵权行为规模时，结合板材之行业用途，即侵权行为人同地产公司、建筑公司的合作项目，以及第三方公司在行业领域的国际知名度和影响力，以逆向思维证明了己方的市场损失。亮点之二在于，权利人就专利侵权损害赔偿的计算方式，提供了可供选择的余地：方法之一在于专利许可使用费，方法之二则根据板材的安装费计算。安装费只能作为专利产品使用必不可少的阶段式成本之一，严格意义上并不等同于专利产品本身的市场价值，而且借用了锚栓专利贡献率计算实际损失，可谓走了一步"险棋"。然而，权利人最终仅主张了和上述两种方法计算出的数额明显不成比例的赔偿请求，即远远小于计算得出的实际损失或侵权获利，并最终获得了该赔偿请求项下的全部数额判赔，可谓"通盘布局，有的放矢"。

(5)应对知识产权民刑交叉或重大复杂案件

技术贡献率的引用有三大特征。第一，需要植入体系化思维，即技术贡献率往往成组出现，且互有关联。第二，需要应对精细化裁判的需要，运用整体和部分的思维，庖丁解牛般地分解案件，还原事实和因果关系，谨小慎微地确定包括基数、倍数和系数在内的判赔因子。第三，技术贡献率无法做到绝对精确，只能相对精确，可能以某个区间的样态呈现，并随着市场波动而处于变动之中。因此需要借助市场案情和应用情景，考虑相关技术对于研发、生产、宣传、销售环节的贡献因素，以不变应万变，抽离出技术因素和市场因素，将具体法律规则穿插其中，实现相对合理的裁判逻辑演绎。

知识产权"三合一"审判已成趋势，技术贡献率的引用成了复杂知

---

① 参见最高人民法院(2021)最高法知民终1066号民事判决书。

识产权尤其刑民交叉案件的亮点。以一则刑民交叉的技术秘密纠纷为例①,该案件适用了惩罚性赔偿,但二审法院最高人民法院改判幅度较大,虽然经济损失赔偿总数额保持 3000 万元不变,但将惩罚性赔偿倍数改为 5 倍的顶格数额,并将安徽纽曼公司的侵权获利按照技术贡献率 50% 进行调整。关于刑事判决部分,在民事一审诉讼立案后判决作出之前,相关刑事判决认定符合侵犯商业秘密罪的构成要件,刑事二审仅就其中一人刑罚作出改判,其余维持原判。② 技术贡献率在上述知识产权刑民交叉案件中就定罪量刑和民事赔偿均起到了重要作用。由于涉案技术秘密涉及产品生产工艺、生产流程和生产设备本身,对生产涉案产品检验合格及发挥功效起到关键作用,所以其可以被视为获利的主要来源。

一旦认定技术秘密使用行为同生产、销售侵权产品获利之间存在因果关系,对行为人的评价将相当不利。在前述纠纷中,原审法院酌定适用了 50% 的技术秘密贡献率,存在一定的争议。计算关键技术在生产产品中的贡献率不能产生过大的波动,否则说明计算方式过于粗略。关于利润率的争议焦点在于,安徽纽曼公司认为不应按照广州天赐公司的产品利润率确定其产品利润率。而二审法院支持了原审法院关于利润率的判决部分,认为安徽纽曼公司举证不力,一审未提供原始会计凭证、账册、利润表等数据,二审也未举证证明涉案产品的利润率,因此应承担举证不利的法律后果。原审法院对适用广州天赐公司利润率的理由予以充分阐释,获得了二审法院的认可,相对应的关于原审判决利润率计算不当的上诉主张则未获支持。这说明在具体的知识产权纠纷中,关于利润率的主张或异议,必须以充分举证论证为前提,否则极有可能不予采纳进而阻碍整体诉讼进程。这是由于技术贡献率对于知识产权侵权最终获赔在举证环节层面起到了重要的衔接作用。为了避免

---

① 参见最高人民法院(2019)最高法知民终 562 号民事判决书。
② 参见江西省湖口县人民法院(2017)赣 0429 刑初 49 号刑事判决书。

出现因为技术贡献率不被采纳而整体判赔受限的局面,建议"诉讼策略"配套可供选择的争议解决路径。

6.3.5 不同类型知识产权特有的侵权损害赔偿的计算方法

构建价值论导向下的知识产权侵权损害赔偿技术贡献率评价体系确有必要。知识产权纠纷往往涉及复杂的技术性问题,如对于产品而言,专利部分和非专利部分对于最终利润贡献的影响,应当作必要的区分。在个别案件中,技术呈现动态流程的样貌,如美国康卡斯特电缆公司诉斯普林特公司一案,通过技术分析和"分摊"方法,对于侵权步骤和非侵权步骤进行划分,对应的盈利份额占比作为损害赔偿或侵权获利的计算依据。技术贡献率是对某件知识产权商品或服务的价值贡献,应置于"知识价值链"视角予以衡量。[①] 与传统意义上以有形商品为交易对象的"产业价值链"不同,知识这一无形成果作为价值来源,既可以以物理产品的形态存在,也可以以独特的价值本体出现。具体到知识产权诉讼,需要考虑到关联技术的贡献率之间的影响,以及技术因素和非技术因素之间的相互影响,综合评价技术贡献率指标体系,为损害赔偿提供价值指引。[②]

6.4 知识产权惩罚性赔偿金的计算模式

引入必要的技术贡献率指标,是约束自由裁量和实现知识产权精细化判赔的关键。技术贡献率作为一项技术指标和经济指标,反映出技术对于利润的贡献程度,在具体的知识产权案件中则对应专利或商业秘密对知识产权产品的利润贡献。引入技术贡献率,能够约束法定

---

① 马一德. 技术标准之许可定价规则的"非国家化":以可比许可法为中心[J]. 法学研究,2022,44(3):103-124.

② Pincus. The Computation of Damages in Patent Infringement Actions[J]. Harvard Journal of Law & Technology, 1991,5(1): 95-144.

判赔、惩罚性判赔等的不确定因素,如量化知识产权惩罚性赔偿的基数和倍数。适用技术贡献率,须结合专利产品或商业秘密所属行业及具体应用情景,借鉴相关行业经济利润模型,综合运用各项指标计算。技术贡献率运用于知识产权案件,成效取决于是否能够统筹诉讼策略,并被认定作为诉讼策略布局点之一,连同惩罚性赔偿、侵权获利或实际损失、利润率的计算等内容综合考量。此外,应综合运用经济、技术、法律等多重思维及原理,如"四要素"核验机制、"分摊规则"和"全市场价值规则"等,将其渗透于判赔金额计算每一个论证细节中去。技术贡献率本身应当有一定的包容性,即适当扩充适用的空间。在尊重市场和行业基础上,置于动态思维之下,只要是合理区间以内,可以做适当调整。

第七章 特殊领域惩罚性赔偿的适用规则

从历史研究、比较研究、司法实证研究横向与纵向多重角度对知识产权惩罚性赔偿的基础概念研究以及赔偿数额计算规则进行详细分析论证之后可以看出,知识产权惩罚性赔偿在不同部门法与具体适用情境之下存在特殊的适用规则。其一,在法律规范上即可窥见惩罚性赔偿在不同法律部门之间的特殊差异,例如《商标法》与《著作权法》对惩罚性赔偿主观要件的定义即存在"恶意"与"故意"之差别。又如关于赔偿计算基数适用顺序的规则设置上,《著作权法》规定的惩罚性赔偿中所提的"违法所得"即区别于《商标法》《专利法》《种子法》中"侵权获利"的说法,并且在具体顺位的表法上亦存在些许差异,具体表现在"实际损失"与"侵权获利"是否同为第一顺位。其二,在司法实践中知识产权惩罚性赔偿作为适用的例外与补充,最终适用惩罚性赔偿的案件数量本就相当有限,知识产权领域惩罚性赔偿的适用基于民事赔偿补偿性原则与比例原则的缘由而劣后于法定赔偿,更是进一步限缩了知识产权惩罚性赔偿的适用范围。

7.1 互联网环境下惩罚性赔偿适用的特殊制度

7.1.1 互联网环境下著作权惩罚性赔偿的侵权行为类型

互联网环境下著作权的表现形式、传播途径、侵权行为样态都随之产生了新的变化,也为惩罚性赔偿在著作领域内的适用提供更多完善空间。因此在讨论惩罚性赔偿之前,有必要先对互联网数字技术衍生出的新型著作权侵权的行为类型予以特殊说明与类型划分,总结对自身研究成果以及当前学界已有研究成果。互联网环境下区别于传统著作权惩罚性赔偿的侵权行为类型集中表现在视频领域。

(1)视频聚合盗链侵权行为

视频聚合类 APP 通过嵌套播放器、定向链接等形式,运用深链聚合技术搭建网络信息平台,培育并不断扩大用户基础,其特点是聚合全网海量视频资源,同时可以去除贴片广告,通过具有诱惑性的语言和焦点图片诱导用户下载安装,非法提供盗版、涉黄涉暴等内容的视频。这类软件的装机量很多都在百万级别以上,用户数量和影响力不亚于正版视频网站,社会危害性不容小觑,聚合盗链已演变成一种对正版视频产业极具危害性的商业模式。

在聚合盗链模式下,视频聚合软件采取技术手段破解各大视频网站的技术保护措施,获取正版视频网站服务器上存储的影视作品资源,在其软件内向用户传播影视作品资源。这种做法转嫁了架设服务器以及购买带宽、采购版权的高昂成本,违背正版视频网站的意愿分走用户流量,获取自身的广告利益。据各大视频网站不完全统计,国内视频网站为运营正版视频每年支出的宽带成本高达46.8亿元。每年因盗链、网盘侵权损失的流量 VV 数量超过 24430911.5 千次,广告收益的损失至少有 18 亿元。而各大主流视频网站用于视频采购的成本每年高达 180 亿元[①]。从商业模式上来看,这种做法严重违反了市场公平的资源配置与成本效益原则,亟待通过适当的方式进行规制。

目前司法实践中和学界对聚合盗链技术原理的理解不一致,对技术层面理解的偏差会直接影响法律认定过程中对是否构成信息网络传播行为的理解。因此厘清聚合盗链的技术实现原理的前提是对我国信息网络传播权以及信息网络传播权控制的传播行为范围进行准确解

[①] 比如,韩国电视剧《Doctor 异乡人》此前在大陆地区的网络版权费接近千万元;爱奇艺视频 2014 年为购买《爸爸去哪儿》《快乐大本营》等五档综艺节目的独家播放权而支付了 2 亿元,再比如,腾讯 2015 年以 5 年 5 亿美元拿下美国 NBA 的网络独播权,这是新浪之前每年支付的 2000 万版权费的五倍。

读,也即对著作权的权利边界有明确的把握。目前司法实践中出现的用户感知标准、实质替代标准、服务器标准等都不是司法适用的唯一标准,也不是学界认可的统一标准。用户感知标准缺乏客观性,实质性替代标准从获益或损害后果出发作为行为性质认定的考量因素不符合客观行为定性逻辑,服务器标准更是拘泥于技术的泥沼,不能与时俱进。

对于聚合盗链行为起诉的理由多样,权利人的权利得不到充分的救济。目前司法实践中的案由主要是信息网络传播权侵权、不正当竞争以及破坏技术保护措施,然而不正当竞争与破坏技术保护措施都不是权利人救济其权利的最终办法。有学者认为聚合盗链是以"作品传播利益为中心的,所以为了避免著作权法的碎片化,应尽量减少反不正当竞争法的介入"。[①] 反不正当竞争法应当处于补充与兜底的地位,在依据著作权法可以对聚合盗链行为进行定性及规制时,不应当适用反不正当竞争法而使得著作权法落空。更进一步来说,聚合软件的损害行为并非破坏技术保护措施这一部分,聚合盗链的行为使本应该属于著作权人控制的传播范围扩大,损害了著作权人的传播利益,这一部分的损害行为应当通过著作权专有权利进行规制。

首先,聚合盗链 ≠ 破坏技术措施+深层链接。在司法实践与理论界,常常有观点将"聚合盗链"与"深层链接"联系起来,认为聚合盗链是在深层链接的技术上发展起来,聚合盗链可以简单地被分解成破坏技术保护措施加上深层链接,而破坏技术保护措施只是一种手段行为,并不影响聚合盗链是否侵犯信息网络传播权,进而得出聚合盗链的行为本质等同于深层链接的本质的结论。这种理解是不准确的,聚合盗链的实现原理与深层链接的原理是不同的,更不能将聚合盗链简单地分解成破坏技术保护措施加深层链接。参考维基百科中关于 deep-linking 的定义,深层链接即在万维网的环境中,链接到网站中可公开检索的具体内容(例如" http://example.com/path/page"),而非链接到网站

---

① 崔国斌.得形忘意的服务器标准[J].知识产权,2016,(8):3-19.

首页(例如"http://example.com/")的超链接方式。具体而言,深层链接是超链接的一种方式,包括链接到网页次级页面、网页中某个具体文件的链接方式,但不包括链接到网站首页的链接方式(如网址导航、友情链接)。理论界与司法实务中的深层链接所指往往与技术规范意义上的深层链接所指不同,理论界与实务中认为通常情况下,如果链接提供者在引导用户获得被链接内容时,无须进入到被链网站即可获得被链接内容,则该链接行为被称为深层链接行为。可见理论界与实务中所指深层链接并非要求万维网环境,也并不要求链接内容属于公开可检索的内容。技术规范意义中的深层链接属于有益的互联网链接技术,而理论界与司法实务中所指的深层链接属于性质有争议的链接技术,它不满足产业界提出的合法链接四要件,即内容公开、完全跳转、完全呈现、全网搜索,因而不被被链网站所欢迎。而如今的聚合盗链采取的技术相比较理论界和司法实务中所指的性质有争议的深层链接并不是一回事,甚至更为恶劣。下文将详细论述聚合盗链的技术实现过程与深度链接不同之处。

其次,聚合盗链技术抓取的是存放在私有服务器中的内容。在正版视频网站视频播放的过程中,一般会涉及网页地址、flash 地址、视频文件地址三个代表着不同含义的 URL 地址。其中,网页地址会在浏览器的地址栏中完整展示,这个网页地址展示的是完整的网页内容,包括了视频播放框、周边的广告框以及其他相关的网页内容,这个地址是公开的,相当于视频网站的首页,通过点击搜索链接或其他网页的链接,可以进入提供视频播放的网页(即网页地址),这就是通常所说的普通链接。第二个地址是 flash 地址(相对地址),完整网页中文字、图片、广告、动画等不同的内容对应了不同的 flash 地址,视频文件有一个不同于网页地址的 flash 地址与之对应,在网址栏输入该 flash 地址打开的是只有影片播放内容的页面,第三方网站可以自行编辑该 flash 地址,从而实现在自己网站内呈现视频内容,也即所谓的加框链接或嵌套播放,理论界和司法实务中所指的深层链接也是通过对 flash 地址进行编辑来进行实现。第三个地址即视频文件地址（绝对地址），是指文件来源地址，这个文件来源地址就是储存视频文件的 URL 地址。由于视频文件的版权成本较高，视频网站往往将视频文件存储在外部无法公开检索的服务器中。视频聚合软件通过破解视频网站的技术措施，伪造密钥获得视频文件地址，进而抓取视频网站内容服务器内的视频文件，在自己软件界面内向用户提供播放或下载的行为，就是聚合盗链。由此可见不论是技术规范意义上的深层链接还是司法实践中所指的深层链接与聚合盗链实现的技术原理都不同，聚合盗链具有更大的主观恶意与破坏性，抓取的内容是视频网站花大力度设置保密措施的属于私有领域的服务器中的内容，而不像深层链接和修改的是互联网环境下可公开的 flash 地址。

最后，聚合盗链通过仿造密钥实现对内容的直接获取。在聚合盗链模式下，被链视频网站由于购买带宽、采购版权成本巨大，一般会实现播放器与服务器分离，对其服务器中的内容采取技术保护措施。正版视频网站自己播放视频时，视频客户端或播放器请求播放视频后，播放服务程序会生成视频地址鉴真密钥 ckey 加密字串，嵌入到 HTTP 请求中，服务器接收到这个 HTTP 请求后，根据特定的解密算法，解密该 ckey，并返回嵌入视频播放密钥 vkey 值的相应剧集播放地址，视频得以正确播放。

从上述正版视频网站播放视频的实现过程来看，视频客户端或播放器与服务器互相请求回应是必不可少的，上传至服务器与播放器的请求同时构成提供视频行为的两个组成部分，完整的视频提供行为包括了前期上传至服务器以及后续视频客户端或播放器向服务器请求播放，通过 ckey 验证机制，从而由客户端播放器向用户提供的过程。仅仅上传至服务器不能达到使公众可能获得的程度，因而信息网络传播权控制的提供行为不应当仅仅包括上传至服务器。聚合盗链软件实现视频播放的过程相当于视频聚合软件代替了正版视频网站播放视频时视频客户端或播放器的功能，聚合盗链软件伪造鉴真密钥 ckey 获取视频播放密钥 vkey 值,骗取了正版视频网站服务器的响应,盗取了正版视频网站不对外公开的服务器中的内容,向用户提供。

从上述正版视频网站与聚合盗链软件播放视频的过程对比来看,两者都实现了将不对外公开的服务器中的视频资源提供给公众的目的。正版视频网站播放视频的行为毫无疑问属于信息网络传播权控制下的提供内容的行为。而对于聚合盗链行为,由于没有上传至服务器这一与正版视频网站的唯一区别的环节,对其是否是信息网络传播行为产生了争议。从聚合盗链软件的主观意图看,其旨在向用户提供内容,实现一站式播放;从客观行为上看,聚合盗链将第三方网站不公开的服务器中的内容向公众传播,使得公众可以在选定时间选定地点获得视频内容;从行为效果上来看,聚合盗链软件扩大了视频内容的传播范围,使得权利人对作品的传播失去了控制。信息网络传播权作为一项具有排他性的财产权,这种排他性是信息网络传播权得以实现其功能的关键前提。权利人提供作品的方式和渠道具有独占性,提供的对象和方式应该由权利人自身控制。聚合盗链行为使得权利人丧失了对作品传播的控制,因而应当属于侵害了信息网络传播权核心控制的传播环节。[①]

(2)短视频侵权案件中惩罚性赔偿的适用

随着互联网技术持续进步,大众娱乐方式也受到网络即时通信传播技术的影响产生迭代性变化。从"长视频"到"短视频"所进行的时代更替,除了反映普罗大众选择喜好之差异之外,其背后所反映的更深层次问题是著作权作品具体类型的扩张。在互联网背景下人人都可以成为创作者,自媒体短视频一词应运而生,由此带来创作内容上的良莠不齐现象十分严重,创作门槛的降低导致著作权人与侵犯著作权的侵权人两方都存在不利于短视频著作权保护的突出表现,并且两者身份可转换共生,短视频著作权人也可能是侵权人。短视频作者自身对于

---

① 孙那. 视频聚合盗链行为法律性质的再探讨[J]. 法学论坛,2018,33(5):103-111.

著作权权利意识不强，无论其主观是否存在故意心态，在短视频创作过程中通常存在对长视频进行切割分集、直接搬运、解说加工等侵犯他人著作权的行为，从而进一步导致著作权侵权行为数量与日俱增。造成短视频侵权频发的原因不仅在于侵权人本身，还在于目前并无合法便捷的授权渠道，短视频作者普遍不具备商业谈判能力，并且大部分视频收益也不能激励被侵权长视频作者或其他短视频作者主动维权，对待短视频侵权行为采取的是消极态度，进一步助长了短视频侵权乱象。

在当前短视频侵权案件中，在认定短视频作品类型时，法院一般会将其归属到视听作品或录像制品之中进行保护。但从短视频著作权人角度出发，权利主体更乐意选择视听作品的权利路径进行著作权保护，因为视听作品相比录像制品更具有独创性，录像制品只能算作类作品，并不构成独立作品，其所享受的权利范围也限于邻接权。主张视听作品是对自身短视频具备独创性视为独立作品的态度表达，也是享受著作权完整权利保护的法律基础。根据《北京市高级人民法院关于侵害知识产权及不正当竞争案件确定损害赔偿的指导意见及法定赔偿的裁判标准》的规定，被告未经许可将涉案视频类作品进行广播或放映的，无其他参考因素时，其他短视频类作品每条赔偿数额一般不少于2000元；被告未经许可在线播放涉案视频类作品、制品，无其他参考因素时，其他短视频类作品每条赔偿数额一般不少于2500元。[①] 从中可以看出法院所设置的法定赔偿基本赔偿标准并不高。为实现知识产权

---

① 参见北京市高级人民法院《关于侵害知识产权及不正当竞争案件确定损害赔偿的指导意见及法定赔偿的裁判标准》第6.3条："【广播、放映的基本赔偿标准】被告未经许可将涉案视频类作品进行广播或放映的，无其他参考因素时，电影、电视剧、纪录片、动画片类作品每部赔偿数额一般不少于2万元；微电影类作品每部赔偿数额一般不少于1万元；综艺节目视频类作品每期赔偿数额一般不少于3000元；其他短视频类作品每条赔偿数额一般不少于2000元。"第6.5条："【在线播放的基本赔偿标准】被告未经许可在线播放涉案视频类作品、制品，无其他参考因素时，电影、电视剧、纪录片、动画片类作品每部赔偿数额一般不少于3万元；微电影类作品每部赔偿数额一般不少于1.5万元；综艺节目视频类作品每期赔偿数额一般不少于4000元；其他短视频类作品每条赔偿数额一般不少于2500元；录像制品每部赔偿数额一般不少于500元。"

惩罚性赔偿制度的引入以及实际适用效果,短视频著作权人在提起著作权侵权时开始增加惩罚性赔偿的诉讼请求,提高自身著作权法律保护强度,加大对侵权人的惩罚力度,并且达到威慑潜在侵权人实施或停止侵权行为的目标。

短视频侵权案件中侵权人通常会以合理使用进行抗辩,出于扩大责任承担主体以及经济赔偿责任能力的现实考虑,部分短视频作者会选择将短视频发布平台的网络服务提供者增列为短视频侵权诉讼案件中的被告。责任承担主体类型的增加为知识产权惩罚性赔偿在具体领域的适用也增加了规则设置的难度系数。首先,网络服务提供者惩罚性赔偿责任的承担建立在直接侵权人侵权行为成立以及惩罚性赔偿适用条件满足的基础之上,权利人在扩大责任承担主体的同时,也增加了自身所需负担的诉讼证明责任;其次,视频发布平台作为商业经营主体,法人主观意志的表达依赖于通过公司内部相关员工的单独或系统工作行为而外现,由此造成在短视频侵权案件中,对网络服务提供者间接侵权的主观故意如何证明为短视频权利人一方增加了举证难度;最后,知识产权惩罚性赔偿需要满足情节严重的客观要件,除了需要权利人提供的侵权事实行为支撑外,更重要的是还需要具体法律规范的规则设计,对短视频侵权中何种侵权行为属于情节严重进行界定,如此方能帮助短视频著作权人以及法官在参与、审理案件中对短视频侵权惩罚性赔偿的适用做到于法有据。

7.1.2 互联网环境下著作权侵权惩罚性赔偿的法律特征

随着互联网技术的不断革新以及网络视频产业的不断发展,人工智能、云计算、区块链等新技术的出现改变了人们在移动互联网时代对内容的获取方式和传播途径,也带来了聚合侵权、云盘侵权等系列产业纠纷,不断冲击现有的著作权制度。为此,互联网背景下著作权侵权惩罚性赔偿相比传统著作权侵权呈现出以下四点新的法律特征。

(1) 网络作品固定形式与传播方式的非传统

在互联网时代，网络作品从形成到固定再到传播都受到数字技术革命影响，和传统作品的固定、传播途径相比已发生了对传统作品特征的颠覆性变化，与技术的结合紧密为法官对著作权侵权认定增加了判案难度。传统著作权作品主要固定在传统纸质媒体，作品的公开发表与向公众传播作品都需要借助公共媒体作为媒介，在互联网发展成熟之前，一个作品想要获得更加广泛的传播需要经历一段相当长的时间期限，并且需要一定的资金投入来支撑作品进入公众视野、获得公众认可、赚取创作盈利。传统作品在固定方式与传播形式上的困难以及高成本，一定程度上抑制了知识产权侵权行为的发生。侵权行为所能辐射的地域范围与危害后果的严重程度受到传统作品著作权侵权行为的牵制。并且对于被侵权人以及司法机关来说，传统作品著作权侵权行为在确定法律关系、管辖法院以及取证等方面较为容易，受到来自外部主体的干扰较少。

然而，在互联网环境下著作权作品的形成固定不再局限于传统纸质媒介，表现形式也更加多样化，由此也造成侵权行为类型的与日俱增。网络环境下作品的公开与传播只需要"弹指一挥间"即可随时随地实现，这是在过去传统技术资源背景下无法想象的速度，作者为之所付出的成本也可以基本忽略不计，对于作品传播广泛程度的判断标准也发生了移转，从前以书本发行量、影院票房的计量方式并不能完全涵盖互联网环境下作品的传播方式与传播广度，网站点击量、平台转发量等体现作品流量大小的数据成为全新的评判标准。网络著作权与传统著作权之差别还在于其内涵涵摄范围大于传统著作权，网络著作权包含了将传统作品上传于互联网行使或被侵犯信息网络传播权的过程，也包含了形成固定在互联网之上的网络作品著作权权利束。由于数字网络技术水平的限制，过往传统著作权的传播渠道有限，对于著作权侵权行为的发现与控制相对容易，不似如今互联网环境下，足不出户万物互联，知识获取的便利性与共享性也为著作权侵权的复制、网络传播、歪曲篡改、剽窃行为带来易得性,增加著作权人维权难度系数。

(2)集中表现为信息网络传播权的权利损害

技术世界里问题不在于如何阻止人们获取和使用享有著作权的作品,而是在于"如何控制这些获取和使用"。信息网络传播权是著作权中的一项排他性权利,其权利人应当能对提供行为以及传播范围进行控制才能保障权利的实现,因而上传行为本身只是信息网络传播权规制的一个阶段或者说是一部分,并不能涵盖信息网络传播权的全部范围。上传之后权利人进一步控制作品的传播行为即对公众开放的行为才是该权利的核心内容。在数字环境中,对作品传播的控制才是权利人对作品使用的合理控制。

美国通过对展示权、公开发表权、公开表演权的规定对著作权人的"向公众传播权"作出了较为全面的、高标准的保护,包括初始的提供以及后续的传播。美国判例法中的"服务器标准"备受质疑,在现行技术快速发展的时代已经不能适应新技术的发展。我国的信息网络传播权在美国版权法上并没有完全相对应的一个权利,而是美国法上三种权利的组合。如果根据服务器标准来判断我国信息网络传播权控制的提供行为,将会得出信息网络传播权仅仅控制上传到服务器中的行为,而不包括后续向公众传播的结论,这与《世界知识产权组织版权公约》第8条规定的"向公众传播权"以及美国法对著作权人的向公众传播权利的保护相比显得不足。

在数字环境中,对作品传播的控制才是权利人对作品使用的合理控制,我们对著作权的规制路径也应由传统的以复制权为核心向以传播权为核心进行转变。美国联邦最高法院以结果为导向性的裁判思路或许是我们可以借鉴的有益探索。法律不仅应当保护著作权人初始上传作品的权利,同时也应当保护著作权人后续传播的权利。从经济学角度分析著作权法,可以将作者视为著作权法中经济利益的搜寻者。当作者从事了著作权法保障的对作品的市场控制行为并试图获取经济上的利益时,他就无形中将自己置于著作权制度的激励结构中。著作权法鼓励作品的创作与传播,作品的传播与版权市场密切相关,根据"理性经济人"的假设,著作权人在作品的传播市场中可以获取填补其创作成本的收益,在此种前提下,著作权人才会更多地创作作品将其投入市场中传播,从而达到著作权法鼓励创作与传播的目的。

(3)侵权主体与惩罚性赔偿承担主体多样化

首先,从作品形成之初始过程开始,互联网背景下著作权侵权主体逐渐从自然人主导向法人主体倾斜,作品的形成不仅仅依靠于单一个人的智力成果付出,而是团队分工后的集体劳动成果。权利主体呈现出多样性与法人化倾向。其次,互联网背景下著作权侵权主体的范围与数量会随着侵权人的持续侵权过程而扩大和增加,例如为侵权主体提供互联网传播平台的网络服务提供者、知情或不知情而参与传播的平台个人用户等。最后,在全民知识产权权利意识不断提升的法治时代,在著作权侵权案件中权利人往往会主张惩罚性赔偿,特别是可能针对存储、传播和推荐侵权视频的平台主张惩罚性赔偿,希望借此起到更好的震慑、警示作用。另外,司法机关在查明案件事实作出审判结果的证成说理裁判过程中,也不会遗漏对网络服务提供平台的法律责任审查及其在具体法律纠纷中应承担的合理赔偿责任。在互联网背景下,著作权形成原始主体之增加、信息网络传播权侵犯主体之广泛为知识产权惩罚性赔偿责任分配提供了更多可能性与选择路径。

侵权主体类型与惩罚性赔偿责任承担主体的增加,为互联网环境下著作权权利人权利保护带来风险与收益。风险在于侵权主体类型扩张到网络平台服务者,侵权主体也常常隐身于网络虚拟身份之后,权利人遭受著作权侵犯行为之后难以第一时间掌握其真实身份,网络侵权行为传播者众多却因为"法不责众"的现实困难,而免于被追究其应承担的法律责任。并且网络世界信息数量的庞大以及公开场域特性使得一般主体无法及时发现侵权行为的发生,权利人依靠自力救济维护自身合法权益需要克服更多因网络技术提高而造成的信息壁垒。收益在于网络著作权持续侵权的过程中也因此有更多的侵权主体介入,如网络平台服务提供者可能存在帮助侵权行为或共同侵权行为,或者存在类似监管不力怠于制止侵权行为或无法为权利人提供侵权人真实身份的具体行为,权利人对其所主张的经济损失赔偿以及知识产权惩罚性赔偿有了更为确切的保障。

(4)侵权行为隐蔽性导致反复侵权行为频繁发生

网络技术的提高为普通人带来更为高效便利的生活方式,但普通人对于互联网的掌握程度仅限于基本使用层面,绝大多数人并没有掌握充足的数字技术知识去理解网络世界运行原理,只是简单遵循网络服务平台开发者为其已经搭建好的预设路径进行操作。普通著作权权利人显然不可能像网络技术专家与大数据平台一般,拥有对互联网海量数据信息的搜寻检索与风险控制能力。并且在"信息茧房"作用日渐加剧的负面效应影响下,虽然互联网世界的总体范围边际十分辽阔,但对某一普通权利人来说,其可能依然只是被束缚于网络的某一角落之中,其所掌握的信息自然也相当有限,能接触到的信息可能是被位于更高层级的网络服务提供者、网络平台监管者层层筛选、屏蔽后的结果。由此,便可能造成权利人与侵权人的网络社交范围难以形成交集,权利人依靠自身力量难以打破存在于两者之间的信息壁垒,从而难以及时发现侵权行为,网络技术力的提高为著作权侵权行为增加了隐蔽性。

由于互联网环境下著作权侵权行为的隐蔽性为侵权人提供了"保护色",侵权主体出于侥幸心理往往作出反复侵权的行为选择,切换不同网络服务平台及网络虚拟账号多次上传侵权作品或链接。并且在互联网背景下,侵权主体在一个作品中可能同时侵犯数个著作权客体。即便权利主体为法人,拥有较为成熟的团队与更为雄厚的资金,权利人也要因侵权人的反复侵权行为而付出更多防御成本,不得不牺牲出一部分本可用于再创造的资本花费在预防、制止即将或正在发生的著作权侵权行为。反复侵权行为实质上阻碍了社会思想文化的进步速度,打击了创作者的创作热情,所以在后续惩罚性赔偿金额基数的计算上应包含权利人的防御性投入。针对反复侵权行为的惩罚力度与侵权人侵权可得利益之间存在不利于知识产权权利人保护的比例失衡,并且因反复侵权蕴含的潜在巨大收益吸引部分侵权人甚至以网络著作权侵权为业。在这种情况下适用惩罚性赔偿,将发挥法律的制裁和威慑的作用,对潜在的违法行为起到遏制的效果。

7.1.3 互联网环境下知识产权惩罚性赔偿的特殊制度

(1)合理分配举证责任:举证责任转移的适用

互联网环境下知识产权惩罚性赔偿所适用的举证责任分配模式也有别于一般民事举证责任"谁主张谁举证"的规则设置,因为在互联网背景下当事人双方的真实身份首先是置于其网络虚拟身份之后,相比于一般民事案件中的当事人多了一层"面纱",网络环境的虚拟性为权利人维权过程增添更多举证困难,一般知识产权权利人所能掌握的侵权人真实身份信息与侵权行为完整过程都低于网络服务提供者与侵权人,网络服务提供者操控着用户个人信息与著作权侵权链接,侵权人的侵权行为隐蔽在虚拟身份及海量传播数据之后,此时权利人显然处于证据弱势地位。法律责任的分配应时刻强调着公平公正,举证责任的分配规则也并非一成不变的,故在此种情况下作出适时调整尤为关键,举证责任倒置属于著作权惩罚性赔偿可选择的特殊举证责任模式,以实现在互联网新形势下惩罚性赔偿制度仍保持权责一致的立法基本原则的目的。根据举证责任基本理论,举证责任分配应具有法定性,法官不得在审理过程中自行分配举证责任,但这并不意味着法官不可以在权利人与侵权人以及网络服务提供者三方之间决定何时进行举证责任转移。尤其是在知识产权侵权案件中,原告所能掌握的证据材料有限,并且待证事实证据材料常常处于被告及第三人的掌握之下,但是原告对其受侵害事实的初步举证责任不可推卸,在原告完成初步举证责任后,就应在考虑双方举证能力的基础上进行举证责任转移,要求被告承担后续证明责任并承担举证不利的诉讼后果。

知识产权诉讼过程中普遍存在原告举证困难的情形,且造成举证难的原因主要是足以决定案件走向的关键证据或证明侵权行为实际发生的重要书证常常被侵权人所实际控制。互联网环境下发生的知识产权侵权案件更是如此,由于普通网络用户的操作使用无法独立于网络平台,注册信息与完整修改编辑记录都掌握在网络服务提供者的控制之下,权利人无论是在面对网络服务提供者还是侵权人都天然处于被动劣势的证据地位。权利人为了提交证据材料进行侵权诉讼也无法绕开向网络程序运营公司提出申请。知识产权法证据规则体系在客观上存在其特殊性,民事诉讼法证据规则中明确规定的"书证提出命令"规则对于破解互联网环境下知识产权惩罚性赔偿是可选择的解决路径,帮助权利人完成其应承担的举证责任,同时也是为法官还原案件真实样貌提供辅助。在互联网环境下知识产权惩罚性赔偿中"书证提出命令"规则的具体运行路径解释应与民事诉讼举证规则存在必要的可区别性,在互联网环境下侵权证据不仅仅局限于书证,更多表现为电子证据的获取,故应对原规则的证据对象予以适当扩张。对于部分证据超出权利人控制范围且处于对方控制之下,并造成权利人可能出现举证失败的潜在风险,权利人得以借助来自法院的作为官方权威纠纷解决机关对双方当事人所具有的一定程度的法律强制性,督促网络服务提供者或其他侵权人将其所掌握的证据材料提交法庭。但此时仍存在网络服务提供者或其他侵权人出于自身利益考量,利用证据控制能力的优势地位提交选择性、隐藏性、虚假性证据,并且"书证提出命令"规则建立在当事人主动提起的前提之下,依然遵循的是"谁主张谁举证"的一般民事诉讼原则,并不牵涉举证责任的根本性转变。法院责令后仍未如实履行举证责任的侵权人,只须承担对该项举证证明责任所指向的待证事实的默认引起的法律后果。

知识产权惩罚性赔偿作为一般侵权责任的加重赔偿责任,在对构成惩罚性赔偿主观"故意"的证明之时,侵权人在惩罚性赔偿的适用中所具备的故意应高于基本侵权行为中的主观认定标准,而不是简单的排除过失的主观情节,并且在惩罚性赔偿的司法适用中主观侵权恶意与客观严重情节的证明程度还会影响最终损害赔偿的基数与合理倍数的确认,显然其在举证过程中所须克服的证明障碍更为艰巨。举证责任移转制度与"书证提出命令"规则都可对权利人当前弱势的举证能力予以弥补,但并不改变业已形成的双方举证地位。举证责任倒置的适用相比举证责任移转更为严格,因为举证责任倒置是对一般举证原则的根本性颠覆,从源头上逆转了举证双方的先后顺序与责任地位,对于案件的最终判决走向可能发挥决定性的影响作用,因此有必要将其限定于法律规定的具体情形,不能根据诉讼参与人的自主意愿而随意适用。举证责任倒置的具体设定需要考虑的影响因素包括但不限于网络技术壁垒造成的客观举证困难程度、权利人实际可破除的取证途径障碍,在这一过程中应确认双方存在举证能力对比悬殊的不公平情形,需要对原则性规则予以适当突破,以保护知识产权人应享有的合法权益。①

(2)"通知—删除"规则中恶意通知行为与惩罚性赔偿责任

著作权法上的"通知—删除"规则的诞生正是为了破解互联网背景下与日俱增的网络著作权侵权难题。美国作为信息技术革命的先驱国家,于1998年率先在美国《数字千年版权法》第2章第512条确立了"通知—删除"规则。网络服务提供者作为著作权纠纷中出现的新型诉讼主体,逐渐成为网络著作权纠纷中绕不开的责任承担主体,随之为司法纠纷冲突处理过程中的司法适用规则提出挑战。网络服务提供者在具体的网络著作权侵权中通常并不存在实质侵权行为,在著作权人与侵权人的纠纷事实中,网络服务提供者虽然为侵权行为的发生提供了新的场域,但是所面对的网络信息数量庞大,过分要求网络服务提供者逐条进行实质违法审查客观上不能,其所承担的责任范围一般只能认定到帮助侵权的程度。因此,如何为网络服务提供者设置与其侵权行为相适应的法律责任成为互联网背景下处理网络著作权侵权的关键,通过一条全新

---

① 郭少飞,李彤.数据侵权责任认定难题及其克服:以抖音群控案为例[J].求是学刊,2022,49(4):137-149.

的诉前纠纷解决机制,以此平衡网络服务提供者应尽义务与著作权人合法权利之间的利益冲突。"通知—删除"规则的运行路径为权利人在发现侵权页面网址或网络账号后,主动向侵权作品发布平台发出侵权通知,侵权作品依据权利人提供的侵权信息准确定位侵权行为,再进一步分析甄别后由发布平台决定是否对原链接采取删除操作。网络服务提供者凭借删除侵权链接行为,有效制止侵权行为在自身负责的网络管理区域内继续造成不良后果,从而使其获得合理抗辩,免于因侵权人对本平台的不法使用手段而连带承担相应侵权责任。

并且在互联网数字技术不断发展的时代背景下,"通知—删除"规则也步入自动化时代,专业的著作权实施机构开始新兴并呈上升发展之势,人工智能技术的辅助极大便捷了权利人发现、制止侵权行为,但与此同时也带来错误通知与错误删除数量的同比上升,更有甚者利用"通知—删除"规则发出恶意通知,达到威胁、欺诈被通知对象获取不法收益的非法目的。对待明知自身不具备投诉主体权利地位或投诉对象侵权事实基础并不充足的恶意通知行为,有必要施加更重的经济赔偿处罚责任。

惩罚性赔偿制度的存在正是为了对主观恶意以及造成更为严重的侵权后果的知识产权侵权行为发挥高于填平补偿原则的惩戒功能。《民法典》和《信息网络传播权保护条例》仅规定了基本的损害赔偿责任,仍未跳脱出填平原则为基础的补偿性赔偿范围,不能实现对于恶意通知行为的遏制与惩治。且《电子商务法》已针对恶意投诉行为规定了惩罚性赔偿责任。[①] 版权领域的恶意通知行为与电子商务领域的恶意投诉行为在本质上并无区别,按照"类似问题类似处理"的原则,应针对恶意通知行为规定惩罚性赔偿责任。[②] 同时由于美方对我国《电

---

① 《中华人民共和国电子商务法》第 42 条第 3 款针对恶意投诉行为规定了惩罚性赔偿责任,即"因通知错误造成平台内经营者损害的,依法承担民事责任。恶意发出错误通知,造成平台内经营者损失的,加倍承担赔偿责任"。

② 何炼红. 论算法时代网络著作权侵权中的通知规则[J]. 法商研究,2021,38(4):186-200.

子商务法》的误读,在《中美经贸协议》打击网络侵权的相关条款中要求去除善意通知人的责任。① 但是实际上,我国并未对错误通知人统一适用无过错责任,只是由于立法技术上存在的表达瑕疵,造成与立法者本意的偏差。我国对于错误"通知—删除"行为的归责原则始终坚持的是过错原则,无须通过强加给网络服务提供者更高要求的注意义务来遏制恶意通知行为。

在知识产权法领域内将恶意通知行为增列入惩罚性赔偿客观要件"情节严重"的行为,即可达到对恶意通知人的惩罚目的。恶意通知行为可能是竞争对手出于干扰他人正常经营秩序、增加他人维权所须付出的经济成本,这种新型不正当竞争行为的出现归因于互联网背景,《反不正当竞争法》已设置"互联网专款"进行专门规制。② 网络服务提供者在人工审核或自动化检测中发现恶意通知行为后可以选择实施删除操作,为了规避自身风险而对不侵权主体发布的合法内容进行删除,造成不侵权第三方浏览量与访问权重的下降,形式上几乎可以达到诉前禁令的实施效果③。

恶意通知行为实施主体的行为可总结划分为以下几种类型:一是为达到非法目的通过伪造或变造手段上传虚假证据的;二是自身不具备合法稳定的权利身份地位仍发起"通知—删除"程序的;三是存在针对同一对象的反复侵权行为或针对不同对象的多次侵权行为;四是在提交侵权通知证据后,发现被通知人并不存在侵权行为却不及时撤回或更正侵权通知;五是被通知人已通过上传合法证明的方式证明不构成侵权后,继续上传虚假证明材料等行为。

(3)互联网背景下著作权惩罚性赔偿的规则补充

在对著作权惩罚性赔偿主观要件方向,应作如下补充:其一,应对当

---

① 徐伟. 网络侵权中错误通知人的归责原则:兼论《民法典》第 1195 条第 3 款的适用[J]. 法学,2022(6):114-127.
② 蔡琳,吴若雨. 反不正当竞争法视域下平台算法的法律规制[J]. 科学决策,2022(12):137-154.
③ 蔡元臻. 知识产权错误通知责任规则重构[J]. 知识产权,2022,(11):75-93.

前惩罚性赔偿主观要件的不同法律表达予以释明，有必要对网络著作权侵权适用惩罚性赔偿的主观方面提高表达力度，以显示善意、故意、恶意之间的主观差异所带来的法律后果的不同。《著作权法》与《民法典》关于知识产权惩罚性赔偿主观要件的表述一致，都为"故意"，但《电子商务法》恶意通知行为适用惩罚性赔偿的主观要件规定为"恶意"，"恶意"在一般语言上的严重程度是高于"故意"的情感表达，惩罚性赔偿也是重于一般民事补偿性赔偿的处罚力度。其二，互联网背景下惩罚性赔偿的适用除遵循惩罚性赔偿的一般规则外，应将主观"恶意"加客观"情节严重"双重要件综合纳入赔偿责任判定依据。互联网环境下著作权惩罚性赔偿的赔偿基数选择与赔偿倍数认定也需要进一步细化。

惩罚性赔偿金的数额，是按照补偿性赔偿金的一定倍数来计算的，且与"恶意"的程度相当，才能起到惩戒的作用。因此，如何计算错误通知导致的损害赔偿基数是关键之所在。在审判实践中，电子商务领域错误通知损害赔偿的计算，往往参照知识产权侵权损害赔偿的计算方法，即按照"被通知人的实际损失——通知人的侵权获利——酌定赔偿"的顺序予以认定。本书认为，在网络著作权领域计算自动化通知所导致的损害赔偿金额时，在参照著作权侵权损害赔偿的计算方法的基础上，还应充分考虑"公平、合理和与损害相称"的原则，有效平衡通知发送方、网络服务提供者和网络用户之间的利益。其一，谨慎采用以单件侵权作品为基数的方式来计算损害赔偿数额。目前，著作权司法实践中，通常采用"指控侵权作品数量乘以每件复制品利润之积"的方式计算损害数额。此种方法在自动化通知背景下宜谨慎适用。当用户在大型在线平台上放置大量的作品，投诉人发出的侵权通知、侵权主张和删除请求可能呈指数增长，随之而来的便是天价损害赔偿数额。法院应充分行使自由裁量权，基于"公平、合理和与损害相称"原则来确定损害数额的计算方式。在通知人一般过失的情况下，不宜采用"单件侵权作品"为基数的计算方法，为网络服务业的发展和创新提供更友好的环境。当然，在故意侵权和恶意侵权的情况下，法院仍可根据实际情况采用"单件侵权作品"为基数的方式来计算损害赔偿数额,以体现对严重侵权行为的制裁和惩罚。其二,考虑流量经济背景下实际损失的判定情况。被通知者因为错误通知导致其相关链接被采取删除、屏蔽、断开等措施,带来的流量流失以及媒体受众粘性减弱等不利影响所须支出的通常费用,属于损害赔偿的范围。其三,注重商誉损害赔偿和精神损害赔偿。虚假投诉中,针对用户合理使用或正当使用的情形提出错误的侵权主张,不仅会给被通知者带来商誉毁损和利益损失,还有可能给个人用户的信誉、社会评价带来负面影响,由此产生的精神损害也应属于损害赔偿的计算范围。[1]

7.2 植物新品种领域惩罚性赔偿制度适用

作为近年来知识产权的新兴客体,实务界和学界对于植物新品种的研究仍处于发展初期的阶段,农业强国战略目标的提出将植物新品种立法的重要性凸显出来。植物新品种如一般知识产权一样,应是人类智慧凝结出的创造成果,并附带相当的财产权利方能称之为一种"产权"。知识产权权利来源一般需要经过行政机关的授予方能正式生效,真正实现对知识产权的财产性利用,植物新品种所包含的权利内容的表现形式为许可或排除他人占有、使用或转让的财产支配权利,权利保护的重点不在于物,而在于人对物的支配权。[2] 植物新品种权的转让和许可属于技术转让、许可合同管制的类型之一。

7.2.1 我国植物新品种知识产权保护制度的保护现状

(1)植物新品种权立法保护的现状

国内植物新品种领域的总体立法情况相比域外植物新品种保护立

---

[1] 孔祥俊. 网络恶意不兼容的法律构造与规制逻辑:基于《反不正当竞争法》互联网专条的展开[J]. 现代法学,2021,43(5):124-144.
[2] 李岚岚,王秀东,刘春青. 植物新品种保护制度:历史演变与经验启示[J]. 科技管理研究,2022,42(19):158-164.

法起步较晚,立法仍不完善,立法层级较低。植物新品种权在法律层面上主要是在其他专门法中被提及,具体法律条文数量与内容涉及的方面都相当有限。《民法典》第123条认可了植物新品种独立客体的权利地位。《种子法》设专章规定新品种保护,并在法律责任部分对植物新品种规定了较为全面的具体内容,赋予了当事人就植物新品种发生权属争议时的诉讼权利,更为重要的是对植物新品种规定了惩罚性赔偿的适用顺序规则与选择倍数范围。诸如《农业法》《农业技术推广法》等其他法律中关于植物新品种的内容仅是作为纲领性条款,起到提纲挈领的指引保护功能。目前植物新品种的法律保护依据主要需要依靠行政法规《植物新品种保护条例》解决国内植物新品种纠纷的规制,其中具体规定了植物新品种从申请受理到审查批准再到终止无效的全过程。1998年全国人民代表大会常务委员会决定加入国际条约《国际植物新品种保护公约(1978年文本)》(UPOV1978年文本)之后,国内立法并未对国际公约的内容予以充分吸收,并且二十多年之后也到了考虑更新的时间节点。① 值得注意的是,立法时间较为久远,且长期未进行更新的问题普遍存在于植物新品种立法之中,滞后的法律规范很多时候已经无法满足当前社会的现实需求,植物新品种经过数年发展后内部侵权纠纷样态复杂,植物新品种种类与实际涵摄范围不断扩大,类似实质性派生品种的新类型出现与当前植物新品种保护体系产生冲突。

《民法典》第1185条发挥的知识产权领域内适用惩罚性赔偿的统领作用,以及《民法典》第123条知识产权客体的明确,形成植物新品种惩罚性赔偿规则的法律渊源,《种子法》第72条再进一步推进了惩罚性赔偿规则体系的完善进程。但是在作为当前植物新品种法律保护核心的《植物新品种保护条例》中还未出现对应的惩罚性赔偿配套规则体系。并且《种子法》中关于惩罚性赔偿的规定在具体适用过程中

---

① 张艳敏.南繁育种的服务方式及其知识产权侵权行为探究[J].分子植物育种,2023,21(11):3813-3818.

仍然存在困难,植物新品种权惩罚性赔偿适用的构成要素不明晰,主观恶性认定标准与客观侵权行为危害性程度都有待进一步商榷。《植物新品种保护条例修订草案(征求意见稿)》已对《种子法》中缺少的方面进行相应完善,权利保护范围扩展至实质性派生品种以及繁殖材料,延长植物新品种权保护链条至植物新品种从生产到销售的全过程,并对农民留种权在概念上予以补充界定,对权利主体行权行为予以一定限制,将其限制在符合现代化背景的合理范围之内。但关于植物新品种权惩罚性赔偿的规则设置依然存在空白,《植物新品种保护条例修订草案(征求意见稿)》第56条仅是以准用性规范的方式作出援引指向。植物新品种权本身权利体系的规范体系属于调整性规范,而为其设置惩罚性赔偿制度应属于构成性规范,植物新品种权惩罚性赔偿制度的适用需要以规范体系的建成为前提。

(2)植物新品种惩罚性赔偿规则设置的必要性

植物新品种权申请量与行政机关授予量都呈现出逐年上升的态势,要求植物新品种领域知识产权保护力度应予提升,对植物新品种侵权纠纷中主观恶性大、情节严重的案件附加更重的赔偿责任存在现实必要性。植物新品种权中凝结了权利人为了实现培育植物新品种所付出的全部智力劳动与巨大经济投入,法律鼓励各类主体自主创新,允许其利用自身所创造的知识产权实体获取额外收益,并致力于为其提供带有强制力的保护措施来规制其余私主体对具有创新性的新品种实施不法侵害行为。知识产权所包含的准公法属性蕴含着公共利益的考量,故在植物新品种专有权期限之内权利人对其研发培育的品种享有完整权利,保护权利人的创造热情,但这种专有保护并不是永久性的,一直将先进技术限定为单一主体所有不能真正实现社会公共利益的共享。尤其是粮食作物新品种,不仅事关万千人民的吃饭问题,还与丰富的世界优秀种质遗传资源库密切相关。此类造福于社会公众利益的智力成果应向公众开放,实现知识产权的流动与共享,激励更多创造主体参与植物新品种权的创新,推动种业科技创新高质量发展。

严格来说,从法律文件名称上来看,《种子法》似乎并不能完全算是《植物新品种保护条例》的上位法,《种子法》之中虽然为品种权设立专章,但品种权保护仅是作为《种子法》规制的全部种子生产经营管理行为中的一类。考虑到目前我国植物新品种发展水平有限,还不适宜过于超前立法,为植物新品种采取专门立法保护,当前《种子法》的章节安排应是包含了为日后植物新品种单独立法的考量。植物新品种权属于一项知识产权客体,而《种子法》属于经济法的部门法,当下将植物新品种保护的有关规则放置于《种子法》之下,客观上造成了法律规范内部的属性冲突。但不可否认的是,《种子法》确实已经在现有法律体系范围内对植物新品种法律制度建设作出了一定贡献,植物新品种权从申请到授权,再到监督管理,最后到侵权保护各个环节都拥有相应的程序规定与实体规范,植物新品种法律制度形成了基本的法律框架。植物新品种权名称命名的统一性与结构性有效杜绝了权利申请环节的相同或近似名称侵权,确立权利人所申请的植物新品种权的独立法律地位,得以凭借名称对未经许可或授权的侵权使用人予以简单区分辨别。植物新品种权名称在许可合同中的注明是权利合法来源的公开表达形式,缺少或隐匿、篡改该项形式要件的权利许可合同即可认定为涉嫌侵犯他人植物新品种权。权利人在申请植物新品种权之时也须提供与自身实际生产销售相一致的种子样本,以此保证名称与品种权之间的对应关系。

当前植物新品种侵权行为绝大多数都还未上升到刑事法律犯罪的高度,主要侵权对象还是权利人的个人合法权益,适用填平原则,基础民事赔偿责任对侵权人的惩罚力度有限。对植物新品种侵权适用惩罚性赔偿制度将民事赔偿责任处罚上限大幅提高,并规定了明确的惩罚性赔偿基数计算方式适用顺序,第一顺序为实际损失,第二顺序为侵权获益,第三顺序为许可使用费的倍数;[1]并且根据《种子法》第 72 条第

---

[1] 郝力,胡雪莹. 植物新品种侵权纠纷案件审理的问题[J]. 人民司法,2005,(1):49-51.

3、4款上下内容衔接所包含的语义,所表达出的意思应为惩罚性赔偿的适用应先于法定赔偿。《种子法》中为植物新品种还规定了不同于其他知识产权惩罚性赔偿规定将合理开支亦包含在计算基数的范围之内。植物新品种侵权证明标准对于具有不同证明力的证据材料分配不同的事实认定标准,灵活利用宏观整体的系统性审判思维去衡量完整证据链条的存在可能性及互相关联性,不局限于单一证据所反映出的部分无法确定的待证事实,综合考量原被告举证能力上的差异,在已达到可以充分还原客观事实且不存在明显逻辑冲突的情况下,可以积极肯定侵权人所主张的侵权事实存在。法院在植物新品种惩罚性赔偿适用的证明过程需要发挥重要作用,主动依职权或依申请调查提取权利人客观上难以收集或被侵权人所掌握的证据,填补现存瑕疵证据的完整度,提升部分证据材料的证明力,完善全部证据链条之间的逻辑连贯性。①

7.2.2 植物新品种领域可适用惩罚性赔偿的侵权特征

目前,以"植物新品种"及"惩罚性赔偿"为搜索条件,经进一步筛选后可以得出植物新品种领域内惩罚性赔偿的案件数量为31件,案件总体数量就较为稀少,法院最终确定适用惩罚性赔偿的案例更是所剩无几,仅不到十件。近年国家对粮食安全的重视程度逐步提升,司法纠纷中植物新品种惩罚性赔偿涉及的品种也都表现在粮食作物,加强植物新品种权惩罚性赔偿力度有助于激励育种者创新热情。其中侵权行为类型可分为出借农作物种子生产经营许可证、未经许可销售授权品种繁殖材料、销售的被诉侵权种子部分包装未标注任何信息、部分包装标注为其他商品粮、微商提供种子供需信息促成交易销售侵权种子等,并以生产、销售套牌或无牌种子为主要侵权手段。

适用植物新品种惩罚性赔偿的侵权行为表现出的主要特征为权利

---

① 李菊丹,陈红. 新《种子法》对我国植物新品种保护的积极作用与局限[J]. 法学杂志,2016,37(07):70-78.

特殊性与涉农强特色。首先,植物新品种作为与农业密切相关的权利类型,中央一号文件始终将"三农"问题视为我国政府最重要的工作重点。我国作为世界上传统农耕文化历史最为源远流长的国家,小农传统经济思维长期对我国农业高科技规模化的发展方向造成思想桎梏,以家庭为单位自给自足的农业生产模式逐渐无法适应当前农业强国之政策目标。随着高科技不断投入农业领域,植物新品种的研究热情也随之提升,销售过程也受到当前网络信息交流手段的影响,但主要生产主体还是广大普通农民,普通农民对于侵权行为的发现、辨别及维权能力都相当有限。因此当前植物新品种惩罚性赔偿适用案件诉讼参与人都为公司主体或一方为公司主体,自然人主体参与较少。同时,这也体现出植物新品种惩罚性赔偿的另一特征,即涉案金额普遍较高,胜诉后法院判赔数额更高,侵权损害赔偿数额越高,侵权人为侵权行为要付出的侵权代价也就更为高昂,使其不敢再犯,也足以威慑还未受法律制裁的其余侵权人尽早停止不法行为。

其次,植物新品种权侵权行为相比一般侵权行为需要经过种植、培育的阶段,植物生长周期长且较为固定,且人为因素加入可以缩短的时间也有限,因此植物新品种权侵权的发现十分困难,权利人一般在销售阶段才能够察觉,此时展开维权活动已经相对滞后,不利于种业创新及其法律保护。并且在非法代繁侵权行为类型中,植物新品种侵权行为的发现更为困难,实际侵权人有可能不参与实际生产过程,只负责销售环节,生产环节"外包"给其他主体代为完成。① 侵权人通常利用或与农民共谋完成侵权植物新品种的繁育活动,普通农民在不知情的情况下显然不具备辨别种植作物是否属于植物新品种保护范围的专业能力,合同的相对性也阻绝了外部主体知悉的消息途径,公司作为侵权主体时侵权能力相比于一般人而言也更为缜密,合同内容通常也不会暴露非法信息。植物新品种侵权活动进行的秘密性,以及权利人难以对

---

① 徐世超. 非法代繁行为侵害植物新品种权问题研究:以安徽隆平公司诉农哈哈公司、刘汉平案为例[J]. 法律适用,2021,(12):122-131.

超出其掌控范围的侵权行为地进行监管,植物新品种权跨地域侵权的现象也时有发生。另外,农民在植物新品种立法保护规则之中拥有超过一般主体的特殊性,所以在植物新品种惩罚性赔偿中,部分侵权人利用"农民没有用作商业用途之时可以拥有留种豁免权"的规定,以此对其侵权行为进行抗辩。

最后,植物新品种惩罚性赔偿举证证明责任既存在知识产权权利共通的困难性,也存在植物新品种权所特有的具体方法。由于植物新品种惩罚性赔偿为侵权人带来更为巨大的经济赔偿责任,在司法诉讼过程中侵权人对于自身不构成侵权或未达到惩罚性赔偿适用情形的举证证明情况就更为重视,对待权利人提出的侵权指控也会用尽可提起的抗辩权与豁免权。诸如电商、微商此类立足于网络的虚拟平台将传统销售途径扩宽,真实个人信息隐匿在网络虚拟身份之后,与此同时侵权行为发生得更为隐蔽,植物新品种司法纠纷的总体数量也受到电子商务的影响呈现上升之势。[①] 植物新品种侵权品种的对比需要借助专业机构提供的 DUS 测试结果或 DNA 检测报告作为判断是否构成相同或相似品种的重要依据,DUS 测试虽然准确性与承认度都高于 DNA 检测,但其存在耗时长、收费高的缺点,从而造成诉讼期间过长,侵权行为造成的影响后果不能及时消除。所以植物新品种惩罚性赔偿案件中对权利人取证与证据的固定提出更高的要求。正因如此,考虑到权利人在举证证明责任上负担过重,所以在植物新品种惩罚性赔偿上予以适当倾斜,以维持双方权利义务一致。

7.2.3　植物新品种惩罚性赔偿制度的规则完善

(1)建构植物新品种专门立法

目前植物新品种权在法律位阶上被置于《种子法》一个章节之中,但植物新品种作为独立的知识产权客体,最为全面专业的保护方式

---

① 邓晓蕾.我国农业植物新品种权保护现状及立法完善[J].种子,2020,39(11):162-166.

一定是像著作权、商标权、专利权一般制定专门性法律,保护该项知识产权客体项下同一法定权利名称的不同具体人身权利与财产权利。种子与植物新品种两个概念之间还是存在明显差异,不可视为相同概念直接适用同一法律条款,参照适用的方式在法院具体裁判案件的过程中不足以体现法律适用依据的明确性,并会造成法律具体适用过程中的实际适用困难,为权利人增加维权难度。此外,知识产权法的立法体例与当前《种子法》所属的经济法立法体例并不相同,具体保护对象与立法目的、立法宗旨的差异影响立法体例的安排和分布以及具体条款的内容。从权利属性与内容结构上来看,植物新品种与专利最为相似,参考《专利法》的章节目录设置,未来的《植物新品种法》应涵盖以下内容:总则、属于植物新品种权的条件、植物新品种的申请、植物新品种申请的审查和批准、植物新品种权的期限、终止和无效、植物新品种实施的特别许可、植物新品种权的保护以及附则。并且,植物新品种权作为新型知识产权客体,在权利构成上还较为缺乏权利构成自证规则,在植物新品种专门立法中可以对植物新品种权利属性认定、程序性规则等予以详细规定,权利构成规定越明确或侵权行为列举越全面,则不同案件中各个法院对惩罚性赔偿的适用更为规范公平。

因此,当前关于植物新品种惩罚性赔偿的规则自然也存在供给不足,从而造成惩罚性赔偿制度在植物新品种权领域内的运行不畅。在植物新品种惩罚性赔偿规则方面,首先是以《民法典》第1185条为统领,奠定知识产权领域内惩罚性赔偿适用的法律基础,而后仅在《种子法》第72条具体体现。虽然根据最高人民法院公布的《惩罚性赔偿司法解释》能够形成统一构成要件的司法共识,但是惩罚性赔偿制度的构建并不止于构成要件的规范,在惩罚性赔偿构成与具体实施之间,各部门法仍须对其各自部分进一步完善,避免滥用规则的同时也防止惩罚不力现象。

惩罚性赔偿适用的前提条件仍存在争议,尤其是植物新品种权相比其他知识产权,共有属性色彩更为强烈,特别是对粮食品种的侵害行为有可能严重危害国家粮食安全,危害后果的修复还原需要经过一定且长期的种植期间。关于惩罚性赔偿适用是否必须应由当事人主动提起在植物新品种领域存在考虑空间,法院对于严重危害公共利益的侵权行为应同样被赋予主动提起惩罚性赔偿的诉讼权利。未来的《植物新品种法》中还可吸收《国际植物新品种保护公约(1991年文本)》(UPOV1991年文本)对育种者权利保护的规则,进一步扩大植物品种保护范围,将受保护植物的种类由目前的138种,扩大到所有的植物种类。《植物新品种保护条例修订草案(征求意见稿)》对植物新品种保护期限在原有与UPOV1978年文本的保护基础之上进一步延长保护期限,予以与UPOV1991年文本同等的保护力度。惩罚性赔偿的排除适用与例外规定也须建立在植物新品种本身立法规则的完善之上。①

(2)植物新品种权惩罚性赔偿司法适用规则体系完善

植物新品种的执法权权限在《种子法》中得以明确下放至县级,执法机构门槛的降低大大落实了植物新品种权在执法环节的法律保护。司法环节关于植物新品种权惩罚性赔偿规则仍较为零散、欠缺,有待进一步上升为成系统性、更具普适性的法律规范体系。当前各级法院发布的司法解释主要为最高人民法院发布的《关于审理侵害植物新品种权纠纷案件具体应用法律问题的若干规定(二)》,针对植物新品种权纠纷审理过程中的重难点作出针对性回应。

其一,当前植物新品种侵权案件集中在销售环节,侵权行为技术含量不高,通常采取更换、掩饰包装袋即可达到侵权目的,侵权水平普遍较低。案件审理难点就集中在侵权责任赔偿数额确定之上,为实现计算基数与赔偿系数的选择和说理的论证完整性应制定更为公平的举证规则。该解释第15条规定了举证移转责任,权利人通常难以证明自身具体侵权损害损失数额,因此应减轻相应举证责任。并在第17条为此类以无标识、标签的包装销售的侵权行为规定了更为明确的惩罚倍

---

① 李菊丹.论UPOV1991对中国植物新品种保护的影响及对策[J].河北法学,2015,33(12):98-112.

数,范围为两倍以上。其二,根据植物新品种权纠纷当前常出现的侵权人通过委托农民代为繁殖的方式,利用我国《种子法》所规定的农民留种豁免权规避自身实施的侵权行为,在司法解释层面对帮助侵权行为及其法律责任承担都作出进一步扩充解释。该解释第 7 条加强对帮助侵权行为的法律规制;第 12 条对农民自繁自用行为扩充说明,当农民在法律规定土地范围及品种范围内耕种之时,法院对权利人提出的侵权指认不予支持,但是对被诉侵权人主张其行为适用农民特殊豁免权增加例外之规则,结合侵权行为是否具有营利目的及种植规模等因素综合认定。其三,知识产权类侵权案件之中事实认定部分常牵涉专业性知识,法院审理时须借助相关权威专业机构的鉴定意见方能做出最终侵权行为构成的判决结果。该解释第 20 条至第 24 条对侵害品种权纠纷中的鉴定问题进行专门回应。其中为专门性问题的鉴定安排了"先协商后指定"规则、不同植物新品种检测方法结论证明力之优先顺序以及鉴定异议处理路径,并且鉴定人名单限于相关领域已存在的鉴定人名录或者国务院农业、林业主管部门向法院推荐的人选范围之内。其四,植物新品种侵权案件中的事实认定复杂导致审理周期一般耗时较长,植物新品种也是以商品作为载体在市场上进行流动,权利人为植物新品种权的研究与申请已经付出了很多心血,对权利人而言提起诉讼的最大目的在于制止侵权行为、挽回侵权损失。诉讼进行过程中如不对侵权行为加以限制、禁止,允许侵权行为继续进行将会进一步扩大权利人的经济损失,且导致危害结果的无序扩张,故该解释第 14 条的规定为法院现行判决停止侵害提供有效的法律依据。其五,合法来源抗辩是知识产权侵权案件法律规范体系不可或缺的组成部分之一,关于植物新品种权的合法来源抗辩规则,该解释第 13 条在《种子法》第 33 条及第 36 条的基础上,提高侵权人提出合法来源抗辩的证明责任,不仅须证明其主观上不存在"知道或应当知道",而且客观上应对购货渠道、是否支付合理对价及是否拥有生产经营许可证等多方面综合认定。更为重要的是确定合法来源抗辩所能免除的侵权责任限度应限于赔偿责任,不免除其停止侵权及承担权利人合理开支的侵权责任。有学者还提出合法来源抗辩证明责任的举证失败可能推出侵权人主观上存在侵权故意,从而符合惩罚性赔偿的适用条件,将合法来源抗辩与惩罚性赔偿两个制度在侵害品种权案件中相连接。①

7.3 商业秘密惩罚性赔偿的适用规则分析

商业秘密作为知识产权的重要客体之一,知识产权惩罚性赔偿制度体系内容必然应该包含商业秘密惩罚性赔偿条款的规则设计。无论是传统家族式企业还是现代商业化企业,商业秘密都在其发展壮大的过程中提供关键竞争力。随着我国科技水平发展的进一步提升,科技型企业的占比逐步提升,由于专利、商标等知识产权客体在一定程度上要求不同程度的权利公开,越是顶尖的企业如想在数量众多的竞争对手间脱颖而出,就越需要保留一些不被公众所知悉,尤其是竞争企业所掌握的独占性经营信息或技术手段。并且对于初创企业而言,在公司初步发展阶段基本难以承受或不愿负担以其他知识产权客体为主的保护路径。当前国内外司法实践中皆不缺少侵犯商业秘密的案例,因此,有必要正视商业秘密所隐藏的经济价值,提升商业秘密侵权赔偿力度,补全商业秘密惩罚性赔偿适用规则。②

7.3.1 我国商业秘密侵权惩罚性赔偿制度司法适用现状

在我国,商业秘密保护的起点不在于双方出于信任交付的商业秘密与其他机密信息被泄露,而是以制止不正当竞争行为的发生为主要目的。因为知识产权客体之中既包含了某些专属于个人、企业和组织的私有化专有权利,也涵盖了在知识产权公有领域中大众欣赏、学习文

---

① 郭杰.植物新品种侵权中"合法来源抗辩"适用分析[J].种子,2022,41(6):142-148.
② 朱冬.《民法典》第 1185 条(知识产权侵权惩罚性赔偿)评注[J].知识产权,2022,(9):109-126.

化知识的公共权利,所以须综合考虑公私利益的保护。为了实现激励创新与维护公众利益的双重目标,促使智力成果真正惠及更多人,应将知识产权规定在一定合理期限之内为权利人私有,超期后知识产权面向社会公众开放。商业秘密的非公开属性与知识产权公有属性存在公私利益分配的根本冲突,现实中也有部分企业恶意利用商业秘密保护条款签署竞争限制条款,达到增加员工流动隐性障碍的不法目的。① 尽管如此,仍有部分声音提出商业秘密惩罚性赔偿数额过高,刑事处罚方面,法定刑规定也高于其他侵犯知识产权犯罪的具体罪名,目前对于商业秘密的保护限度不符合其应处的权利地位。商业秘密既然已被列入《民法典》知识产权客体之一,就不宜再质疑其保护必要性。

有关商业秘密案件当事人常常会申请不公开审理,这会造成商业秘密侵权案件中适用惩罚性赔偿规定的可查询案例数量低于真实案件数量,并且还有众多商业秘密案件诉前达成双方和解,为商业秘密侵权适用惩罚性赔偿的案件收集造成了客观障碍,从而导致统计数据具有相对不准确性,但这种偏差是无法避免的,仍可在现存的典型案例中窥见我国商业秘密侵权惩罚性赔偿制度司法适用的现状。并且,最高人民法院作出判决的首例知识产权侵权惩罚性赔偿案件正是针对商业秘密侵权行为,由此体现出商业秘密在知识产权惩罚性赔偿制度体系之中的重要性。

之所以要加大针对商业秘密侵权行为的惩罚赔偿力度,完善知识产权惩罚性赔偿制度建设中商业秘密部分的规则设计,主要原因可总结为以下三点:首先,现代企业在经营或研发中实际存在大量可归为商业秘密权益保护范围内的经营信息或技术信息,但碍于众多企业,尤其是中小型企业对于商业秘密认知有限,商业秘密保护的法律意识淡薄,通常是发生巨大损失后才能明白商业秘密保护的重要性以及商业秘密隐藏的巨大商业价值。其次,众多中小型科技企业普遍也缺少维

---

① 刘孔中,李文博. 论商业秘密保护及其过度保护的问题[J]. 知识产权,2022,(5):74-90.

权成本与预防措施的资金来源,故大量商业秘密侵权行为的制止只能堆积至诉讼环节处理纠纷,然而现行商业秘密侵权惩治力度并不足以震慑商业秘密侵权案件数量下降或潜在案件发生。虽然案件审理过程可以不被公开,但判决结果具有法定公开性要求,商业秘密的价值会受到公开程度的影响而贬值甚至失去原有价值。最后,知识产权惩罚性制度在商业秘密方面规则供给不足,为商业秘密受侵害方提起惩罚性赔偿诉讼请求以及后续举证造成客观障碍,法院因缺少援引惩罚性赔偿的规范依据与法律基础,商业秘密侵权的界定范围与赔偿数额确定方法都不明晰,造成法官最终适用惩罚性赔偿的态度也十分谨慎,商业秘密规则体系的补全需要从司法实践中提取经验,从个案判决中挖掘商业秘密惩罚性赔偿案件的共性与个性并将其升华,转化为具体条款的表达。

(1) 商业秘密惩罚性赔偿案件中的秘密性要件认定

秘密性是商业秘密保护的必要条件[①],商业秘密惩罚性赔偿司法适用难的问题普遍反映出商业秘密自身权属定位不明晰,在解决商业秘密惩罚性赔偿司法适用的问题之前还有必要以商业秘密本权为切口,厘清基础权利概念体系并促进法律规范体系的完善,这有助于解决惩罚性赔偿恶意认定、侵权行为类型以及情节严重程度此类主客观构成要件缺失带来的适用困难。加强商业秘密保护的关键问题之一在于准确认定商业秘密法律制度所保护的或者说商业秘密权益的客体。[②] 依照商业秘密的法律定义来看,商业秘密的客体所指向的是技术信息与经营信息等商业信息,但商业秘密权益客体目前还存在争议分歧。有学者提出另一种观点,认为技术信息、经营信息等商业信息本身并不是权益客体,只是客体的物质载体或表现方式,商业秘密权益的真实客体隐藏在外在表现所掩盖的"面纱"背后,实质应是商业秘密权

---

① 王利明. 数据何以确权[J]. 法学研究,2023,45(4):56-73.
② 陈灿平,李妍. 商业秘密侵权实际损失厘定的经济分析[J]. 经济问题,2023,(9):11-18+105.

利义务所共同指向的对象——秘密性与竞争优势。① 商业秘密相比其他知识产权客体的保护方式差异就在于专利、商标等知识产权是以权利内容公开为保护基础,而商业秘密的保护目的就是合法允许权利主体不公开其掌握的具有商业价值且已投入使用的机密信息并保护其不被侵害,或对已造成的商业秘密侵权行为损害后果予以填平性的经济赔偿。技术秘密信息的泄露在商业秘密惩罚性赔偿案件中占据主要地位,各领域技术秘密又极富专业性,法官在审理过程中难以突破技术知识壁垒的重重理论及应用障碍,需要借助外部专业人士的帮助讲解,技术调查官制度应运而生,但又存在经费不足的问题。

法官适用惩罚性赔偿,首先应证成商业秘密侵权行为的存在,构成商业秘密的技术秘密为法官判定其是否属于商业秘密带来困难。技术秘密并不是凭空诞生,其源于研发人员的智慧创造并需要投入使用,在创造、使用、传播的过程中不可避免地会被企业内部研发岗或高管知悉、掌握,商业秘密侵权主体也多为内部人员。同时,不似专利权须公开登记注册而拥有明确的专利权人,商业秘密的非公开性造成商业秘密权利主体的具体指向并不是非常直观的一一对应关系,商业秘密存续期间对其实际知悉并利用的主体数量企业难以准确控制。② 并且技术秘密的创造性、新颖性要求并不高,技术含量不高的技术信息与经营信息也可以成为商业秘密的客体,因此维护商业秘密秘密性的重要程度十分显著,有必要防止同类竞争企业进行的反向工程与抄袭仿制。所以,法院在进行商业秘密的秘密性认定时并不要求将权利人所掌握的商业秘密严格封闭在指定的个体范围内,一旦超出范围边界就认定商业秘密失去或不构成秘密性之要求,而是选择更为宽松的判定标准。权利人只需要保证商业秘密在其所从事的行业以及竞争企业特定人群范围之间不为公众所知悉,并且其他主体如想通

---

① 吴桂德. 商业数据的私法保护与路径选择[J]. 比较法研究,2023,(4):185-200.
② 林秀芹. 商业秘密知识产权化的理论基础[J]. 甘肃社会科学,2020,(2):11-20.

过不正当方式获取商业秘密需要付出较大的努力与代价方可实现其非法目的,此时就应被认定构成秘密性构成要件。[①] 除此之外,知识产权制度激励功能在商业秘密中的具体表现就是针对技术秘密或经营秘密的创造主体予以源头性权利保护,只有维持创造者的创新热情才能保证运用、管理、传播的永续。

(2)商业秘密惩罚性赔偿案件中的价值性判断

现代企业对于商业秘密的价值认识都已形成初步共识,充分承认并越来越认可商业秘密的价值之高,由此促使商业秘密保护也成为近年来立法、司法、执法保护中的研究热点问题。[②] 从商业秘密惩罚性赔偿案件中的司法判例中,不难发现商业秘密的认定还须符合价值性特征,商业秘密的价值需要反映在实际投入使用当中,未被利用的应不属于法律意义上所指的价值性,但这一观点学者之间存在分歧,有学者并不建议我国提高商业秘密的准入门槛至实际使用层面,实用性特征的加入属于是我国在国际条约的基础上对于商业秘密构成要件所提出的额外要求,此举会对现行涉商业秘密的法律规范体系造成衔接上的混乱,加强商业秘密权益适用范围的自我设限。[③] 商业秘密的主观价值在不同主体视角中可能会存在差异,主观价值可以为商业秘密赋予更高的隐性增值利益。但主观价值的高低当然不适合作为商业秘密价值的主要判断标准,为关联企业及社会大众普遍接受的商业秘密客观价值应作为商业秘密惩罚性赔偿的价值判断标准。商业秘密价值的确认节点问题也同样重要,因为商业秘密的价值与其秘密性状态的保持联系强烈,商业秘密的价值会因为主动公开或被动泄露而价值贬损,侵犯商业秘密行为的社会危害性也体现于此,因此需要对商业秘密侵权行为加大惩治力度来遏制其带来的负面效应。由于当前我国还并未有

---

① 吴桂德.商业数据作为知识产权客体的考察与保护[J].知识产权,2022,(7):91-109.
② 丁晓东.新型数据财产的行为主义保护:基于财产权理论的分析[J].法学杂志,2023,44(2):54-70.
③ 唐稷尧.扩张与限缩:论我国商业秘密刑法保护的基本立场与实现路径[J].政治与法律,2020,(7):42-55.

《知识产权法典》编纂动向,商业秘密专门立法也并未出台,目前商业秘密法律保护就是与《反不正当竞争法》保持"捆绑"的关系,这项亲密关联也为商业秘密赋予了经济法、竞争法的底色。商业秘密从经济法角度出发也可被解释为一项垄断权,掌握商业秘密的权利人在某种程度上也是占据了一定竞争优势地位。

(3)商业秘密惩罚性赔偿案件中权利人保密措施有效性认定

商业秘密的保密措施通常也会被称为商业秘密的保密性特征,保密性认定需要兼具主观性目的与客观性外在表现。[1] 在商业秘密惩罚性赔偿案件中双方当事人通常还会要求证明权利人采取适当保密措施也即对商业秘密采取主动防御措施,证明其所掌握的商业秘密不是随意暴露在公众视野之下,即要求保密性应具有"公示性"制度外观[2],侵权人对于商业秘密的侵害是突破了权利人设置的重重商业秘密保护措施,属于"明知不可为而为之"恶意窃取他人对商业秘密的违法侵权行为,并可对侵权人的主观恶意与行为危害性作为佐证。认定权利人对商业秘密保护措施是否有效可从横向与纵向两种分类方式进行全面解释,商业秘密保护措施的功能类型谓之横向同位对比,按照商业秘密相关主体所处的不同时间场景采取不同商业秘密保护措施则是以纵向深度解析。法院在认定商业秘密保密措施是否具有有效性之时,通常首先采取文本主义标准进行初步判断,即是否在劳动雇佣合同中签署商业秘密保密条款,是否在公司规章制度中明文规定公司保密制度。通过文本主义上的认定并不足以完全免除权利人对商业秘密保密措施的有效性的证明,还需要对其进行行为主义评价,规则的制定应是以顺利执行为最终目的,权利人如若自身在文本规则建立之后疏于管理监督保密措施的执行也不应算作符合保密措施有效性的要求,仍可认为权

---

[1] 刘春田,郑璇玉.商业秘密的法理分析[J].法学家,2004,(3):106-114.
[2] 黄武双.商业秘密的理论基础及其属性演变[J].知识产权,2021,(5):3-14.

利人存在行为上的瑕疵,主观上过失放任商业秘密泄露风险的发生。① 并且还有必要对商业秘密的秘密性与保密性特征予以区分,二者存在实质性与形式性差别,避免二者的概念混淆使商业秘密保护措施有效性的认定陷入循环论证的漩涡。②

另外,随着科技水平发展的日新月异,商业秘密的固定形式越来越多样化,表现出区别于传统方式的更多现代性特征偏向。在互联网经济蓬勃发展的当下,大量商业秘密信息以商业数据的形式在互联网空间或电子设备之上存储,同时在传统工艺的知识产权传承上,权利人对于其中的商业秘密依然保持着依靠亲族、师徒关系进行口授亲传的传统方式作为维持商业秘密的主要手段。因此,商业秘密保密措施的有效性应考虑非现代性产业在商业秘密保护上的特殊历史发展背景产生的行业保密特性。最后还应注意商业秘密保密措施的必要限度及其设定合理性。过高或过低的商业秘密保护措施标准都不可取,过高的保密性要求虽然可以为商业秘密提供更为充分的保护,但为权利人增加了过重的保密义务与举证责任负担,公力救济所能体现的方面相对有限,也为知识产权共享传播与进步增加了更高的技术门槛。

7.3.2　商业秘密侵权行为的主要特征与惩罚性赔偿关联性

由于商业秘密的秘密性特征,商业秘密侵权行为获得了天然的隐蔽性,权利人通常难以第一时间察觉商业秘密侵权行为发生的时间节点,普遍都是在侵害结果已经造成权利人的巨大损失后方才发现商业秘密的泄露。商业秘密非公开性的保护方式是一把双刃剑,商业秘密的秘密性帮助权利人将本企业的核心商业机密更好地掌握在企业内部少数人之中,但权利人对于商业秘密信息的控制力却处于不确定状

---

① 童德华,任静. 侵犯商业秘密罪的立法变革与司法适用[J]. 烟台大学学报(哲学社会科学版),2022,35(4):33-45.
② 黄武双,戴芳芳. 论技术秘密构成要件的认定:以定作产品技术秘密为视角[J]. 科技与法律(中英文),2022,(4):10-19+122.

态，并且知识产权法所保护的商业秘密并不是一纸空文，法律语境下的商业秘密需要不断投入生产使用当中，从而创造出更高的经济价值收益。知识产权客体的无形性为权利人感知商业秘密是否已经被侵权设置了客观上的感知困难，无法第一时间及时感受到侵权行为的发生会造成侵害结果在权利人不知情的情况下持续发生，且极大概率会造成损害结果的进一步扩大；权利人所拥有的商业秘密价值不断减损，甚至丧失作为商业秘密权益保护的必要。因此，在这种情况下，证明权利人商业秘密价值损失与侵权人泄露、窃取商业秘密行为之间的关联程度，成为商业秘密惩罚性赔偿适用的论证关键。

商标权、专利权等通过公开登记注册的保护方式虽然使权利内容中包含的技术信息以及其他商业信息暴露在公众视野之中，但只有做到公示才能使得法院在审理案件时合理排除他人相似或近似权利申请，作为权利公示的代价补偿，这些权利的法律保护效力也强于商业秘密这种非公开权益。权利公示保护方式可以准确定位权利来源主体，一旦出现相似或近似的商标标志或产品，虽然不足以构成直接提起侵权之诉的所有诉讼要件，但最起码可以作出权利主体的合法权益被损害的基本判断，无须再去证明损害事实与权利主体之间是否存在直接关联性。在权利公示保护方式之下，权利主体只需要证明其是商标权或者专利权的合法权利人即可。但商业秘密主要依靠近乎自力救济的保护方式维持侵害结果发生前权利主体可享有的独占权益，保护强度缺少强制力措施保障，商业秘密权利内容的正式确定是在权利人向法院提起诉讼后的阶段，那么其实对于商业秘密来说法律强制保护手段的介入是相对滞后的。

商业秘密侵权行为的发生也具有秘密性。随着科学技术水平的提高，商业秘密的表现形式与内容构成也发生了从传统性到现代性的颠覆性变化，商业秘密科技含量的提升为商业秘密侵权行为的识别带来更复杂的考量因素。即便市场上出现了与商业秘密所包含的技术内容生产出的相同、相似产品，但权利人在没有充足证据证明侵权商品的制造、销售是利用非法手段获取的商业秘密的情况下,无权禁止他人继续生产、制造。并且由于商业秘密并不公开,商业秘密的内容范围可能存在相同、近似的情况,法律对商业秘密的创新程度并没有新颖性、创造性的要求,因此,法律也并不禁止此类内容相同的商业秘密的利用行为。同样,假如他人利用权利人自行主动公开的文件资料或销售的产品,并付出了个人智慧经过二次劳动再创造出产品也不在商业秘密侵权行为之列。

商业秘密蕴藏的高经济附加值属性与商业秘密侵权行为损害赔偿数额不足之间的矛盾日渐突出,权利人遭受的实际经济损失大于侵权主体经法院审理判决的损害赔偿数额。形成这一状况的主要原因是当前对于商业秘密侵权行为的经济惩罚责任还是以补偿性为原则,不足以填平权利人对预防、制止商业秘密侵权行为的成本、商业秘密自身价值的贬值及其因侵权行为导致的自身价值损失。《反不正当竞争法》中虽在商业秘密侵权案件赔偿中增加了关于维权合理费用的明文规定,但合理费用只是商业秘密权利主体所有经济损失的一小部分。[1] 因此,商业秘密侵权案件中适用惩罚性赔偿规则具有迫切现实需求。侵权人甘愿将自己置于违法处罚风险之内,正是由于商业秘密有利可图,侵权人在实施侵权行为之时其实也会在心中提前对侵害结果发生后的情况作出损益得失衡量。[2] 目前在商业秘密侵权中侵权人为之付出的代价与其可通过侵权行为获得的收益之间正存在严重失衡,导致商业秘密判决中"十赔九不足"[3]现象十分普遍。在商业秘密侵权案件的损害赔偿责任中增加惩罚性赔偿规则不仅可以让实际侵权人受到其应有的惩罚,还可以遏制潜在侵权人的犯罪冲动,在侵权人造成不可挽回的后果前,阻断侵权预备行为真正转化为侵权实施行为。

---

[1] 肖顺武. 反不正当竞争法中惩罚性赔偿的拓展研究:兼评《反不正当竞争法(征求意见稿)》相关规定[J]. 当代法学,2023,37(2):75-87.
[2] 胡良荣. 论商业秘密侵权惩罚性赔偿的适用[J]. 知识产权,2015,(11):62-67.
[3] 孙海龙,姚建军. 商业秘密侵权赔偿数额的认定:以裁判文书赔偿数额为研究视角[J]. 知识产权,2009,19(4):38-42.

因为在商业秘密侵权行为类型中,在商业秘密保护措施相对健全的规模化企业,商业秘密泄露的最大风险主要源于内部威胁,侵权人原本依据合同约定或经商业秘密权利人允许而合法占有、知悉商业秘密,但在这一合法期间内受到来自商业秘密巨大经济利益的诱惑逐渐产生了侵权故意,引入惩罚性赔偿能够有效遏制这种情形发生。

商业秘密具体权利范围内容在未公开之时具有模糊性,商业秘密侵权行为认定的困难性高于一般具有公示效力的知识产权,在举证责任上亦存在区别于其他知识产权的特殊性,商业秘密侵权纠纷中举证责任通常由被告侵权人承担。[①] 如此设置的原因在于商业秘密侵权中原被告双方对直接侵权证据的掌控存在力量差别,权利人证明商业秘密侵权行为的成立相比侵权人在举证方面更为困难,并且商业秘密侵权中的直接证据都掌握在侵权人一方,须进行举证责任的特殊分配。[②] 但这并不意味着权利人完全免除商业秘密侵权举证责任,根据相关法律法规规定权利人仍须完成"接触+实质性相同"基础证明内容,商业秘密信息来源的合法性交由被告完成,证明标准的设置倾向于保护权利人,无须像专利侵权案件那样对技术方案记载的所有技术特征全部对照才能确认商业秘密侵权的存在。[③] 在商业秘密侵权纠纷的审理中,对于案涉商业秘密的确定通常被称为"秘密点"作为辨别重点,在"秘密点"的梳理中核心是将商业秘密具体内容与公共信息作出区分。[④]

商业秘密的实际价值认定在司法实践中也存在一定争议,关于商业秘密侵权行为造成实际损失或侵权人违法数额的计算方法并未形成统一认识。基于此,商业秘密实际价值的确定可以借助价值评估中介机构的力量给出商业秘密的参考市场价值,虽然评估中介机构在我国

---

① 林秀芹.数据治理的域外经验与启示[J].人民论坛·学术前沿,2023,(6):48-65.
② 单晓光.数据知识产权中国方案的选择[J].人民论坛·学术前沿,2023,(6):38-47.
③ 吴汉东.数据财产赋权的立法选择[J].法律科学(西北政法大学学报),2023,41(4):44-57.
④ 徐卓斌.商业秘密权益的客体与侵权判定[J].中国应用法学,2022,(5):209-220.

的发展目前正处于萌芽阶段,其所给出的估值对于原被告双方的说服力有限,但商业秘密价值的确定是商业秘密侵权行为造成损失的关键问题,并不能因商业秘密评估中介机构目前发展还不健全,就因此否定商业秘密市场价值在商业秘密侵权纠纷情节认定中发挥的定罪功能。除了外部评估机构参与市场价值认定,商业秘密的市场价值还要客观存在且足以达到认定标准,商业秘密价值的认定可将研发投入、实施成本、既得利益与可期待利益都应纳入商业秘密市场价值认定的考虑因素当中。① 商业秘密价值的确定除了市场价值,还须考虑公私利益的平衡,商业秘密作为知识产权客体,准公权性质的特征也应有所体现,商业秘密保护的终极目标必须将维护公共利益纳入权利设置的合理性考虑。商业秘密过度保护会导致该信息永久性地封闭于私主体掌控之下,不利于知识共享、利益共享与产业升级。②

7.3.3 侵犯商业秘密惩罚性赔偿的具体适用规则完善

(1)侵权商业秘密惩罚性赔偿的构成要件重塑

一般侵权构成要件包括违法行为、过错、损害事实及因果关系四个方面,侵犯财产权的赔偿责任也应当按照财产损失发生时的市场价格或其他合理方式计算。在商业秘密侵权纠纷中适用惩罚性赔偿的构成要件与一般侵权之间存在共性及其特殊性。

首先,惩罚性赔偿在主观方面的主观恶性要求应高于商业秘密侵权行为基本构成,只有在侵权人达到故意心态方可适用相比补偿性责任更严苛的惩罚性赔偿责任,商业秘密惩罚性赔偿的适用范围应有所限制,不能无序扩张。知识产权惩罚性赔偿责任的适用不能仅仅从权利人视角考虑,对权利人来说自然是希望获得损害赔偿数额越多越好。

---

① 孔祥俊. 论反不正当竞争法"商业数据专条"的建构:落实中央关于数据产权制度顶层设计的一种方案[J]. 东方法学,2022,(5):15-29.

② 聂鑫. 云计算环境下商业秘密保密措施的合理性认定[J]. 上海财经大学学报,2022,24(5):138-152.

但法律责任的根本目的不仅是惩罚侵权人,还需站在维护社会公共利益的立场出发,商业秘密过度保护会阻碍行业内部互相交流的良性竞争态势,不利于知识共享与科技进步。

其次,商业秘密惩罚性赔偿的适用应建立在侵权行为成立的基础上,并对权利人造成了实际损失,商业秘密惩罚性赔偿的适用不能脱离商业秘密基本侵权行为的单独成立。商业秘密侵权犯罪应为结果犯,而不应将其定义为行为犯。

再次,惩罚性赔偿作为加重赔偿责任,是否属于一项独立的请求权基础?能否在当事人没有在诉讼过程中提出申请之时,还能由法院主动适用惩罚性赔偿责任?这两个疑问也是目前惩罚性赔偿构成中的争议焦点。在民事程序管辖之下法院审理时对商业秘密侵权行为应遵守"不告不理"的原则性规定,但当商业秘密侵权行为超过一定限度构成刑事犯罪行为时,民事审判原则就不再构成规则适用束缚,法院在审判时可以出于公共利益主动适用惩罚性赔偿。

最后,商业秘密侵权案件中案值金额普遍巨大,再适用惩罚性赔偿规则之后,赔偿基数与倍数的相乘得出的最终赔偿数额更为庞大,高额判赔可能性的诱惑难免滋生出恶意滥诉现象。因此,应对商业秘密惩罚性赔偿数额设置限额,避免过于超出"罪责刑相一致"原则,减少法官自由裁量权衡量范围过于宽广所带来的潜在负面效应。[①] 美国作为商业秘密立法进程领先的国家,参考美国先进制度经验中关于商业秘密惩罚性赔偿的规则设置,可发现其将数额限度规定为实际损失的两倍之内,我国对于商业秘密惩罚性赔偿的倍数应与国际通行系数保持一致,避免对商业秘密侵权行为判赔畸重或畸轻。并且惩罚性赔偿的合理限度不是一成不变的固定数字,而是应结合具体案情,综合考量当事人主观因素、行为恶性以及当地经济发展水平等全方位因素,确保各

---

① 孙玉荣,李贤. 我国知识产权惩罚性赔偿制度的法律适用与完善建议[J]. 北京联合大学学报(人文社会科学版),2021,19(1):101-109.

方当事人之间损益相当。① 最后,商业秘密侵权中高科技技术含量逐渐升高,商业秘密侵权行为类型数量也相应扩大,不同侵权行为类型所造成的社会危害性程度也不同,对应的惩罚性赔偿责任赔偿数额也应随之调整。②

(2)商业秘密惩罚性赔偿举证责任的补充规则

商业秘密司法保护环节法律规范支撑不足所导致的审理难题集中反映在举证责任分配不明,原告胜诉率应作为实现商业秘密司法保护的重要指标之一,而胜诉的关键部分就在于双方证据提交的情况,但在商业秘密侵权案件中双方举证能力实际对比情况不容乐观,原告处于举证劣势地位由此为商业秘密保护带来巨大维权难度。所以,需要公权力予以外部干涉,通过重新分配举证责任的方式平衡双方权利地位。

首先,商业秘密侵权案件中举证证明责任的证据证明标准无须达到一般证明标准所要求的高度可能性,对权利人关于商业秘密构成事实与侵权事实存在的证明标准适当降低,达到高度盖然性标准即可认定成立,举证证明标准高低与最终惩罚性赔偿适用结果呈现正相关关系。其次,举证证明责任分配倒置与举证证明责任移转两种特殊举证规则在商业秘密侵权案件部分待证事实中需要灵活运用,但并不代表在商业秘密侵权中所有待证事实都适用特殊规则,商业秘密侵权纠纷并不脱离举证证明责任一般规则的约束,不能过分利用举证规则试图弥补商业秘密权益秘密性属性所带来的天然缺陷。③ 最后,商业秘密惩罚性赔偿的证明重点在主观恶性与严重情节之上,更应关注这两部分举证证明责任的分配公平。完善电子证据举证程序,加强电子证据证明力,对商业秘密惩罚性赔偿适用案件具有重要助推作用。

---

① 孔祥俊.网络恶意不兼容的法律构造与规制逻辑:基于《反不正当竞争法》互联网专条的展开[J].现代法学,2021,43(5):124-144.

② 刘科.侵犯商业秘密罪中"情节严重"的认定方法[J].中国法律评论,2022,(4):216-226.

③ 王艳芳.侵犯商业秘密举证责任制度的缺陷与重构[J].中国法律评论,2023,(3):46-56.

第八章　知识产权惩罚性赔偿
　　　　判决的域外承认与执行

　　地域性是知识产权法的固有特征,然而,随着这一特征的持续弱化,承认和执行国外的知识产权判决已经成为我国融入全球化进程的必然要求。目前,我国还没有承认或执行国外法院作出的知识产权惩罚性赔偿类判决的司法实践,但是随着国家间经贸往来日益密切,我国必将面临对国外作出的知识产权惩罚性赔偿判决进行承认和执行的问题。如何处理好该类判决的承认和执行,关系着我国和其他国家在知识产权领域的司法合作,也是我国进一步推进知识产权强国建设的重要步骤。

8.1　知识产权惩罚性赔偿案件承认与执行的历史发展

8.1.1　一般惩罚性赔偿案件的承认与执行

　　在国际商事仲裁中,大部分国家和地区受1958年《承认及执行外国仲裁裁决公约》约束,对仲裁庭作出的涉及惩罚性赔偿的判决进行承认与执行,因而这一机制在国际运转顺畅。然而来到判决领域,由于对外国判决的承认与执行关系到本国的司法主权完整,以及各国间法治化程度不一,部分国家甚至尚未出台惩罚性赔偿相关条文,加上判例法系与大陆法系天然存在兼容性问题,种种因素叠加之后,涉及惩罚性赔偿的判决在域外被承认与执行尤其艰难。

　　这一司法困境在近年来有所改善,契机是各国法律制度的互相借鉴,同化发展。随着国际交流日益密切,各国法律体系碰撞频繁,在这一过程中,各国纷纷取长补短,学习他国法律体系中的优良部分。这一趋势同样可以折射到惩罚性赔偿制度,近年来,无论是大陆法系还是判例法系的国家都在尝试接纳并优化惩罚性赔偿制度,并探索相关判决域外承认与执行的可能性。可以说,各国法律制度的同化发展为推动司法裁决的国际流动创造了可能性。

(1) 有限承认模式在大陆法系国家的实践

在许多大陆法系国家,涉及惩罚性赔偿的民商事判决往往被视为与本国公共政策相悖。大陆法系国家长久以来一直认为惩罚性赔偿具有很强的惩罚性质,并不符合其民事法的"损害填补原则"与"不当得利禁止原则",承认与执行该类判决违反执行国的基本原则。[1]然而截至目前,大部分大陆法系国家对惩罚性赔偿制度的态度已经逐渐发生转变,由原本的极度不认可转为部分接纳。

作为传统的大陆法系国家,德国恪守严格的全面赔偿原则,但随着全球化进程的加快,德国也越来越多受到来自美国的惩罚性赔偿制度的司法挑战。过去德国法院拒绝对域外判决承认与执行的依据有以下几点:一是在民事诉讼中承认和执行这类裁决会违反德国基本法中的宪法性权利,因为惩罚性赔偿处以的是刑事处罚,但是却没有给被告提供刑法上的程序性保护;[2]二是适用惩罚性赔偿会违背德国侵权法填补性损害赔偿的传统;三是惩罚性赔偿金在本质上是惩罚性和报复性的,这会违反德国民事诉讼法中公共政策条款的规定。[3] 1992 年,德国联邦最高法院裁决对美国加州法院判决的有关性虐待案件予以拒绝承认和执行。起初一审法院宣布对加州法院的判决予以全部承认和执行。但最终德国上诉法院以惩罚性赔偿的惩罚和预防之首要功能与传

---

[1] 陈南睿. 知识产权判决跨境承认与执行中的公共政策[J]. 长江论坛,2021,(6):53-59.

[2] Klaus J. Beucher, John Byron Sandage. United States Punitive Damage Awards in German Courts: The Evolving German Position on Service and Enforcement[J]. Vanderbilt Journal of Transnational Law, 1990,(23): 967-992.

[3] Volker Behr. Myth and Reality of Punitive Damages in Germany[J]. Journal of Law and Commerce, 2004,(24): 197-224.

统的填平原则相背离为由,仅对判决予以部分执行并且大幅减少非物质性损害赔偿金。德国联邦最高法院也赞同上诉法院的做法,并认为该赔偿与德国公共秩序相违背,不应予以承认和执行。① 这一技术手段实际上借鉴了法律适用中切割的方法,将惩罚性损害赔偿划分为补偿性与惩罚性两部分分别予以处理,为化解惩罚性赔偿制度与大陆法系天然的冲突提供了新的方法。这一方法的运用使得一些国家对涉及惩罚性损害赔偿的判决的态度发生了松动,由原本的全面否定转向有限制地承认与执行。德国的判例和学说也认为,基于基本法上的关系相当性原则,对于合理的填补性损害赔偿部分应当予以承认。

不仅如此,一些大陆法系国家的法院甚至开始大胆尝试,对惩罚性损害赔偿案件予以全部承认与执行。最为著名的案例当属 Miller Import Corp. v. Alabastres Alfredo 案②,下文将详述之。

法国最高法院首先在施伦茨卡与兰霍恩诉枫丹白露案中,明确了"惩罚性赔偿"本身并不违反公共利益,但是具体到该案中,惩罚性赔偿与实际损失已经"不成比例",故而拒绝承认与执行该判决。在此之后,作为惩罚性损害赔偿分配的款项在法国本身并非不可执行,但如果其金额与实际遭受的损害不成比例,则不能强制执行。但是法院没有明确说明外国判决中的惩罚性赔偿金额是否过度的具体判断标准。这一判决旨在显示,该院重视的并非惩罚性赔偿金是在实际损失之外进行赔偿这一事实,而在于惩罚性赔偿金的具体"数额"是否公平合理,并且以"所受损害"及"债务人违约情节"来判断数额是否符合比例原则。

可以看到,部分大陆法系国家对于惩罚性赔偿的态度逐渐发生改变,运用可分割制度承认与执行惩罚性赔偿判决,承认与执行合理的补偿部分,而对于超出限度的惩罚性部分运用公共政策予以拒绝,从而对惩罚性损害赔偿裁决展现出更易接受的立场。正是因为两大法系之间

---

① BGHZ 118, 312.
② S. T. S ,Nov. 13. 2001(J. T. S. . No. 1803).

的交流增加，欧洲法律以及许多国家的司法管辖区逐渐认可具备预防效果的赔偿形式，包括超补偿性损害赔偿，进而对域外的惩罚性裁决也越加包容。根据欧洲原则，这些司法管辖区不会因违反公共秩序而拒绝惩罚性损害赔偿判决本身，而只会在判决金额过高的情况下拒绝。

此外，全球许多学术机构也纷纷认可知识产权判决的可分割性，如国际法协会2020年《知识产权与国际私法准则》第35条便明确了知识产权赔偿的可分割原则，并将拒绝承认的范围明确为超出被请求国可能裁定的、非补偿实际损害的金额。

（2）英美法系国家的审慎态度

惩罚性赔偿制度在判例法系诸国间的适用也不完全相同，各国之间同样存在承认与执行的问题。虽然美国拥有成熟的惩罚性赔偿制度，但是否承认与执行外国惩罚性赔偿判决与是否采用惩罚性赔偿制度之间并不存在必然性。面对外国法院作出的此类判决时，美国法院的态度与大陆法系国家并无二致，在承认与执行问题上仍然持审慎的态度，设置若干例外条款以维护司法主权。

英国普通法确立了外国刑事法不能在英联邦得到执行的原则，进而不执行外国惩罚性法律的相关判决。2003年纽约法院判决的 Lewis v. Eliades and Others 案[①]是英联邦上诉法院受理的承认与执行惩罚性损害赔偿判决的案件，在本案中英国法院根据《保护贸易利益法》，适用分割原则对判决中的惩罚性赔偿部分予以拒绝。但因为该判决本身出现了多重诉因，在其中一项判决因法院判处数倍赔偿金而无法执行时，其他的补偿性损害赔偿的判决仍然可以执行[②]，这与对整体的惩罚性赔偿进行分割的做法存在差异，事实上未对惩罚性赔偿判项予以全部否认。但近年来相关判决表明英国态度也有所松动。在 Process &

---

① ［2004］1 WLR 692.
② Collins, Morse, McClean et al. Dicey, Morris and Collins on the Conflict of Laws[M]. London: Sweet & Maxwell, 2006:2022.

Industrial Developments Limited v. The Federal Republic of Nigeria 案①中,法官指出,裁决惩罚性赔偿不违反"普遍的道德原则",也不是"对公共利益的严重损害",因此没有必要据此不予承认依照纽约公约作出的裁决。此外,支持仲裁裁决执行的公共政策是一项强有力的政策,如果进行必要权衡,则该项公共政策要比拒绝执行过度赔偿裁决方面的任何公共政策都要重要。

同属英美法系的加拿大在面对美国这样过于宽泛的惩罚性赔偿判决时,也通常都不予承认和执行。从加拿大的司法实践来看,当外国的惩罚性损害赔偿判决涉及税金和罚金时,很难得到加拿大的承认与执行,一旦申请执行的赔偿数额被认定畸高,法院会以"与本国公共秩序相悖"为由,不承认该惩罚性判决,或者只认可该判决中的一部分。②

8.1.2 知识产权惩罚性赔偿案件的承认与执行

(1)欧盟对知识产权惩罚性赔偿的逐步认可

欧盟法律制度中虽然尚未出现对知识产权领域中惩罚性赔偿的明确规定,但《知识产权执法指令》中的相关条款实质上引入了惩罚性赔偿。当实际损失难以明确时,该指令规定可以将知识产权许可使用费作为确定损害赔偿数额的参考要素,从而使得判额可能违背全面赔偿原则。另一方面,该指令的序言又指出,这一规定的目的并非强制引入惩罚性赔偿制度,但也不禁止成员国作出惩罚性赔偿的裁决。

在知识产权领域惩罚性赔偿要素日益增加的今天,欧盟也在国际私法领域针对知识产权惩罚性赔偿颁出新规,通常来说,欧盟成员国之间为了维系内部关系,一般不会拒绝承认与执行对方法院作出的知识产权惩罚性赔偿判决。根据《知识产权执法指令》第 45 条第 1 款第 a

---

① [2019] EWHC 2241.

② Antonin I. Pribetic. Strangers In A Strange Land-Transnational Litigation, Foreign Judgment Recognition, And Enforcement In Ontario[J]. Journal of Transnational Law & Policy,2004, 13(2):347-391.

项的规定,判决必须明显违反公共政策才可予以拒绝承认与执行,且法院还需要提供该判决与该成员国公共政策明显相悖的证据。与此同时,成员国之间应当秉持相互信任的原则。目前欧盟对相关判决承认与执行仍持谨慎态度,具体案例中主要取决于被请求国自身对于知识产权惩罚性赔偿的态度。

在 Miller Import Corp. v. Alabastres Alfredo 案中,西班牙法院提出,应当结合保护权益的特殊性质与判决的可预测性,综合确定具体的赔偿金额,以此对照得出域外法院作出的判决金额是否畸高,判决是否承认与执行该知识产权惩罚性判决。具体而言,该法院认为,美国法院作出的判决符合比例原则,并未违反西班牙的法律。而对惩罚性损害赔偿部分法院则考量了惩罚性损害赔偿与补偿性赔偿之间的比例,认可对原告的知识产权利益进行三倍赔偿较为合理。法院的这一态度与西班牙对知识产权的高度重视密切相关。当涉及到跨国知识产权案件,尤其是在判定惩罚性损害赔偿的合理性时,法院会综合考虑判决的可预测性、比例性以及涉及的利益,以确保对知识产权的公正保护。这一案例为西班牙法院在处理跨国知识产权纠纷时树立了一个明确的判例,表明其愿意秉持国际法原则,与其他国家共同推动知识产权领域的合作与发展。在这一背景下,西班牙在对待知识产权保护方面的立场将有助于维护全球创新体系的正常运转,促进各国在知识产权领域的共同繁荣。

(2)美国对域外知识产权惩罚性赔偿特殊态度的检视

总体而言,美国法院对于知识产权惩罚性赔偿的域外承认与执行采取积极态度。部分法院在司法实践中指出,知识产权惩罚性赔偿法律制度相对于传统惩罚性赔偿法律制度,更强调保护私主体的利益,因此对直接依据公共政策不承认或不执行域外法院涉及知识产权惩罚性赔偿的判决的司法态度不予认可。尤其是,美国法院通常为公共政策保留条款的适用设置了较为严格的标准,以判例对公共政策保留的适用条件加以限制。若非法院地重大公共政策被侵犯,仅是一般法律政策之间存在不同之处,并不能以保护公共政策为由拒绝对外国法院作出的判决承认与执行。① 事实上,公共政策调查很少会导致判决不予执行,"除非判决本身是邪恶的或不道德的,并且对主流道德观念造成冲击"。② 尽管各地方不同的立法与判例对公共政策保留有不同的理解与运用,在判决中法院也尽量对公共政策的冲突作出详尽的论述,明确冲突的公共政策的性质与内容,避免该条款的滥用。

不同于大陆法系的形式审查模式,美国实体法与判例法并未排除对外国判决所适用的实体法律的审查。由于知识产权是国家为协调私人垄断利益与社会公共利益而设立的,是一国公共政策的产物,其权利范围与内容完全取决于本国法律的规定③,若被请求国与原审国知识产权的保护水平存在差异,在实质审查的情形下,极易导致公共政策保留的适用。

在2007年的路易斯花娃案④中,联邦第二巡回上诉法院就对原法国判决以及所依据的法国法律进行了实质审查,对公共政策保留条款进行了诠释。在分析判决是否予以承认和执行时,上诉法院指出,地方法院首先应当确定"判决所依据的诉因",即在本案中有争议的判决所依据的法国法律,进而分析该法律是否同美国《宪法》第一修正案所保护的权利以及纽约公共政策相抵触。本案中公共政策条款的适用前提就在于,法国法律在版权的权利范围上是否提供了和美国法律"对等"的保护,这要求原审国和被申请国在版权保护限度上存在高度一致性。⑤ 美国版权法中的合理使用规则限定了版权保护的范围,为版权

---

① 李广辉. 外国惩罚性损害赔偿判决的承认与执行研究[J]. 比较法研究,2005,(2):75-84.
② Sung Hwan Co. v. Rite Aid Corp., 7 N. Y. 3d 78, 82, 817 N. Y. S. 2d 600, 850 N. E. 2d 647 (N. Y. 2006)
③ 王迁. 知识产权法教程[M]. 北京:中国人民大学出版社,2021:11.
④ Louis Feraud Sari, Intern. v. Viewfinder, Inc. ,489 F. 3 d 474,83 U. S. P. Q. 2d 1105(2nd Circuit Court,2007).
⑤ 阮开欣. 承认与执行外国知识产权判决的公共政策例外:以路易斯花娃案为视角[J]. 河南财经政法大学学报,2017,32(6):136-143.

保护与美国《宪法》第一修正案赋予的言论自由权划定了边界,故美国法院是否承认与执行该判决取决于法国法律中是否存在与美国版权法中类似的合理使用规则的例外制度。而由于现有证据并不能充分证明该案中侵犯法国著作权的行为是否构成美国版权法意义上的合理使用,最终上诉法院决定发回至地方法院予以解决。

即使是在一般情况下,美国法院也并不认可惩罚性赔偿是对公共秩序条款的违反。而当这一问题来到知识产权惩罚性赔偿领域,美国司法实践认为最终支付给权利人的知识产权惩罚性赔偿金与传统的惩罚性赔偿存在明显的差异。根据美国的法律规定与司法实践,基于惩罚性赔偿的私益性以及最终归属的私人性,美国对于域外知识产权惩罚性赔偿判决的整体态度是肯定的,其并不支持以公共政策例外原则为由全盘予以拒绝,主张与传统的惩罚性判决区分处理。

在 de Fontbrune v. Wofsy 案[1]中,受理法院综合专家意见与法律检索的结果,摆脱了单纯的文义解释,于个案中运用 Java 标准,综合分析原审判决中 astreinte 这一执行罚的性质,考究该惩罚所保护的利益,也一定程度上确认了部分知识产权的惩罚性赔偿的可承认性与可执行性。[2]

上诉法院认为,涉案判决中采用 astreinte 的出发点是对个人的补偿以及版权的保护。不同于法国《知识产权法典》规定的刑事罚金,涉案判决中采用 astreinte 的目的是为侵权人未能遵守司法禁令而作出的违规行为设定赔偿金额,以惩罚被告违反先前版权禁令的行为,遏制侵权人的重复侵权行为,从而保护版权人的利益。这一判决结果与美国版权法中的法定赔偿有异曲同工之妙。虽然该罚金仍然具有一定的惩戒性质,但究其根本,它设置的目的是维护版权人的合法权益,而非惩罚违法者对公众利益的伤害。此外,本案罚金最终流向了原告这一私

---

[1] de Fontbrune v. Wofsy,838 F. 3d 992, 1001(9th Cir. 2016).

[2] 阮开欣. 版权案件中承认与执行外国裁决的界限:以美国 de Fontbrune v. Wofsy 案为视角[J]. 中国版权,2017(5):57-59.

主体而非作为公主体的政府,从诉讼程序来看,本案也是由民事主体提起,由法院根据民事诉讼法进行审理与裁判,因此,本案中的金钱赔偿本质上主要在于版权人的利益保障,这一判决具备承认与执行的法律基础。

8.2　我国对域外裁决承认与执行的司法实践现状

随着全球一体化进程的推进和区域协定的不断增加,国家之间司法协助的需要与日俱增。但是纵观我国申请承认和执行外国法院裁判的司法实践,极少有申请人的诉讼请求最终得到法院支持。

目前在国际上不存在一个统一承认与执行的公约。截至目前,我国已于多个国家订立了包含有承认和执行对方国家法院裁决内容的双边司法协助条约,或者在双边经济合作或保护投资协定中约定相关内容,与世界上大多数国家仍没有订立司法协助条约。因此,如果这些国家的法院作出的司法裁判需要得到我国法院的承认和执行,只能寄希望于两国之间存在司法协助互惠关系。通常情况下,本国法院对于外国法院的判决会基于"公共利益保留"的理由不予承认和执行。所谓的"公共利益"根据《中华人民共和国民事诉讼法》(以下简称《民事诉讼法》)第299条的规定,是指中国法律的基本原则或者国家主权、安全、社会公共利益。如果外国裁决的承认或执行将会和本国的公共利益相抵牾,法院可以拒绝承认和执行。而在这些条约中,也未对知识产权惩罚性赔偿判决的承认与执行问题进行约定。

我国《民事诉讼法》第299条规定了我国法院承认与执行外国裁决的条件:外国判决是生效裁决;我国与裁决作出国存在条约或互惠关系;该裁决不违反我国法律的基本原则或我国的国家利益、公共利益。这些原则性规定为我国法院对外国民商事裁决的承认与执行案件的审理提供了行动指南,但是具体的审查细则有赖于国际条约的规定和互惠原则的界定以及对生效裁决与公共利益的进一步解释说明。而我国法院如何依法审查外国裁决并予以承认与执行，化解法律规定抽象、标准边界模糊的法律难题，是我国开展司法协助的关键议题，也是我国扩大国际民商事交往规模的重要保障。

目前我国承认和执行外国裁决的案件数量很少，涉及惩罚性赔偿的案件在检索后仅查找到1例，法院认为该案存在违反我国法律公平合理原则的情形。原因在于本案基于美国一审判决所确定的赔偿金额，具有基于信托义务而进行惩罚的特点。该惩罚性赔偿不符合我国法律基于公平合理原则所确定的、以损失填补为基本目标的相关法律原则、习惯，如认可该判决金额将构成对我国基本法律原则的严重冲击，因此我国法院拒绝承认和执行该判决。① 除此案之外，我国目前还没有涉及外国知识产权惩罚性赔偿裁决的承认和执行的司法裁定。

通过分析我国的司法实践可以发现，近年来我国承认与执行外国判决的裁定数量有所增长，对于审查标准也有所探索与完善。之前在外国判决承认与执行领域中，我国法律体系与法律制度的不健全，承认和执行的实际操作缺乏法律依据，加之法院对此类案件的审理过于拘谨，从而出现了论证说理不充分、审查内容不统一、举证责任不明确等问题，甚至存在法律适用错误等情形。这不仅可能损害当事人的合法权益，也阻碍了我国司法协助进程，影响了国际司法交流合作的开展。而积极解决上述问题，寻找司法协作机制的利益平衡点，也是提升我国国际形象、司法国际公信力的重要途径。

随着2023年《民事诉讼法》的修正，我国法院不予承认和执行外国法院生效裁定、判决的事由被进一步明确，具体事由与《全国法院涉外商事海事审判工作座谈会会议纪要》第46条的规定保持一致，为涉外案件的处理提供了更可靠的法律依据。尽管这次修正并未在知识产权惩罚性赔偿问题上提出更为明确的指引，但对涉外案件承认与执行规定的完善也有利于进一步提升涉外民事案件的审判质量和效率，更

---

① 参见江苏省无锡市中级人民法院（2017）苏02协外认1号民事判决书。

好地保障我国当事人的诉讼权利和合法权益。

8.3 承认与执行外国知识产权惩罚性赔偿裁决的相关问题

8.3.1 知识产权有效性的先决问题

知识产权的有效性是权利人行使权利的基础,因此权利有效性在侵权案件中往往也是争议焦点。而在国际私法领域下,权利的跨境流动要求知识产权在判决作出国具备坚实权利基础,知识产权本体又因其复杂性与专业性为域外判决的承认与执行增加了难度。当知识产权有效性作为判决承认与执行的先决问题时,承认这一行为是否也意味着权利空间范围的延伸以及对知识产权地域性的背离,进而影响我国的司法主权,是我国法院未来在知识产权惩罚性赔偿裁决的承认与执行中要面临的首要难题。

日本在起草《数字平台交易透明化法案》时曾将知识产权取得规则等作为"国际强制性规则",若被请求国法院未能遵守相关规定,相关判决难以得到日本法院的认可。当前在国际条约下,知识产权领域主要将《承认和执行外国民商事判决公约》第 8 条作为先决问题判断的一般规则,但由于知识产权事项并不属于该公约的适用领域,在公约体系下进行知识产权有效性的判断则缺乏必要性。但在草案制定过程中各国对知识产权事项的争议也证明存在一定的实践需求。有部分学者参考一些示范性规则将涉及知识产权有效性问题的承认效力限定在当事人之间的做法,提出通过程序性影响解释限制承认与执行判决的效果,但是否有必要将这一先决问题纳入承认与执行的必要前提仍然有待探讨。

8.3.2 知识产权公共秩序之保留

以保护私权为基础的知识产权惩罚性赔偿体系,在全球市场重视知识产权的背景下对共同利益的追求使得其愈发具备承认与执行的基础。然而,公共利益的权衡为其又设置了一定的障碍。在平衡私权保护和激励创新之外,知识产权法的价值追求需要兼顾公共领域的保留,以确保公众得以充分利用资源,促进持续创新,推动公共教育、健康、知识传播与利用等方面的持续发展。在特殊时期,国家还须根据自身发展状况对某些特殊产业提供支持,包括知识产权政策。因此,知识产权的保护不仅仅是对个体权益的关照,更是体现对整个社会可持续发展的责任担当。

而各国内部对公共利益的考量也传导到国际层面的公共政策例外标准,尤其在注重利益衡量的知识产权领域。由于大量知识产权的授权模式牵涉公主体,在地域性的制约之下,国际知识产权保护框架也会允许对外国涉及教育、健康等特定敏感领域的裁决拒绝承认与执行。在知识产权跨境流动更为频繁的今天,各国不同的知识产权制度又使得国内与国际两套保护体系的并行面临更为复杂挑战。国际化背景下各国可能更为关注国内公共政策的实现,而通过一定的方式缩小各国之间在程序与实体两方面的公共政策审查差异是大势所趋。

在知识产权惩罚性赔偿语境下,各国对于惩罚性赔偿的不同态度又增加了承认与执行的难度。发达国家倾向于支持高额赔偿以更有效地维护知识产权,因此对域外知识产权惩罚性赔偿持宽松态度。而发展中国家则更倾向于减轻国民的负担,不仅对惩罚性赔偿保守观之,甚至对知识产权领域惩罚性赔偿的可适用性加以质疑,以摆脱被动承认发达国家法院高额知识产权赔偿裁决的局面。在这一背景下,解决国际知识产权争端需要平衡各国之间的利益和政策差异,以推动国际公正与公平。这可能需要通过国际协商和合作,制定更具包容性和灵活性的法规框架,以适应各国在知识产权领域的不同需求和立场。

8.3.3 惩罚性赔偿的识别

不同法系之间损害赔偿法存在巨大的制度鸿沟,甚至在同一法系的语境下,赔偿类型、构成要件与计算方式等具体事项也天差地别。在外国知识产权惩罚性赔偿裁决的识别问题上,若仅仅以我国"加害人主观恶意+超越实际损害+赔偿功能多样化"这一公式界定惩罚性赔偿可能会陷入判断误区。传统意义上大陆法系的损害赔偿体系坚持填平原则,仅承认对受害人损失限度内的损害赔偿,其他形式的赔偿通常被打上惩罚性标签。径直以实际损害为判定标准使得赔偿金的分类与惩罚性赔偿的识别缺乏更为科学的标准化体系。与之不同的是,英美法系的损害赔偿法体系更多与实际发展需求相关联,从而随着历史演进呈现出多样的赔偿形态,在实际损害之外,衍生出"非补偿性赔偿金"之概念,这一概念与惩罚性赔偿金并非等价概念,而是包含与被包含之关系。而不同法系对抚慰金制度也存在不同观点,施行抚慰金制度的部分大陆法系国家主张其本质仍在于填补损害,而在英美国家看来,这可能已经成为变相的惩罚性赔偿。两大法系的不同态度使得各类非明示为"惩罚性赔偿"之概念的具体法律定位面临一定的实践困境。

2021年《全国法院涉外商事海事审判工作座谈会会议纪要》第45条首次明确了针对外国法院判决中惩罚性赔偿的审查制度,我国法院以形式与实体双重标准对惩罚性赔偿加以识别。形式上主要从表述来判断,该判项应注明为"损害赔偿金";实体上主要从额度上判断,其金额应明显超出实际损失。但在实际操作中,如果外国法院的判项中没有使用与之完全一致的表述,而是使用类似"补偿款"的措辞,但"补偿款"的金额同样明显超出实际损失,我国法院如何对其加以判定仍有待未来的相关案例予以明确。

在外国惩罚性赔偿法律或判项的识别问题上,我国应当坚定法定主义立场,谨慎解读惩罚性赔偿概念,避免过度扩大惩罚性赔偿的范围。一般情况下我国无须对各类名称模糊的判项加以判断,仅须确认外国法律或判决中明确为"惩罚性赔偿"等表述的部分,从功能目的与最终归属等角度分析赔偿项目的具体类别,避免增加裁判负累的同时准确定位不同的赔偿判项。

惩罚性赔偿具备强烈的法定性,因而在识别外国法律或判项中的惩罚性赔偿时,首先应当注意其是否符合法定适用之范畴或者类型。而在判断其是否符合法律规定时,应当以判决作出地的法律作为赔偿类型的判断基准。也即我国法院在识别外国知识产权判决中的赔偿类型时,应当以被请求国实体法作为判定适用惩罚性赔偿的法定范畴的准据法。在识别过后才会进入对知识产权惩罚性赔偿判决是否予以承认的判断阶段。而这一问题的判断标准则应当以我国的民事实体法为依据。这种在不同阶段以不同国家立法为标准的做法既符合现今多数国家之司法实践,也有利于维护我国法院判决的域外效力。①

8.3.4 惩罚性赔偿数额认定与计算难题

基于金钱救济在非物质损害中的武断性与主观性,补偿性与非补偿性损害赔偿之间的界限十分模糊。② 而2005年海牙《选择法院协议公约》针对此情形对损害赔偿进行了统一规定。此规定显然是鼓励各国在最大范围内承认与执行超过实际损失的判决部分,无论该部分被定性为惩罚性赔偿还是过分的损害赔偿;但同时也尊重各国的自由裁量权,其可依据各自的国内法来承认或拒绝超出实际损失部分的赔偿金。

虽然这一规定尝试以"实际损失或损害"作为客观标准,使各国在对损害赔偿判决进行审查时,无须再适用原审国或被请求国的法律来审查,但在知识产权侵权纠纷中,损害与因果关系经常出现证明困难,而损害赔偿与权利人的实际损失之间经常缺乏强对应性,为法院确定赔偿数额造成困难。为了克服这种困难,"各国除了实际损失外逐渐发展出另外几种计算损害的替代方式,即侵权人的非法获益、合理许

---

① 许凯.比较法视野下惩罚性赔偿的识别标准[J].江西社会科学,2021,41(11):163-171.

② Trevor Hartley, Masato Dogauchi. Explanatory Report on the 2005 HCCH Choice of Court Agreements Convention[M]. Twentieth Session (2005), Antwerp–Oxford–Portland: Intersentia,2010:206.

可费倍数,以及根据前几种计算方式均难以证明损害赔偿额时采用的法定赔偿"。① 种种在实际损失标准之外又具有一定惩罚性色彩的准惩罚性赔偿制度,游离在法律规范之外,为实践运用增加了争端。

即使在整体立场上各国对域外惩罚性赔偿裁决的承认形成了以实际损失为准的观点,在具体的实践过程中,各国难以保障其最终结果同这一标准的一致性。为了实现司法正义,法院发展出多种方式对赔偿数额与案件损失的相称性与合目的性加以审查,其中一种便是基于判决作出国的相关立法,划定一定的认可比例。美国最高法院对惩罚性和补偿性损害赔偿比例作出了 9∶1 上限规定,限制数额的同时又容许特定情况下超越该标准。我国在法定比例之外,根据知识产权案件具体案情等对赔偿金额进一步调整,保障惩罚性赔偿的金额在可接受的范围内可以得到承认。然而,各国在知识产权保护领域有着不同的损害赔偿计算模式,基础倍数本身存在一定差异。这种差异性不仅是法律制度上的问题,还涉及文化、社会习惯以及知识产权产业的发展水平等多方面因素。因此,国际社会需要在尊重各国自主权的前提下,加强协调和交流,以促进对知识产权惩罚性赔偿数额的更为统一和公正的理解。这可能包括建立国际性的指导原则,以便在处理跨境知识产权纠纷时能够更加公正地确定和计算惩罚性赔偿的数额。这样的协调努力将有助于建立一个更加稳定和可预测的国际知识产权法律框架。

8.4 知识产权惩罚性赔偿的承认与执行的中国路径

虽然我国目前还未出现要求承认与执行域外知识产权惩罚性赔偿判决的案例,但是随着知识产权国际流动性的增强,这一问题势必成为未来需要应对的挑战。我国需要在吸收域外经验的基础上,积极探索适合本国国情的路径,以提升我国知识产权判决的国际认可度,并推动

---

① 管育鹰. 试析侵害知识产权惩罚性赔偿的适用条件[J]. 法律适用,2021,(1):43-52.

国内知识产权体系的健全与国际知识产权保护体系的互信。

8.4.1 司法互助之建立

尽管我国与多个国家与地区签订了司法互助条约,但是我国尚未同知识产权保护水平居于世界前列的美国、英国、日本等发达国家建立双边司法协助关系。而现有双边协定并未聚焦知识产权或惩罚性赔偿等具体争议问题,在知识产权司法保护等方面未能形成足够的互信基础。《关于内地与香港特别行政区法院相互认可和执行民商事案件判决的安排》中规定了知识产权侵权判决属于金钱判项中惩罚性赔偿不予认可和执行原则之例外,这为建立知识产权领域司法互助的特例提供了范例。

未来除了继续推动司法协助关系的建立之外,也可以借鉴香港与内地现行模式,推动更多的国家在条约协定中明确纳入知识产权惩罚性赔偿判决议题,进一步细化知识产权惩罚性赔偿判决的承认与执行模式。积极参与国际组织、制定国际协议,以及推动国际合作与交流也有助于加强国际社会在知识产权领域的司法合作,建立更为健全的法律框架,建立更为公平、透明、高效的国际知识产权司法互助体系。

8.4.2 惩罚性赔偿判决之认定

在认可外国判决中的惩罚性赔偿时,法院须确保该赔偿符合我国相关法规的基本原则和标准。在识别与认定知识产权惩罚性赔偿判项时,若该判项与我国法律规定并无冲突,于国内同类知识产权案件金额标准限度内有限认可该部分赔偿具有合理性。此外,法院还将仔细审查判决的性质,以确认其是否属于纯民事性质的惩罚性赔偿。这一审查过程将着重考察判决中的受益主体和支付对象,以确保其私人性质得以维持。在实际操作中,法院应当秉持审慎态度,避免对包含公权力因素或支付对象为政府的惩罚性赔偿判决过于宽泛地予以认可。这一限制性的立场有助于维护我国法律体系的独立性和公正性。此外,法院还须根据我国法律规定,确定外国判决中认可的惩罚性赔偿的具体范围,以确保其在我国法律体系中的合理适用。

除了对赔偿判项名称进行形式识别之外,还可以基于惩罚性赔偿的附随性,从外国知识产权判决的赔偿类型与判项对惩罚性判决进行识别。单一的判决类型或判决内容无法认定为惩罚性赔偿判决,只有其满足附随性后,才可进一步结合判决目的准确识别惩罚性赔偿。例如若判赔多倍的赔偿金是为惩处被告主观恶意等需要,该赔偿金可以视为具备惩罚性,而为了弥补客观损害之需要则未跳出补偿性范畴。[①]

8.4.3 分割模式之合理设定

基于当前国际发展之趋势,我国应以分割承认模式为基础,设计同我国惩罚性实体规则相适应的知识产权惩罚性赔偿判决承认与执行模式。[②]

在分割程序的提起上,我国立法应当明确规定当事人在申请承认与执行外国判决时具有灵活的选择权。当事人可仅申请承认与执行外国判决中的部分内容,而不必一概申请承认全部判决。这样的规定旨在尊重当事人的意愿和自主选择,同时也为法院提供了更灵活的裁量权。此外,立法还应当规定,法院有权依据本国法和相关国际条约的规定,对外国判决作出部分承认与执行的裁定。这一规定能够确保法院在处理外国判决时能够更具弹性地运用法律条款和国际协定,以更好地适应各种复杂的案件情形。即便法院拒绝承认判决中的部分判项,也不必然影响对判决中其他符合我国法定条件的部分赔偿的承认与执行。这种有限认可的态度有助于在确保公正的前提下,更好地整合我国法律体系与国际实践,为当事人提供更为灵活和可行的法律

---

① 许凯. 比较法视野下惩罚性赔偿的识别标准[J]. 江西社会科学,2021,41(11):163-171.

② 宋连斌,陈曦. 外国惩罚性赔偿判决承认与执行的实践分歧与协调[J]. 江淮论坛,2021(3):111-119.

途径。

而在实体分割前,法院首先应当对判决可分割性加以判断。我国立法中应明确以判决作出国法律为依据对判决进行分割,同时规定拒绝的效力仅限于惩罚性赔偿部分而不延及整个判决。在分割的具体方法上,我国应当坚持形式分割的司法立场,仅对赔偿金的适用范围和具体数额进行形式审查,尊重他国知识产权保护制度。以我国知识产权惩罚性赔偿的适用范围与金额为界,若超出我国对应的标准,则可以对惩罚性赔偿加以分割,对我国限度内的部分予以司法承认。

此外,我国在构建分割承认与执行模式时,应该对其实施进行一定的限制,以确保在灵活运用的同时不损害国家法律秩序和公共利益。立法应当对国际私法领域的惩罚性赔偿问题有所回应,于知识产权法中明确规定超过一定标准的惩罚性赔偿金违反本国社会公共秩序。而在司法审判中,如果外国判决中的惩罚性赔偿明显不符合我国法律规定,或者导致原被告之间明显的利益失衡进而影响被告基本生活,以分割模式排除过分的赔偿是一条合理的司法进路。而在进一步对数额是否属于过分赔偿判断时,应以各知识产权单行法中规定的惩罚性赔偿倍数(主要为五倍)与数额范围作为参考标准。如果法律中缺乏相关规定,则可由法官依根据具体案情和社会背景,依照公平公正原则合理判断何种情况下赔偿金的数额构成了过分赔偿。

结　　论

本书从实证分析的角度入手，分析并得出了我国现行知识产权侵权案件存在着判赔数额普遍较低、法定赔偿被过度运用以及在确定侵权损害赔偿数额时酌定情节泛化等问题。由于知识产权侵权案件存在着侵权行为隐蔽、侵权成本低、补偿性损害赔偿不足等特点，被侵权人的实际损失很难通过传统的补偿性赔偿予以填平，因此笔者认为有必要在我国的知识产权法律框架内引入惩罚性赔偿。惩罚性赔偿制度的引入除了可以发挥惩罚、威慑的功能外，还可以起到填补损失和预防未来侵权行为发生等功能，从而可以达到减少法律的执行成本和维护国家公共权利的目的。

在知识产权领域引入惩罚性赔偿，其法哲学依据在于传统的侵权法中的矫正正义理论，同时辅以功利主义作为补充依据。从法经济学的角度来看，现代惩罚性赔偿制度的引入使得侵权行为人可以通过衡量侵权行为的机会成本来进行选择，从而遏制侵权行为的进行，达到预防侵权行为的正向激励作用。

从惩罚性赔偿制度的历史发展来看，现代惩罚性赔偿制度缘起于英美法系，传统上因与大陆法系的填平原则相悖而受到大陆法系国家的排斥。但是随着经济全球化的发展，各个法系之间的交流和融合也在不断加深。英美法系在适用惩罚性赔偿解决知识产权侵权案件时更加慎重，控制其适用的范围并通过提高被侵权人的举证责任、由法官调整过高的金额等方式进行限缩适用。与之相对的是大陆法系的国家，在其法律体系中也不断吸收和借鉴惩罚性赔偿制度，尤其在知识产权领域。

在具体的制度构建方面，惩罚性赔偿的适用应坚持过错责任原则,而且侵权人的主观过错为明知或故意。我国在司法领域认定侵权行为人是否具有主观故意时可以考量的因素可以包括:(1)侵权人是否因侵犯权利人的合法知识产权而承担过行政责任、民事责任后又侵权同一知识产权的;(2)侵权人是否有可能接触权利人享有知识产权的产品;(3)被侵权产品与侵权产品的相似性;(4)侵权人是否收到过权利人关于侵权的通知;(5)侵权人是否在接到侵权通知后继续其侵权行为或者故意隐藏其侵权产品等因素。对于反复侵权即实施两次或两次以上同样或类似侵权行为的以及大规模侵权的行为人可以直接认定其主观故意的存在,可以直接适用惩罚性赔偿。

在证明标准方面,应采用高于一般民事侵权案件的证明标准,可以参考美国法上的"明确且令人信服"的证明标准。在举证的过程中,引入证明妨碍制度,对于当事人故意毁弃、变更、隐匿主要证明材料的,可以直接推定其主观恶意的存在。首先,在我国知识产权的举证妨碍制度构建方面,应该具体明确当事人的主观状态仅限于故意还是也包括过失,鉴于知识产权损害证明的难度,可以考虑将当事人的主观状态限制为故意,从而扩大举证妨碍制度的适用范围。其次,在适用的时间上看,应不仅限于诉讼过程中,还应包括诉讼前的准备阶段,如果当事人在诉讼准备阶段毁弃、变更、隐匿主要证明材料的,都可以以举证妨碍论处。最后,对于举证妨碍的后果,应推定当事人具有主观的恶意,从而在判赔数额上可以适当提高或适用惩罚性赔偿的规定。在确定具体的损害赔偿金数额的时候,应坚持比例原则和有效预防原则,同时参考侵权人的主观方面、侵权人的富裕程度、补偿性赔偿金与惩罚性赔偿金的比例等因素综合考量。在确定传统的补偿性赔偿金额的基础上,可以采用固定倍数或固定最高金额等模式确定惩罚性赔偿金的数额。

如何确定知识产权侵权案件的惩罚性赔偿金的数额一直是知识产权领域的难题,例如在确定合理许可费时,美国法上就有虚拟谈判法、运营分析法、参考产业平均值和参考类比交易及固定许可使用费率等方法。不同类型的知识产权侵权案件可采用不同的方法。例如专利权的侵权案件中可以对专利产品进行评估。商标权的侵权案件中应区分不同类别的商标,同时考虑到被侵权人商誉受到损害后用来恢复商誉而对其进行的广告投入,在衡量损害赔偿金额时可以适当考虑这部分损失的计算。在著作权侵权领域,还应考虑到著作权侵权案件中对于权利人人格权利的侵害,可能还有判处精神损害赔偿问题。

在适用知识产权惩罚性赔偿时,由于信息不对称的问题,我们可以构建知识产权的价值评估机制,同时完善许可的登记备案登记制度,对于因同一侵权行为而导致的损害赔偿案件,建立统一的惩罚性赔偿金的登记制度,防止对同一被告判处多重惩罚性赔偿的问题。此外,将恶意侵权行为纳入社会诚信体系,更为有效地打击知识产权侵权行为。

综上,现代惩罚性赔偿制度起源于英美法系,随着社会的不断发展,传统的大陆法系国家对其的态度也在慢慢发生着转变。而英美法系的国家在适用该制度的时候也越来越慎重,并有限缩其适用范围及赔偿金额的趋势。不同的法律体系以及它们的基本理念之间的深刻差异应当得到克服,不同的惯性法律思维方式也应得到调和。在这一过程中,首先要了解其他法律体系,增加对其他法律体系惯性思维方式的理解,并且意识到实质上在所有法域会出现同样的难题但使用了不同的工具来解决,总有一个路口是不同法系学者在解决相同的法律难题时会相遇的地方,那里便是解决法律难题的关键所在。

参 考 文 献

一、中文文献

[1]〔德〕巴尔,德罗布尼希. 欧洲合同法与侵权法及财产法的互动[M]. 吴越等译. 北京:法律出版社,2007.

[2]〔德〕包尔生. 伦理学的体系[M]. 何怀宏,廖申白译. 北京:中国社会科学出版社,1988.

[3]〔英〕边沁. 道德与立法原理导论[M]. 时殷弘译. 北京:商务印书馆,2000.

[4]〔美〕波斯纳. 法律的经济分析[M]. 蒋兆康译. 北京:法律出版社,2012.

[5]〔美〕波斯特马. 哲学与侵权行为法[M]. 陈敏,云建芳译. 北京大学出版社,2005.

[6]〔美〕博登海默. 法理学:法律哲学与法律方法[M]. 邓正来译. 北京:中国政法大学出版社,2004.

[7]蔡琳,吴若雨. 反不正当竞争法视域下平台算法的法律规制[J]. 科学决策,2022,(12):137-154.

[8]蔡元臻. 知识产权错误通知责任规则重构[J]. 知识产权,2022,(11):75-93.

[9]曹阳. 知识产权间接侵权责任的主观要件分析:以网络服务提供者为主要对象[J]. 知识产权,2012,(11):24-37.

[10]曾世雄. 损害赔偿法原理[M]. 北京:中国政法大学出版社,2001.

[11]陈灿平,李妍.商业秘密侵权实际损失厘定的经济分析[J].经济问题,2023,(9):11-18+105.

[12]陈南睿.知识产权判决跨境承认与执行中的公共政策[J].长江论坛,2021,(6): 53-59.

[13]陈年冰.我国惩罚性赔偿制度研究[D],山东大学博士学位论文,2013.

[14]陈文华.惩罚性赔偿制度的法哲学基础[J].福建法学,2013,(3): 31-37.

[15]陈霞.比较法视角下我国著作权惩罚性赔偿制度之构建[J].山东大学学报(哲学社会科学版),2012,(5): 81-85.

[16]陈兴良.作为犯罪构成要件的罪量要素:立足于中国刑法的探讨[J].环球法律评论,2003,(3):275-280.

[17]陈兴良.本体刑法学[M].北京:商务印书馆,2001.

[18]陈兴良.犯罪构成的体系性思考[J].法制与社会发展,2000,(3):46-66.

[19]陈兴良.刑民交叉案件的刑法适用[J].法律科学(西北政法大学学报),2019,37(2): 161-169.

[20]程啸.论数据产权登记[J].法学评论,2023,41(4):137-148.

[21]崔国斌.得形忘意的服务器标准[J].知识产权,2016,(8): 3-19.

[22]戴昕.威慑补充与"赔偿减刑"[J].中国社会科学,2010(3):127-143+222-223.

[23]单晓光.数据知识产权中国方案的选择[J].人民论坛·学术前沿,2023,(6):38-47.

[24]邓晓蕾.我国农业植物新品种权保护现状及立法完善[J].种子,2020,39(11):162-166.

[25]丁晓东.新型数据财产的行为主义保护:基于财产权理论的分析[J].法学杂志,2023,44(2):54-70.

[26]董惠江,严城. 论我国精神损害赔偿金的功能[J]. 甘肃政法学院学报,2012,(1):18-25.

[27]杜超. 惩罚性赔偿的法理分析[D]. 南京师范大学硕士学位论文,2014.

[28]杜颖. 裁量性赔偿的裁量前提与量化计算[EB/OL]. (2023-07-16)[2023-08-11] https://zhuanlan.zhihu.com/p/644541661#%E6%A6%82%E8%A7%88.

[29]费安玲. 罗马私法学[M]. 北京:中国政法大学出版社,2009.

[30]丰霏. 法律治理中的激励模式[J]. 法制与社会发展,2012,18(2):151-160.

[31]冯明昱,张勇. 侵犯商业秘密罪评价标准的修正与规范解读[J]. 海南大学学报(人文社会科学版):1-10.

[32]冯晓青,罗娇. 知识产权侵权惩罚性赔偿研究:人文精神、制度理性与规范设计[J]. 中国政法大学学报,2015,(6):24-46+159.

[33]关淑芳. 惩罚性赔偿制度研究[M]. 北京:中国人民公安大学出版社,2008.

[34]管育鹰. 试析侵害知识产权惩罚性赔偿的适用条件[J]. 法律适用,2021,(1):43-52.

[35]郭杰. 植物新品种侵权中"合法来源抗辩"适用分析[J]. 种子,2022,41(6):142-148.

[36]郭少飞,李彤. 数据侵权责任认定难题及其克服:以抖音群控案为例[J]. 求是学刊,2022,49(4):137-149.

[37]郝力,胡雪莹. 植物新品种侵权纠纷案件审理的问题[J]. 人民司法,2005,(1):49-51.

[38]何炼红. 论算法时代网络著作权侵权中的通知规则[J]. 法商研究,2021,38(4):186-200.

[39]何腾姣. 侵犯商业秘密罪"情节严重"中的"重大损失"之探

析[J].海南大学学报(人文社会科学版),2022,40(4):131-143.

[40]和育东.美国专利侵权救济制度研究[D].中国政法大学博士学位论文,2008.

[41]和育东.知识产权惩罚性赔偿"情节严重"要件的解释进路[J].暨南学报(哲学社会科学版),2023,45(7):30-44.

[42]胡晶晶.专利侵权损害赔偿额之确定:中德日比较研究[M].武汉:华中科技大学出版社,2019.

[43]胡良荣.论商业秘密侵权惩罚性赔偿的适用[J].知识产权,2015,(11):62-67.

[44]黄武双,戴芳芳.论技术秘密构成要件的认定:定作产品技术秘密为视角[J].科技与法律(中英文),2022,(4):10-19+122.

[45]黄武双.商业秘密的理论基础及其属性演变[J].知识产权,2021,(5):3-14.

[46]姜广瑞.惩罚性赔偿在专利侵权损害赔偿中的引入及适用[J].人民司法(应用),2018,(25):92-96.

[47]姜战军,杨帆,邢宏等.损害赔偿范围确定中的法律政策和途径选择研究[M].北京:法律出版社,2015.

[48]姜战军.损害赔偿范围确定中的法律政策[J].法学研究,2009,31(6):91-95.

[49]蒋舸.专利非实施主体诉讼中损害赔偿规则的适用[J].知识产权,2020,(11):65-66.

[50]蒋华胜.知识产权惩罚性赔偿制度研究:立法检视与司法适用——兼论我国《民法典》第1185条法律规范的体系化构建[J].中国应用法学,2021,25(1):146-170.

[51]强世功.法制的观念与国家治理的转型:中国的刑事实践(1976—1982年)[J].战略与管理,2000,(4):56-62.

[52]焦和平.知识产权惩罚性赔偿与法定赔偿关系的立法选择[J].华东政法大学学报,2020,23(4):130-143.

[53]焦洪昌,李树忠.宪法教学案例[M].北京:中国政法大学出版社,1999.

[54]金耀.数字治理逻辑下数据财产权的限度与可能[J].暨南学报(哲学社会科学版),2022,44(7):29-43.

[55]靳雨露,肖尤丹.算法的知识产权保护路径选择[J].中国科学院院刊,2022,37(10):1511-1519.

[56]〔美〕卡尔威因,帕尔德森.美国宪法释义[M].徐卫东,吴新平译.北京:华夏出版社,1989.

[57]〔奥〕考茨欧,威尔科克斯.惩罚性赔偿金:普通法与大陆法的视角.窦海洋译北京:中国法制出版社,2012.

[58]孔祥俊.网络恶意不兼容的法律构造与规制逻辑:基于《反不正当竞争法》互联网专条的展开[J].现代法学,2021,43(5):124-144.

[59]孔祥俊.论反不正当竞争法"商业数据专条"的建构:落实中央关于数据产权制度顶层设计的一种方案[J].东方法学,2022,(5):15-29.

[60]〔奥〕库奇奥.侵权责任法的基本问题(第一卷):德语国家的视角[M].朱岩译.北京:北京大学出版社,2017.

[61]〔德〕拉伦茨.法学方法论[M].陈爱娥译.北京:商务印书馆,2003.

[62]李广辉.外国惩罚性损害赔偿判决的承认与执行研究[J].比较法研究,2005,(2):75-84.

[63]李菊丹,陈红.新《种子法》对我国植物新品种保护的积极作用与局限[J].法学杂志,2016,37(7):70-78.

[64]李菊丹.论UPOV1991对中国植物新品种保护的影响及对策[J].河北法学,2015,33(12):98-112.

[65]李岚岚,王秀东,刘春青.植物新品种保护制度:历史演变与经验启示[J].科技管理研究,2022,42(19):158-164.

［66］李明德．美国知识产权法［M］．北京:法律出版社,2014.

［67］李显冬．侵权责任法经典案例释论［M］．北京:法律出版社,2007.

［68］李晓秋．专利侵权惩罚性赔偿制度:引入抑或摒弃［J］．法商研究,2013,30(4): 136-144.

［69］李志敏．中国古代民法［M］．北京:法律出版社,1988.

［70］廖丹．著作权制度的经济学思考［D］．湘潭大学硕士学位论文,2003.

［71］林方海,李剑,秦元明．《关于审理侵害知识产权民事案件适用惩罚性赔偿的解释》的理解和适用［J］．人民司法,2021,(10):50-53+10.

［72］林秀芹．商业秘密知识产权化的理论基础［J］．甘肃社会科学,2020(2):11-20.

［73］林秀芹．数据治理的域外经验与启示［J］．人民论坛·学术前沿,2023(6):48-65.

［74］刘春田,郑璇玉．商业秘密的法理分析［J］．法学家,2004,(3):106-114.

［75］刘德权,王松．最高人民法院司法观点集成(知识产权卷I)［M］．北京:中国法制出版社,2017.

［76］刘海鸥．论古代罗马侵权责任方式发展演变［J］．湖南社会科学,2007,(2):66-68.

［77］刘军华,叶明鑫．知识产权惩罚性赔偿与法定赔偿的协调适用［J］．中国应用法学,2021,(1):115-116.

［78］刘科．侵犯商业秘密罪中"情节严重"的认定方法［J］．中国法律评论,2022,(4):216-226.

［79］刘孔中,李文博．论商业秘密保护及其过度保护的问题［J］．知识产权,2022,(5):74-90.

［80］刘平,谭嘉颖．对我国知识产权法引入惩罚性赔偿的质疑

[J].科技与经济,2013,26(4):41-45.

[81]刘奇英.民法典精神损害赔偿条款对著作人格权的适用研究[J].温州大学学报(社会科学版),2021,34(1):14-28.

[82]刘鑫.企业数据知识产权保护的理论证立与规范构造[J].中国法律评论,2023,(2):38-50.

[83]刘银良.知识产权惩罚性赔偿的比较法考察及其启示[J].法学,2022,(7):131-148.

[84]鲁竑序阳.知识产权惩罚性赔偿制度的适用与完善:基于体系化的视角[J].苏州大学学报(法学版),2022,9(4):103-114.

[85]〔英〕罗素.西方哲学史(下卷)[M].马元德译.北京:商务印书馆,1976.

[86]马一德.技术标准之许可定价规则的"非国家化":以可比许可法为中心[J].法学研究,2022,44(3):103-124.

[87]〔德〕梅迪库斯.德国债法总论[M].杜景林,卢谌译.北京:法律出版社,2004.

[88]〔德〕尼采.论道德的谱系[M].周红译.北京:生活·读书·新知三联书店,1992.

[89]聂鑫.云计算环境下商业秘密保密措施的合理性认定[J].上海财经大学学报,2022,24(5):138-152.

[90]欧洲侵权法小组.欧洲侵权法原则:文本与评注[M].于敏,谢鸿飞译.北京:法律出版社,2009.

[91]〔美〕庞德.普通法的精神[M].唐前宏等译.北京:法律出版社,2001.

[92]齐树洁.美国司法制度[M].厦门:厦门大学出版社,2006.

[93]齐喜三.侵权法若干焦点问题研究[M].郑州大学出版社,2014.

[94]邱聪智.新订民法债编通则(下)[M].北京:中国人民大学出版社,2004.

[95]邱福恩.商业数据的反不正当竞争保护规则构建[J].知识产权,2023,(3):77-100.

[96]邱帅萍.论罚金与惩罚性赔偿的折抵[J].湖南科技大学学报(社会科学版),2021,24(1): 151-157.

[97]瞿灵敏.精神损害赔偿惩罚性与惩罚性赔偿补偿性之批判:兼论精神损害赔偿与惩罚性赔偿的立法完善[J].东方法学,2016,(2): 32-44.

[98]阮开欣.版权案件中承认与执行外国裁决的界限:以美国 de Fontbrune v. Wofsy 案为视角[J].中国版权,2017,(5):57-59.

[99]阮开欣.承认与执行外国知识产权判决的公共政策例外:以路易斯花娃案为视角[J].河南财经政法大学学报,2017,32(6):136-143.

[100]阮娜.论公证赔偿责任核心构成要件[J].中国司法,2012,(10): 61-65.

[101]宋连斌,陈曦.外国惩罚性赔偿判决承认与执行的实践分歧与协调[J].江淮论坛,2021,(3):111-119.

[102]苏和秦,庄雨晴.商标惩罚性赔偿的司法适用及反思[J].电子知识产权,2020,(9):67-79.

[103]孙大伟.探寻一种更具解释力的侵权法理论:对矫正正义与经济分析理论的解析[J].当代法学,2011,25(2):77-83.

[104]孙海龙,姚建军.商业秘密侵权赔偿数额的认定:以裁判文书赔偿数额为研究视角[J].知识产权,2009,19(4):38-42.

[105]孙航.最高法相关部门负责人就《最高人民法院关于审理侵害知识产权民事案件适用惩罚性赔偿的解释》答记者问[EB/OL].[2023-9-17]https: //enipc. court. gov. cn/zh-cn/news/view-1078. html.

[106]孙良国.权利的价值:私法中获益赔偿的理论基础[J].西南民族大学学报(人文社科版),2010,31(12):96-99.

[107]孙那.视频聚合盗链行为法律性质的再探讨[J].法学论

坛,2018,33(5):103-111.

[108]孙效敏.奖励制度与惩罚性赔偿制度之争:评我国《侵权责任法》第47条[J].政治与法律,2010,(7):89-97.

[109]孙玉红.侵权法功能研究[M].北京:法律出版社,2010.

[110]孙玉荣,李贤.我国知识产权惩罚性赔偿制度的法律适用与完善建议[J].北京联合大学学报(人文社会科学版),2021,19(1):101-109.

[111]谭东丽.专利侵权损害法定赔偿研究[M].长春:吉林大学出版社,2020.

[112]唐稷尧.扩张与限缩:论我国商业秘密刑法保护的基本立场与实现路径[J].政治与法律,2020,(7):42-55.

[113]唐伟.论侵犯著作权的惩罚性赔偿:以《著作权法》第三次修改为中心[J].电子知识产权,2013,(12):51-56.。

[114]童德华,任静.侵犯商业秘密罪的立法变革与司法适用[J].烟台大学学报(哲学社会科学版),2022,35(4):33-45.

[115]汪洋.罗马法上的人格保护及其现代传承:以"侵辱之诉"为研究中心[J].法商研究,2014,31(3):142-151.

[116]王成.侵权损害赔偿的经济分析[M].北京:中国人民大学出版社,2002.

[117]王利明.惩罚性赔偿研究[J].中国社会科学,2000,(4):112-122+206-207.

[118]王利明.美国惩罚性赔偿制度研究[J].比较法研究,2003,(5):1-15.

[119]王利明.民法·侵权行为法[M].北京:中国人民大学出版社,1993.

[120]王利明.人格权法新论[M].长春:吉林人民出版社,1994.

[121]王利明.数据何以确权[J].法学研究,2023,45(4):56-73.

[122]王利明.论我国民法典中侵害知识产权惩罚性赔偿的规则

[J].政治与法律,2019(8): 95-105.

[123]王利明.侵权行为法归责原则研究[M].北京:中国政法大学出版社,2003.

[124]王迁.知识产权法教程[M].北京:中国人民大学出版社,2021.

[125]王蓉.北京高院发布知识产权民事案件适用惩罚性赔偿审理指南[N].民主与法制时报,2022-04-27(3).

[126]王卫国.过错责任原则:第三次勃兴[M].杭州:浙江人民出版社,1987.

[127]王艳芳.侵犯商业秘密举证责任制度的缺陷与重构[J].中国法律评论,2023,(3):46-56.

[128]王洋.矫正正义:侵权责任的法哲学基础探析[D].暨南大学硕士学位论文,2013.

[129]王泽鉴.损害赔偿[M].北京:北京大学出版社,2017.

[130]王泽鉴.侵权行为法[M].北京:中国政法大学出版社,2001.

[131]〔德〕文德尔班.哲学史教程(下卷)[M].罗达仁译.北京:商务印书馆,1993.

[132]吴桂德.商业数据的私法保护与路径选择[J].比较法研究,2023,(4):185-200.

[133]吴桂德.商业数据作为知识产权客体的考察与保护[J].知识产权,2022,(7):91-109.

[134]吴汉东.数据财产赋权的立法选择[J].法律科学(西北政法大学学报),2023,41(4):44-57.

[135]吴汉东.知识产权惩罚性赔偿的私法基础与司法适用[J].法学评论,2021,39(3):21-33.

[136]吴汉东.知识产权侵权诉讼中的过错责任推定与赔偿数额认定:以举证责任规则为视角[J].法学评论,2014,32(5):124-130.

[137] 吴纪树. 侵权法历史略论:以侵权法的功能检视为脉络[J]. 2014,16(3): 50-53.

[138] 吴元国. 矫正正义观现代转向的法理学思考:以食品大规模侵权行为为背景[J]. 学术交流,2013(1):76-79.

[139] 吴智永,庄雨晴. 知识产权惩罚性赔偿制度司法适用问题探究:以上海市浦东新区人民法院知识产权惩罚性赔偿案件为样本[J]. 电子知识产权,2023,376(3): 66-80.

[140] 夏亮. 论美国法下民事诉讼中的"对物管辖"与"对物诉讼"[J]. 金陵法律评论,2014,(1): 86-98.

[141] 夏欣. 美国陪审团制度及其特点[J]. 法制与社会,2013,(33):14.

[142] 项先权. 惩罚性赔偿与精神损害赔偿制度的功能比较[J]. 广西社会科学,2005,(2):75-77.

[143] 肖俊. 人格权保护的罗马法传统:侵辱之诉研究[J]. 比较法研究,2013,(1):113-124.

[144] 肖顺武. 反不正当竞争法中惩罚性赔偿的拓展研究:兼评《反不正当竞争法(征求意见稿)》相关规定[J]. 当代法学,2023,37(2): 75-87.

[145] 徐聪颖. 我国著作权法引入惩罚性赔偿制度研究[J]. 科技与法律,2015,(3):442-455.

[146] 徐卉. 刑民交叉诉讼中产权保护的困境与出路[J]. 人民论坛,2021,(2): 96-98.

[147] 徐家力,张军强. 对知识产权案件先刑后民模式的反思与完善[J]. 中国刑事法杂志,2018,(4): 134-144.

[148] 徐世超. 非法代繁行为侵害植物新品种权问题研究:以安徽隆平公司诉农哈哈公司、刘汉平案为例[J]. 法律适用,2021(12):122-131.

[149] 徐伟. 网络侵权中错误通知人的归责原则:兼论《民法典》

第 1195 条第 3 款的适用[J].法学,2022,(6):114-127.

[150]徐卓斌,张钟月.商业秘密侵权案件惩罚性赔偿的适用[J].法律适用,2021,(4):31-40.

[151]徐卓斌.商业秘密权益的客体与侵权判定[J].中国应用法学,2022(5):209-220.

[152]许凯.比较法视野下惩罚性赔偿的识别标准[J].江西社会科学,2021,41(11):163-171.

[153]薛波.元照英美法词典[M].北京:法律出版社,2003.

[154]〔古希腊〕亚里士多德.尼格马可伦理学[M].王旭凤、陈晓旭译.北京:中国社会科学出版社,2007.

[155]阳庚德.私法惩罚论:以侵权法的惩罚与遏制功能为中心[J].中外法学,2009,21(6):835-850.

[156]杨立新.民法典对侵害具有人身意义的特定物精神损害赔偿规则的完善[J].湖南大学学报(社会科学版),2020,34(5):111-118.

[157]杨立新.民法典对侵权损害赔偿责任规则的改进与适用方法[J].法治研究,2020,(4):84-96.

[158]杨立新.中国侵权行为法的百年历史及其在新世纪的发展[J].国家检察官学院学报,2001,9(1):3-16.

[159]杨立新.侵权损害赔偿[M].北京:法律出版社,2010.

[160]杨涛.知识产权侵权获利赔偿制度的完善路径[J].现代法学,2020,42(5):94-107.

[161]杨熠.浅谈我国专利侵权惩罚性赔偿制度之构建[J].东南大学学报(哲学社会科学版),2018,20(S2):104-107.

[162]叶秋华,刘海鸥.论古代罗马侵权行为法的发展演变[J].法学家,2006 (6):137-147.

[163]〔德〕耶林.为权利而斗争[M].胡宝海译.北京:中国法制出版社,2004.

[164]易继明.私法精神与制度选择:大陆法私法古典模式的历

史含义[M].北京:中国政法大学出版社,2003.

[165]尹志强.我国民事法律中是否需要导入惩罚性赔偿制度[J].法学杂志,2006,(3):76-79.

[166]应松年.行政法学新论[M].北京:中国方正出版社,2004.

[167]袁秀挺,凌宗亮.我国知识产权法定赔偿适用之问题及破解[J].同济大学学报(社会科学版),2014,25(6):117-124.

[168]张保红.论惩罚性赔偿制度与我国侵权法的融合[J].法律科学(西北政法大学学报),2015,33(2):132-140.

[169]张广良.知识产权损害赔偿惩罚体系的构建[J].法学,2020,(5):119-132.

[170]张红.我国惩罚性赔偿制度的体系[J].北大法律评论,2018,(1):63-87.

[171]张洁磊.惩罚性赔偿的程序机理:以美国法为视角[D].烟台大学硕士学位论文,2014.

[172]张玲.日本专利法的历史考察及制度分析[M].北京人民出版社,2010.

[173]张民安,梅伟.侵权法[M].广州:中山大学出版社,2008.

[174]张明楷.犯罪论体系的思考[J].政法论坛,2003,(6):26-38.

[175]张明楷.论刑法分则中作为构成要件的"情节严重"[J].法商研究(中南政法学院学报),1995,(1):14-19.

[176]张鹏.日本专利侵权损害赔偿数额计算的理念与制度[J].日本问题研究,2007,31(5):68.

[177]张伟君,庄雨晴,贾世奇.论惩罚侵害知识产权行为的制度安排:兼谈惩罚性赔偿的适用[J].中国专利与商标,2022,(1):3-20.

[178]张卫平.民刑交叉诉讼关系处理的规则与法理[J].法学研究,2018,40(3):102-117.

[179]张新宝,李倩.惩罚性赔偿的立法选择[J].清华法学,

2009,3(4):5-20.

[180]张新宝．侵权责任构成要件研究[M]．北京:法律出版社,2007.

[181]张艳敏．南繁育种的服务方式及其知识产权侵权行为探究[J]．分子植物育种,2023,21(11):3813-3818.

[182]赵永英,孙自如．产品责任中惩罚性赔偿在我国的引进[J]．华东经济管理,2005,19(6):85-87.

[183]郑玉波．民法债编总论[M]．北京:中国政法大学出版社,2004.

[184]周光权．刑法学的向度[M]．北京:中国政法大学出版社,2004.

[185]周枏．罗马法原论:下册[M]．北京:商务印书馆,1994.

[186]周永坤．论严格责任原则的合理性基础[J]．安徽行政学院学报,2012,3(2):89-94.

[187]朱丹．知识产权惩罚性赔偿制度研究[D]．华东政法大学博士学位论文,2013.

[188]朱冬．《民法典》第1185条(知识产权侵权惩罚性赔偿)评注[J]．知识产权,2022,(9):109-126.

[189]朱凯．惩罚性赔偿制度在侵权法中的基础及其适用[J]．中国法学,2003,(3):84-91.

[190]庄秀峰．保护知识产权应增设惩罚性赔偿[J]．法学杂志,2002,23(5):58-59.

[191]最高人民法院知识产权审判庭．中国知识产权指导案例评注(第十辑)[M]．北京:中国法制出版社,2020.

[192]最高人民法院知识产权审判庭．中国知识产权指导案例评注(第十一辑)[M]．北京:中国法制出版社,2020.

二、外文文献

[1] A. MitchellPolinsky & Steven Shavell. Punitive Damages: An Economic Analysis[J]. Harvard Law Review,1998,111: 869-962.

[2] An Economic Analysis of Plaintiff's Windfall from Punitive Damages Litigation [J]. Harvard Law Review, 1992,(105): 1911.

[3] Antonin I. Pribetic. Strangers In A Strange Land-Transnational Litigation, Foreign Judgment Recognition, And Enforcement In Ontario [J]. Journal of Transnational Law & Policy,2004,13(2): 347-391.

[4] Behr. Punitive Damages in America and German Law: Tendencies towards Approximation of Apparently Irreconcilable Concepts[J]. Chi. -Kent L. Rev. , 2003, 78: 105.

[5] Benjamin CZipursky. Theory of Punitive Damages[J]. Texas Law Review,2005,84: 105-171.

[6] Blair, Cotter. Intellectual Property: Economic and Legal Dimensions of Rights and Remedies[M]. Cambridge University Press, 2005.

[7] Bryan A. Garner, Black's LawDictionary(Ninth Edition) [M]. A Thomson Reuter,2009.

[8] C. M. Shakey. Punitive Damages as Societal Damages[J]. Yale Law Journal,2003,113: 347-453.

[9] Cass R. Sunstein & Reid Hastie & John W. Payne et al. Punitive Damages: How Juries Decide [M]. University of Chicago Press, 2002.

[10] Collins, Morse, McClean et al. Dicey, Morris and Collins on the Conflict of Laws[M]. London: Sweet & Maxwell,2006.

[11] D. W. Motron-Bentley. Law, Economics, and Politics: The Untold History of the Due Process Limitation on Punitive Damages[J]. Rog-

er Williams UL Rev. , 2012, 17: 791.

[12] Dan Markel. How Should Punitive Damages Work? [J], University of Pennsylvania Law Review,2008,157:1386-1488.

[13] David G. Owen. Punitive Damages in Products Liability Litigation[J]. Michigan Law Review,1976,74: 1257-1371.

[14] Eisenberg, Heise. Judge - Jury Difference in Punitive Damages Awards: Who Listens to the Supreme Court? [J]. Journal of Empirical Legal Studies,2011, 8(2): 325-357.

[15] Gary T. Schwartz. Reality in the Economic Analysis of Tort Law: Does Tort Law ReallyDeter? [J]. UCLA Law Review,1994,42: 377-444.

[16] Goudkamp, Katsampouka. An Empirical Study of Punitive Damages[J]. Oxford Journal of Legal Studies, 2018, 38(1): 90-122.

[17] Hand. TheDeficiencies of Trials to Reach the Heart of the Matter[J]. Lectures on Legal Topics, 1921-1922, 1926: 89-105.

[18] L. J. Hines, N. W. Hines. Constitutional Constraints on Punitive Damages: Clarity, Consistency, and the Outlier Dilemma[J]. Hastings LJ, 2014, 66(5): 1257.

[19] Klaus J. Beucher, John Byron Sandage. United States Punitive Damage Awards in German Courts: the Evolving German Position on Service and enforcement[J]. Vanderbilt Journal of Transnational Law, 1990(23): 967-992.

[20] Landes, Posner. The Private Enforcement of Law[J]. The Journal of Legal Studies, 1975, 4(1): 1-46.

[21] Law Commission. Aggravated, Exemplary and Restitutionary Damages[R]. Law Com, 1997: 247.

[22] Markel. How Should Punitive DamagesWork? [J]. U. Pa. L. Rev. , 2008, 157: 1383.

[23] M. Sag. Copyright Trolling, An Empirical Study[J]. Iowa Law Review,2015, 100(3):1105-1147.

[24] Pincus. The Computation of Damages in Patent Infringement Actions[J]. Harvard Journal of Law & Technology, 1991,5(1): 95-144.

[25] Ronald D. Workin. Law's Empire[M]. Cambridge & Mass, Belknap Press, 1986.

[26] Siemes. Gewinnabschöpfung bei Zwangskommerzialisierung der Persönlichkeit durch die Presse[J]. Archiv für die civilistische Praxis, 2001, 201(H. 2): 202-231.

[27] Toy. Statutory Punitive Damage Caps and the Profit Motive: an Economic Perspective[J]. Emory LJ, 1991, 40: 303.

[28] Trevor Hartley, MasatoDogauchi. Explanatory Report on the 2005 HCCH Choice of Court Agreements Convention[M]. Twentieth Session(2005),Antwerp-Oxford-Portland: Intersentia,2010:206.

[29] Volker Behr. Myth and Reality of Punitive Damages in Germany[J]. Journal of Law and Commerce,2004,(24): 197-224.

[30] W. H. Van Boom. Efficacious Enforcement in Contract and Tort[M]. DenHaag: Boom, Juridische Uutgevers, 2006.

[31] Walther &Plein. Punitive Damages: A Critical Analysis: Kink v. Combs. [J]. Marquette Law Review,1965,49: 369-383.

[32] Wegen, Sherer. Germany: Federal Court of Justice Decision Concerning the Recognition and Enforcement of US Judgments Awarding Punitive Damages [J]. International Legal Materials, 1993, 32(5): 1320-1346.

后　　记

　　本书最初开始撰写于 2013 年年初,那时我国知识产权法律制度中还没有惩罚性赔偿制度,虽然知识产权学界在当时对引入惩罚性赔偿制度普遍持反对态度,但是我在撰写最初的论文时就主张应将该制度引入我国,理由是虽然我国是大陆法系国家,但是惩罚性赔偿制度在英美法系中运行效果良好,随着两大法系互通互鉴的机会越来越多,在两条轨道上运行的车辆也会有交汇处,我国可以取其精华。值得庆幸的是,2013 年我国《商标法》修改首次在条款中明确规定了惩罚性赔偿制度,我非常高兴,认为起码自己的观点在一定程度上得到了立法的认可。但是,我国知识产权法其他领域中如著作权法、专利法中并没有规定惩罚性赔偿制度。2014—2015 年,我经过北京大学选拔,被派往美国留学。在美留学期间,非常丰富的一手资料极大地补充了我对该惩罚性赔偿制度的研究资料,当时看过的美国法上关于惩罚性赔偿的资料可能有几十册,回国时由于行李太多,托运价格又很贵,很遗憾只带回几本,其他的资料都只是留在了脑海里。

　　回国后,我完成了我的博士论文《知识产权惩罚性赔偿制度研究》,但是囿于自己当时的学术能力有限,只能对问题作出初步的分析和判断,理论深度有待提高。工作后,我继续深入跟踪研究该问题,2020 年有幸得到国家社科基金项目的立项资助,尝试运用了实证分析方法分析了从《商标法》首次引入惩罚性赔偿制度至今的时间内该制度在我国的实施效果。但是从分析的结果来看,该制度在我国实际司法裁判中运用的效果并不尽如人意。我想有以下理由:第一也是最重要的一点是,惩罚性赔偿的适用需要以补偿性赔偿的金额作为计算基数,然后再乘以相应的倍数。而在实际的司法实践中,补偿性赔偿的计算金额往往很难确定,权利人很少能提供准确的证据证明自己的损失或对方的获利,因此,在绝大多数的知识产权侵权案件中,法院适用了法定赔偿确定赔偿数额。第二,我国虽然在《知识产权强国建设纲要(2020—2025)》等文件中明确提出要加强知识产权保护力度,加大赔偿数额的政策性导向。但是,在司法实践中,法院在适用该制度时,由于当事人很少主动提出适用惩罚性赔偿,再加之该制度的适用要件在判断上存在一定难度,也加大了该制度适用的难度。

知识产权制度中如何计算赔偿的金额问题是一个难点和长期为学界和司法界关注的热点问题,这是因为这一问题不仅涉及不同法律制度的协调和适用问题,也因为知识产权这一无形财产和有形财产有着本质区别。我想本书为研究知识产权损害赔偿问题的学者们提供了一个研究的基础,未来我计划在知识产权损害赔偿问题方面继续深入研究,例如知识产权贡献率的问题、刑民行赔偿的衔接等问题。期待这些进一步的研究可以为我国知识产权损害赔偿问题的理论和司法实践提供一些有价值的思想,不断完善我国的知识产权立法,为知识产权强国建设贡献自己的一份力量。

本书在撰写过程中,得到了我的学生们的大力支持,特别感谢鲍一鸣、周宗熙、田帆、冯何瑜、周小龙、邓书婷、汪春玲同学在收集资料、帮助整理文字等方面作出的重要贡献。也感谢我的家人和朋友对我在写作过程中给予的帮助和支持,春风化雨,润物无声,默默的陪伴是支撑我不断前进的最强动力!

孙那
2024 年 10 月 23 日 西安